四川大学哲学社会科学出版基金资助
中国博士后科学基金特别资助项目资助
（编号：2018T110965）

中国符号学丛书　◎　丛书主编　陆正兰　胡易容

符号与传媒
Semiotics & Media

跨地域、跨学派、跨学科的共生发展
是迄今世界符号学运动最主要的推动力
由此衍生出不同的流派和主张
即当代符号学研究的新潮流

当代符号学新潮流研究
（1980—2020）

New Trends in Semiotics Today
(1980—2020)

赵星植　著

四川大学出版社
SICHUAN UNIVERSITY PRESS

项目策划：徐　燕
责任编辑：陈　蓉
责任校对：罗永平
封面设计：墨创文化
责任印制：王　炜

图书在版编目（CIP）数据

当代符号学新潮流研究：1980—2020 / 赵星植著
. — 成都：四川大学出版社，2021.6
（中国符号学丛书 / 陆正兰，胡易容主编）
ISBN 978-7-5690-4724-0

Ⅰ. ①当… Ⅱ. ①赵… Ⅲ. ①符号学－研究 Ⅳ. ①H0

中国版本图书馆 CIP 数据核字（2021）第 089358 号

书名　当代符号学新潮流研究（1980—2020）
DANGDAI FUHAOXUE XIN CHAOLIU YANJIU(1980—2020)

著　者	赵星植
出　版	四川大学出版社
地　址	成都市一环路南一段 24 号（610065）
发　行	四川大学出版社
书　号	ISBN 978-7-5690-4724-0
印前制作	四川胜翔数码印务设计有限公司
印　刷	郫县犀浦印刷厂
成品尺寸	170mm×240mm
插　页	2
印　张	18.25
字　数	347 千字
版　次	2021 年 7 月第 1 版
印　次	2021 年 7 月第 1 次印刷
定　价	69.00 元

版权所有　◆　侵权必究

◆ 读者邮购本书，请与本社发行科联系。
　电话：(028)85408408/(028)85401670/
　(028)86408023　邮政编码：610065
◆ 本社图书如有印装质量问题，请寄回出版社调换。
◆ 网址：http://press.scu.edu.cn

四川大学出版社
微信公众号

目 录

引论　符号学在当今的新发展……………………………………（1）
　第一节　转向符号学发展的新阶段……………………………（2）
　第二节　新阶段符号学的理论基础……………………………（4）
　　一、二元与三元符号学的再定义……………………………（5）
　　二、表意三分论：学术史重访………………………………（10）
　　三、三元符号学的重新发现与"总体符号学"的兴起………（26）
　第三节　跨学科、跨地域的符号学新流派……………………（31）

第一章　生物与生态符号学………………………………………（36）
　第一节　符号学的生物学转向…………………………………（37）
　　一、符号学与生物学的关联…………………………………（37）
　　二、生物符号学的兴起………………………………………（44）
　　三、塔尔图－布鲁明顿－哥本哈根学术连续带……………（49）
　第二节　新塔尔图学派…………………………………………（50）
　　一、生物符号学：洛特曼与于克斯库尔的遗产……………（52）
　　二、生态符号学：库尔………………………………………（61）
　　三、翻译符号学：特洛普……………………………………（66）
　第三节　哥本哈根学派…………………………………………（71）
　　一、自然符号学：霍夫迈尔与埃姆麦赫……………………（71）
　　二、符码二元性………………………………………………（75）
　第四节　布鲁明顿学派…………………………………………（80）
　　一、总体符号学：西比奥克…………………………………（80）
　　二、模塑系统理论……………………………………………（83）

1

第二章　认知符号学 … (88)

第一节　符号学的认知转向 … (88)
一、认知符号学的兴起 … (88)
二、转向意义的动态生成机制 … (92)

第二节　认知符号学的北欧—北美学派 … (94)
一、认知研究中心与跨地域互动 … (94)
二、图像认知与符号现象学：索内松 … (99)
三、具身认知：兹拉特夫与布兰特 … (103)
四、符号认知与人类进化：从达代西奥到迪肯 … (111)

第三节　认知符号学的学科特性 … (116)
一、概念—经验之环 … (116)
二、兼容人文与科学的三元方法论 … (118)
三、作为超学科的认知符号学 … (120)

第三章　传播符号学 … (124)

第一节　传播符号学的新发展 … (125)
一、巴尔特的影响 … (125)
二、传媒文化 … (129)
三、媒介技术与表意 … (131)
四、转向传播哲学 … (133)

第二节　传播符号学北美学派 … (138)
一、传播符号学体系的整合：菲斯克 … (138)
二、网络流行文化符号学：德尼西 … (144)
三、从传播学到"交流学"：拉尼根 … (149)

第三节　传播符号学欧洲学派 … (152)
一、媒介话语分析：梵·迪克 … (152)
二、元媒介与元传播：延森 … (157)
三、媒介的自我指涉：诺特 … (163)
四、赛博符号学：布瑞尔 … (170)

第四章　文化符号学 (176)

第一节　伯明翰学派的符号学研究 (177)
一、英国新左派与伯明翰学派：威廉斯、汤普森与霍加特 (177)
二、亚文化研究：赫伯迪格 (186)
三、媒介研究：霍尔 (192)

第二节　巴黎学派 (199)
一、格雷马斯的影响与巴黎学派 (199)
二、激情符号学：丰塔尼耶与埃诺 (202)
三、存在符号学：塔拉斯蒂 (207)

第三节　都灵文化符号学派 (211)
一、文化的符号学 (213)
二、文化创新与符号学 (215)
三、后物质时代的符号学研究：莱昂内 (218)

第五章　社会符号学 (223)

第一节　作为伞形术语的"社会符号学" (224)
一、社会语境、符号与话语 (224)
二、社会符号学理论的整合：科布利 (227)

第二节　社会符号学英－澳学派 (229)
一、作为社会符号的语言：韩礼德的影响 (229)
二、从语言到话语分析：霍奇与克雷斯 (232)
三、从话语到多模态分析：梵·勒文 (235)

第三节　马克思主义符号学的欧洲学派 (240)
一、符号拜物教：沙夫 (241)
二、符号再生产：罗西－兰迪 (246)
三、符号工作：伯纳德 (248)
四、建设性的马克思主义符号学：庞齐奥 (251)

第四节　符号伦理学派 (254)
一、符号伦理学的兴起 (254)

二、符号学动物：迪利……………………………………（256）
三、与"他者"对话：佩特丽莉………………………………（258）
结　论……………………………………………………………（263）
参考文献…………………………………………………………（265）
后　记……………………………………………………………（285）

引论　符号学在当今的新发展

符号学作为一门学科，创立于 20 世纪初。它经过一个多世纪的发展，现已成为一门显学。据统计，全球现有 53 种符号学类专业刊物，其中包括 42 种纸质出版物和 11 种电子刊物，共涉及 16 种语言。① 全世界共有近百个符号学类专业科研机构，并建有多个专门的符号学系所。②

中国符号学研究起步较晚，论及规模是从 20 世纪 80 年代开始的③，但"起点较高，并且在非常短的时间内基本上追赶上了国际研究潮流"④。特别是最近十年来，中国符号学研究正逐渐成为全球符号学运动中的一个重要分支。迄今为止，国内已经形成了六大符号学研究中心⑤，并于 2017 年成立了中国符号学基地联盟，出版诸如《符号与传媒》《中国符号学研究》《语言与符号研究》等中英文专业刊物。国际学术交流也日益频繁：第 11 届世界符号学大会于 2012 年在南京师范大学召开；首届文化与传播符号学国际学术研讨会于 2015 年在四川大学召开，至今已连续举行了六届。中国有望成为继美国、法国、俄罗斯以后的"第四个符号学王国"⑥。

作为全球符号学运动中的一股新兴力量，中国符号学在吸收当今符号学新

---

① Kalevi Kull & Timo Maran, Journals of semiotics in the world, *Sign Systems Studies*, 2013, 41 (1), pp. 140–145.
② 美国符号学协会（Semiotic Society of America）网站详细罗列了全球各地 100 所科研机构及其简介，详细情况请参见：http://semioticsocietyofamerica.org/semiotics-resources/。
③ 赵毅衡：《中国符号学六十年》，《四川大学学报》（哲学社会科学版），2012 年第 1 期，第 5—13 页。
④ 王铭玉，宋尧：《中国符号学研究二十年》，《外国语》，2003 年第 1 期，第 13—21 页。
⑤ 分别为：四川大学符号学－传媒学研究所、南京师范大学国际符号学研究所、天津外国语大学语言符号应用与传播研究中心、苏州大学符号学研究中心、上海大学－都灵大学文化符号学跨学科研究中心以及同济大学语言学与多模态符号学研究所。
⑥ 郑一哲：《中国有望成为第四个符号学王国》，《中国社会科学报》，2012 年 10 月 12 日，第 A02 版。

思潮、新范式方面，依然具有可开拓的空间。自20世纪后半叶开始，开放的符号学理论体系突破系统与结构桎梏，其研究对象与边界正在不断拓宽。这一路径让符号学逐渐与其他学科，例如生物学、生命科学、认知科学、社会学、伦理学、艺术学、文化研究等走向融合。跨符号学理论、跨学科与跨地域的整合，已成为一种新的符号学运动。新符号学运动发展至今，已有四十余年的历史，却暂未有学者进行总结与梳理。笔者认为适时归纳并梳理符号学的最新发展趋势和理论成果，将有助于推动国内符号学理论模式更新，为中国符号学的发展提供可进一步借鉴的理论资源。

本书所讨论的新符号学运动，主要是指20世纪80年代至今西方符号学界所涌现并汇聚而成的符号学新思潮与新流派。本书对各学派的命名主要遵照学派自身传统以及学界已达成的共识，对一些正在汇聚形成的符号学新流派则按照"研究特征＋地区"的方式命名，如认知符号学北欧－北美学派、传播符号学北美学派等。限于篇幅，本书各章节只能选取各学派最具有代表性的学者成果进行讨论，以此展现当今新符号学运动发展的多面向。

第一节 转向符号学发展的新阶段

本书的要务是梳理当今符号学的新思潮与新流派，而"新"这一词的定义则回到符号学的历史语境中进行确证。符号学作为一个学科，从20世纪初创立至今，大致经历如下三个阶段的发展历程。[①]

第一个阶段是20世纪上半期，奠基了符号学基础理论模式：以索绪尔为代表的语言符号学模式，以皮尔斯为代表的逻辑－修辞模式，以卡西尔为代表的"文化符号论"以及以巴赫金为代表的"语言中心马克思主义"。其中索绪尔模式得到布拉格学派与语言符号学派的大力推动，率先在60年代前发展成完整的体系。

第二个阶段出现于20世纪六七十年代，主要是符号学作为一个理论的发展正式起飞。其中，索绪尔符号学在60年代由雅各布森、列维－斯特劳斯、巴尔特、格雷马斯等人大力发展，最终形成蔚为壮观的"结构主义"大潮，影

---

① 赵毅衡：《符号学：原理与推演》（修订本），南京：南京大学出版社，2016年，第12—15页。

响了当时西方整个人文学界。与之相对,皮尔斯模式虽在早期有维尔比、瑞恰兹等人在英国推广,且在三四十年代有莫里斯系统整理,但它在 20 世纪前 60 年影响甚微。

第三个阶段始于 20 世纪 70 年代,并延续至今。这主要是索绪尔"任意性"原则指导下的结构主义,不得不依靠系统确定符号意义。这一封闭框架容不下其他更加开放的符号学体系(如皮尔斯模式),结构主义者纷纷在此阶段自我突破为后结构主义者或解构主义者。德里达、巴尔特、拉康、福柯、德勒兹、鲍德里亚等通过质疑并拆解符号文本之封闭性,消解结构主义二元对立模式;艾柯、西比奥克等人则发展皮尔斯的开放符号学模式,推进符号学模式更替。莫斯科-塔尔图学派(Moscow-Tartu School)在本阶段稍晚时候汇聚成形。符号学多理论中心发展的趋势在本阶段开始萌芽。

理论研究不是跟着说,而是接着说。本书主要从第三阶段出发,集中关注从 20 世纪 80 年代直到 21 世纪的今天,符号学在经历了后结构主义、解构主义运动之后的最新发展趋势。新阶段的符号学,重心不在于理论模式的拓新——经典理论在现阶段依然有效,而在于理论与流派间的整合、符号学理论与其他跨学科理论的融合,整合各种模式成为一个新的运动。[①] 值得进一步追问的是这种整合的目的、方法及其研究立场。

以上这种跨地域、跨学派、跨学科的共生发展方式是迄今为止世界符号学运动最主要的推动力,由此衍生出的不同流派和主张就是本书所谓的"符号学新潮流"。新阶段的符号学运动经过近四十年的发展,已逐渐显现出以下几个显著的发展特征:

第一,在符号学基础理论方面,以皮尔斯为代表的三元符号学体系因其开放性与包容性,成为当今符号学诸流派的理论基础。与此同时,皮尔斯、索绪尔、莫斯科-塔尔图、西比奥克等符号学诸家的融合理论模式,成为诸多学派的基本理论出发点。这表明:新阶段的符号学基础理论,经由单一模式化,转向多元与融合发展。值得关注的是,中国传统符号学资源在 21 世纪得以持续开掘、整理与引介,必将进一步拓宽当代符号学的理论资源。

第二,在研究视角方面,新阶段的符号学研究重心从文本转向文本的使用

---

① 赵毅衡:《符号学:原理与推演》(修订本),南京:南京大学出版社,2016 年,第 15 页。

者及其所处的语境。经典符号学主要处理文本问题，如文学文本、传媒与大众文化文本等，通过分析这些文本意义的符号建构策略，剖析文本背后起到表意决定性作用的意识形态机制等。新阶段的符号学则直接面向文本的使用者及其语境，例如从生物符号学视域去探索生命体与自然生态之间的互生关系，从社会符号学出发解决社会文化语境中的具体问题。

第三，研究视角的转向导致研究方法的转变。经典符号学以文本为中心的人文研究方法，无法直接处理文本使用者自身的相关议题。这使新阶段的符号学者们自发结合如社会学、生物学、生态学、认知学等社会与自然科学方法论，探索人文与科学传统相结合的新研究路径。这也是迄今为止新阶段的符号学运动在方法论方面最显著的特征。

第四，前三点特征都指向了符号学运动在研究立场上的转向。首先，它试图超越人类中心主义立场，力求将整个生命界都纳入考虑范围，从微观与宏观双重角度建构以批判为中心的符号学新传统，而这种超越自然暗含了当今符号学所体现的语境中心论立场。其次，在符号表意系统及其机制这一关键问题上，新阶段的符号学一方面吸收解构主义开放动态表意这一核心观点，另一方面又结合马克思主义、社会学与传播学等理论，把符号表意轨迹从解构主义消极的"能指游戏"立场转向对表意方式历史性与社群性的探析。意义在永恒运动与社群中的相对稳定之间形成对立统一。

最后，当今符号运动的这种多理论中心的发展特性，给中国符号学走向世界舞台提供了绝佳机会。中国符号学在最近十几年来异军突起，成为符号学前两个发展阶段未曾出现的新学科增长点。中国学者吸收西方符号学理论，充分挖掘中国传统符号学资源，形成独具中国特色的符号学理论体系。这算是新符号学运动的又一个显著特征。

第二节　新阶段符号学的理论基础

新阶段的符号学研究在基础理论方面呈现出"回归与超越"的基本趋势。所谓"回归"，是指新符号学运动没有创建全新的理论体系，而是重新回到符号学源头，寻找新的理论资源。这主要表现为：皮尔斯的动态三元符号模式被重新发掘，并替代索绪尔模式成为当今符号学诸流派的最基本出发点。这并不是说用皮尔斯"替换"索绪尔即为"新",更不意味着索绪尔符号学研究已停滞不前。

"超越"意味着新符号学者们善于根据研究对象和研究目的,在三元符号学体系上融入其他符号学理论或跨学科理论,如"皮尔斯+索绪尔""皮尔斯+维尔比夫人""皮尔斯+洛特曼",再如"皮尔斯+生物学(于克斯库尔)""皮尔斯+马克思主义",等等。本书称之为"皮尔斯+"模式①。这表明:符号的阐释、交流与互动,取代符号文本的结构分析,成为当今符号学研究的主流趋势。其中,西比奥克拓展皮尔斯三元模式提出总体符号学,推动了本阶段多元、开放和融合的理论发展方向。

本节将具体梳理符号学基础理论在新阶段的流派轨迹以及成因,为后文具体探讨诸流派的理论研究奠定基础。

一、二元与三元符号学的再定义

符号学自创立之初,便存有两个截然不同的定义,并由此延伸出两种不同发展轨迹。索绪尔的"semiologie"出发点是人类符号活动,是"研究社会生活中符号生命的科学"。皮尔斯的"semiotics"则认为"整个宇宙都充满了符号",试图从一般科学的路径探求符号活动的总体规律。一般论者主要从"符号"这一概念的定义和构成来区分二人的符号学理论。索绪尔意义上的符号是一种二元结构,即由能指与所指两个要素构成。皮尔斯所谓的符号则是符号表意三元关系(即符号、对象、解释项)中的一个要素。这是我们通常所谓"二元符号学"与"三元符号学"的命名由来。

相对于二元符号学,三元符号模式为何成为当今符号学新流派的基本出发点?这显然不是两个符号学理论孰优孰劣的议题,而是关涉"二元"与"三元"概念的根本区分。它们从根本上决定了这两种学说不同的研究论域。基于此,有必要重新确定这两个符号学概念的基本含义。

(一)二元构成论

索绪尔符号学本质上是一种"构成论",具体是指符号由能指与所指两个

---

① 关于这一模式,笔者已在"Peircean Semiotics in China Today"一文中进行了详细阐述。参见:Xingzhi Zhao, Peircean Semiotics in China Today, in Tony Jappy(ed.), *The Bloomsbury Companion to Contemporary Peircean Semiotics*, London: Bloomsbury Academic, 2019, pp. 73-100.

部分组成，它们如同一枚硬币的两面。因此，符号学的任务是去剖析这些已经给定的符号，把能指与所指剥离开来，进而确定其意指关系。正因为是构成论，那么一个符号的能指就必然会指向一个所指，且二者的关系是"任意性"(arbitrariness)的：符号与其意义的结合方式无需论证。

索绪尔认为任意性是"语言符号本质的第一原则"[①]，并强调该原则对任何符号都普遍适用，因此他的符号学研究对象是"以符号任意性为基础的全体系统"[②]。这意味着符号的意义并不取决于它与对象的连接关系，而必须依靠社群文化的约定俗成。从任意性到社群规约性，已经预设了二元符号学无法有效地处理人类符号活动以外的其他符号活动形式。

任意性原则引发的更为关键的后果，是系统性问题。索绪尔指出"符号学主要着眼点，是立足于符号的任意性基础上的整个系统集团"[③]，因而符号必须依靠系统来确定意义。一个系统是各个成分组成一个有机整体，但它不是各个成分的简单相加，而是系统大于各个成分之和。一旦进入系统，各个成分除了各自具有的功能，还获得了系统功能。在结构主义者看来，分析单个文化现象或单个语言单位并无实质意义，他们主要感兴趣的是这个语言或文本背后所存在的表意形态，以及这一分析单位在这一系统中的结构位置及其相互关系。

随着符号学研究边界的扩展，越来越多的结构主义学者开始质疑符号系统的自足性与封闭性。例如，巴尔特的结构主义符号学曾是有机论最有力的辩护，但巴尔特也于20世纪70年代超越结构主义，正是感到了有机论的危险："巴尔特之所以最后放弃了用形式主义方法确立底本/述本的语言/言语关系的努力，正是因为害怕即使成功了，也会复活旧有的特定作品特定结构这种有机论神话。这样，我们想打开的作品又重新关闭，重新拥有一个所指的秘密。"[④]

正是符号二元构成说导致索绪尔理论模式的结构论与系统性。这使其难以

---

① Ferdinand de Saussure, *Course in General Linguistics*, New York: MaGraw-Hill, 1969, p. 61.

② Ferdinand de Saussure, *Course in General Linguistics*, New York: MaGraw-Hill, 1969, p. 65.

③ 转引自 Edith Hamilton & Huntington Cairns (eds.), *Plato's Collected Dialogues*, Princeton: Princeton University Press, 1963, p. 89.

④ Fran Kermode, *The Art of Telling: Essay on Fiction*, Cambridge: Harvard University Press, 1983, p. 75.

应对当今文化中越发多元、动态的符号表意活动，更无法处理那些不以"任意性"与"规约性"为主导的非人类符号活动，如细胞符号活动、动物符号活动等。而后者则是新符号学运动在打开边界之后，需要首先处理的议题。

（二）三元关系论

皮尔斯的符号概念本质则是"关系论"。我们有时把皮尔斯的符号概念理解为再现体、对象、解释项的构造体。该说法并不准确，因为这又回到了索绪尔式的构成论，只是多了一项。在皮尔斯看来，符号是一个无需拆分的整体，它只能在符号-对象-解释项这种三元关系中才会被认定为符号。任何事物只要位于这种三元关系之中，都可以被视为符号。

所以，皮尔斯对符号的定义重点不在符号本身，而在符号表意的三元关系。符号只是符号表意过程中的一个核心元素，它必须与另外两个元素结合起来才能够行使其表意功能。要定义符号，必须同时定义对象与解释项；同样，要定义解释项（或对象），也必须同时定义符号与对象（或解释项）。皮尔斯于1908年写下的这段笔记，较为清楚地阐明了这一问题：

> ……我将符号定义为任何一种事物，它一方面由一个对象所决定，另一方面又在人们的心灵中决定一个观念；而对象又间接地决定着后者那种决定方式，我把这种决定方式命名为符号的解释项。由此，符号与其对象、解释项之间存在着一种三元关系。(CP 8.343)①

他把上述符号表意行为命名为"符号活动"（semiosis）（CP 5.484）。符号与符号活动不可分离，后者就是符号充当符号的过程、关系与环境。② 而在符号活动之中，符号一方面连接的是它所再现的某个东西（也即"对象"），另一方面也同时在解释者的心中产生一种效力或另一个符号（也即"解释项"），符号也必须在这种三元关系中才能够被解释者视为符号。因此，符号本身处在一个三元关系之中，它指称某个对象，但又不是简单地与该对象相对应，而是通过解释项与其发生联系。

---

① CP 8.343，即哈佛八卷本《皮尔斯文选》第8卷第343段。本书遵循国际皮尔斯文献引用规则，在引用哈佛八卷本时，统一采取夹注形式标注。下同。

② 苏珊·彼得里利，奥古斯托·蓬齐奥：《打开边界的符号学：穿越符号开放网络的解释路径》，王永祥等译，南京：译林出版社，2015年，第1页。

某个事物成为一个符号，并不是因为它具有什么内在特征，而是因为它具备了任何符号都必须具有的形式特征，即它与一个对象相互关联，并且在三者不可化约的连接过程之中产生了一个解释项，由此形成了一组符号三元关系。进一步推之，这表明世界上任何事物都具有作为符号的潜力，只要它被视为正位于某种三元表意关系中。

显然，皮尔斯对符号的这种关系对照式定义，为当今试图彻底打开边界的新符号学运动提供了诸多的理论启发。总结起来，有如下几点：

第一，符号的关系式定义使符号自身的边界得到巨大拓展。符号不仅仅是语言，也不仅仅是构造物，世界上任何一个事物都具备成为符号的可能性。因此皮尔斯才会有那句著名的断言，即整个宇宙都"充满了符号"："符号……包括图片、症状、词语、句子、书籍、图书馆、信号、指挥命令、显微镜、立法代表、音乐协奏曲以及有关这些的行为。"①

相较于前两个阶段，20世纪下半叶开启的新符号学运动，最显著的特征是对符号学研究边界的扩容。这种思潮可以被定义为"总体符号学"（global semiotics），由美国符号学家西比奥克（Thomas A. Sebeok）引领。② 总体符号学的思路是超越人类符号学领域，把符号学边界拓宽至生命的起源。由此，动物符号学、植物符号学以及其他更为宽泛的生物符号学，都属于符号学应当涉猎的领域。

西比奥克的总体符号学如何引领新阶段的符号学发展，笔者将在下文详谈。此处想着重说明三元符号学为何契合符号学在新阶段的这一理论抱负。总体符号学试图超越人类符号活动，不是将符号学引向与人类文化无关的"玄学"。它代表的是当今符号学"语境中心论"立场的确立：试图引入其他生命体符号活动，来观照作为"元符号动物"的人与社会文化、自然生态等之间的相互关系。这是"总体"二字的根本内涵，即首先把整个世界中发生的所有符号活动视为一个整体，进而重新审视人类符号活动在其中的意义。

在上述意义上，新符号学者们认为二元符号学所体现出的人类中心主义以及语言本位主义立场，无法助力符号学继续拓展其学说的边界。与此相对，三

---

① 皮尔斯：《皮尔斯：论符号》，赵星植译，成都：四川大学出版社，2014年，第160页。
② 苏珊·彼得里利，奥古斯托·蓬齐奥：《打开边界的符号学：穿越符号开放网络的解释路径》，王永祥等译，南京：译林出版社，2015年，第3页。

元符号学从表意关系来定义符号,预设任何事物皆有成为符号的潜力,这从根本上就排除了符号学的人类中心论立场。这种关系式定义,同时决定了三元符号学模式必然是开放的,正如皮尔斯定义符号学是"研究一个东西能够成为符号的诸种方式"①。符号学的主要任务就是找出任何事物成为符号都需遵循的形式条件,因此符号就是满足这些共同形式条件的任何事物。这与当今符号学新思潮的立场不谋而合。

第二,三元表意关系中"解释项"这一概念,彻底激活了符号表意的开放性。符号三元关系使得符号表意活动落在了解释项这一端:要使得某物成为符号,必须有解释项在场。与此同时,一个符号的解释项又是另一个符号,是前一个符号在解释者心中创造的"更为发展的符号"(CP 2.228),以此类推,从而形成一个开放的、无限的解释项链。这意味着每个符号都是其符号活动的一个部分,无法分离;每个符号活动又和其他符号活动相联系。按照这一方式,所有符号联系在一起,形成了一个无限开放的符号网络。新符号学运动所强调的"总体性",在符号活动层面已经清晰呈现出来。

更重要的是,解释项理论预示着符号的意义生成一种响应活动,是一种唤起另一响应(另一个解释项)的解释项。②这向我们揭示了符号和符号活动的对话性。一个符号在另一个符号中获得意义,是因为后者对前者做出了响应。响应作为符号解释活动,为后来生物符号学者解释细胞、基因间的符号活动提供了基本的理论框架。与此同时,响应意味着解释者首先需要作为他者进行倾听,表明任何符号活动都存在对话特征。这就是当今社会符号学、符号伦理学的基本出发点:符号学能超越文本进入社会语境,关键便是符号使用者既能在特定语境中进行有效的意义沟通,也能站在他人的立场上,对自己的符号活动进行反思。

第三,三元符号学中的基础概念,向具有符号活动能力的所有生命体敞开。这与新符号学运动的理论建构模式更契合。许多学者对皮尔斯手稿中复杂抽象的表述望而却步,但这恰好是其理论的一大优越性。他拒绝过分简化符号

---

① C.S.皮尔斯:《皮尔斯:论符号》,赵星植译,成都:四川大学出版社,2014年,第160页。
② 苏珊·佩特里利、奥古斯托·蓬齐奥:《打开边界的符号学:穿越符号开放网络的解释路径》,王永祥等译,南京:译林出版社,2015年,第5—6页。

的定义①,是因为他希望这一概念足够抽象,以至于能概括所有的符号活动类型。为此,他提出一系列"准"(quasi-)概念(CP 4.551),如准心灵(quasi-minds)、准发送者(quasi-utter)、准解释(quasi-interpreter)等,旨在把符号表意扩展到人类活动以外的其他地方:任何生命体(或准心灵)只要能借助符号表意,皆为符号学所观照的对象。这就为更加广义的生物符号学模式在21世纪的兴起敞开了理论之门。于是可以看到,以塔尔图-布鲁明顿-哥本哈根生物符号学派为代表,学者在基础理论建设过程中都回到皮尔斯的手稿,试图在生物学与符号学的交叉领域找到其立论的基础。

最后,皮尔斯符号学思想所内嵌的跨学科特性,更适合指导跨学科研究工作。皮尔斯的思想体系的核心是符号学,但其学科基础则多元包容。根据统计,皮尔斯的符号学至少包含如下几种面向:逻辑学、现象学、形而上学、修辞学、心理学乃至化学、数学、天文学等自然科学。这与他自身是逻辑学和化学家的学术背景不无关联。他从跨学科的角度对符号学基础理论所提出的独到见解,为当今符号理论的跨学科建构提供了重要的借鉴意义和指导意义。

二、表意三分论:学术史重访

三元符号学模式成为当今符号学运动的"北极星"(Lodestar)②并非一蹴而就。早在20世纪初的英国,被誉为"符号学之母"的维尔比夫人(Victoria Lady Welby)就与皮尔斯长期通信。她时常将其二人的书信分享给当时英国及欧洲学界,以此来推介皮尔斯的思想。两人各自独立创建的符号学体系存在着令人惊奇的相似之处:二者都致力符号意义的三分模式研究,以符号意义的认知与解释为起点,建构广义的意义理论体系。这表明符号学的三元路径早在20世纪初就兴起,并取得了一定的发展。而三元模式成为当今符号学运动的主流,则是一种再发现、再拓展的渐进过程。

遗憾的是,该模式在20世纪的大部分时间都被忽略。特别是维尔比夫人

---

① 苏珊·佩特丽莉:《符号疆界:从总体符号学到伦理符号学》,周劲松译,成都:四川大学出版社,2014年,第17页。

② 西比奥克语,见 Thomas A. Sebeok, *The Sign and Its Masters*, Millburn: University Press of America, 1989, p. 9.

的文献整理工作直到 21 世纪初才得以系统推进。① 为此,本小节将回顾皮尔斯与维尔比的讨论,补足现代符号学发展的历史,同时说明二者是如何为符号表意三分论奠基的。

(一) 皮尔斯与维尔比:意义学的开端

20 世纪初被誉为现代理论大潮的"星座效应"时代②,多国的学者同时感受到现代性的压力,独立思考与探索,形成众多的理论流派。这种群星璀璨的思想活跃情景,集中展现为意义理论上的爆发。③ 当时各国理论界存在隔阂,出版与翻译介绍也不如现在方便,许多重要学者尽管近乎同时在为意义之意义问题进行系统研究,但并不知彼此的工作。皮尔斯不知道索绪尔,英美学界当时也不熟悉来胡塞尔,等等。因此,20 世纪初的意义理论研究,才如同星座一般,多点同时爆发,对后世研究影响深远。

欧美意义学理论学者之所以能联结成星座,有段重要的学术交往史不得不提及——被后人誉为"符号学之母"的英国学者维尔比夫人与皮尔斯在当时展开长达九年的书信往来。这对当代意义理论的形成与汇聚,起到了至关重要的作用:二者的学术交往应当被视为意义学的开端。特别是,维尔比夫人凭借其广泛的书信网对皮尔斯符号学理论进行坚持不懈的引介④,使皮尔斯符号学理论在当时的理论中心——欧洲得以传播,后经瑞恰兹(I. A. Richards)与奥格登(Charles Ogden)的整理,以解释与语境使用为中心的现代意义理论逐渐汇聚成形。

维尔比夫人出生于英国贵族之家,维多利亚女王(Queen Victoria)和女

---

① 在维尔比表意学文献整理方面,标志性成果是意大利裔符号学家佩特丽莉编辑出版厚达三千多页的文集《表意与理解》。参见:Susan Petrilli, *Signifying and Understanding: Reading the Works of Victoria Welby and the Significs Movement*, Berlin: Mouton de Gruyter, 2009. 该书中译版已于 2019 年出版,参见苏珊·佩特丽莉:《维尔比夫人与表意学:符号学的形成》,宋文、薛晨译,成都:四川大学出版社,2019 年。

② Lubomir Dolezel, *Possible Worlds of Fiction and History: The Postmodern Stage*, Baltimore: John Hopkins University Press, 2010, p. 134.

③ 赵毅衡:《哲学符号学:意义世界的形成》,成都:四川大学出版社,2017 年,第 48 页。

④ Charles Hardwick, Introduction, in Charles Peirce. & Victoria Welby, *Semiotics and Significs: The Correspondence between C. S. Peirce and Victoria Lady Welby*, C. S. Hardwick (ed.), Bloomington: Indiana University Press, 1977, p. i.

王母亲肯特公爵夫人（Duchess of Kent）是其教母。① 她早在1903年已出版理论专著《何为意义？表意学进展研究》（*What Is Meaning? Studies in Development of Significs*，简称《何为意义？》），就意义表达与解释的相互关系，建构其"表意学"（significs）理论体系。该书仔细探讨语言符号与意义表达之间多维度的互生关系，应当说是"符号与意义"问题的最早提出者。②

维尔比关注到皮尔斯，是因为她阅读到了皮尔斯为鲍德温《哲学与心理学辞典》（*Dictionary of Philosophy and Psychology*）所撰写的"逻辑"词条。③ 维尔比惊喜地发现皮尔斯的符号学与她的表意学存在颇多共同点，即均致力于思维或概念的清晰性（conceptual clarity）。于是她便联系《何为意义？》的出版商，委托他们将该书寄给皮尔斯。④ 皮尔斯给予该书非常高的评价，并在《国家》（*The Nation*）杂志上发表长篇书评。值得一提的是，皮尔斯同期在该杂志上还发表了对另一本书的书评，即罗素（Bertrand Russell）的《数学原理》（*Principles of Mathematic*），不过是一个几段话的短评论。最后他同时评价道这两本书皆为"逻辑学方面的重要著作"⑤。对于维尔比来说，能与罗素相提并论，这是"极高的评价"⑥。随后，皮尔斯将该书评寄给维尔比，开启了二者长达九年的学术通信往来。

二者书信往来从1903年延续到1911年，均是他们人生的最后一段时间。维尔比逝世于1912年，而皮尔斯则逝世于1914年。这是皮尔斯人生中最艰难

---

① Charles Hardwick, Introduction, in Charles Peirce. & Victoria Welby, *Semiotics and Significs: The Correspondence between C. S. Peirce and Victoria Lady Welby*, C. S. Hardwick (ed.), Bloomington: Indiana University Press, 1977, p. xvii.

② 赵毅衡：《哲学符号学：意义世界的形成》，成都：四川大学出版社，2017年，第48页。

③ Charles Hardwick, Introduction, in Charles Peirce. & Victoria Welby, *Semiotics and Significs: The Correspondence between C. S. Peirce and Victoria Lady Welby*, C. S. Hardwick (ed.), Bloomington: Indiana University Press, 1977, p. xv.

④ Charles Peirce & Victoria Welby, *Semiotics and Significs: The Correspondence between C. S. Peirce and Victoria Lady Welby*, C. S. Hardwick (ed.), Bloomington: Indiana University Press, 1977, p. 1.

⑤ Charles Peirce & Victoria Welby, *Semiotics and Significs: The Correspondence between C. S. Peirce and Victoria Lady Welby*, C. S. Hardwick (ed.), Bloomington: Indiana University Press, 1977, pp. 157—159.

⑥ Charles Peirce & Victoria Welby, *Semiotics and Significs: The Correspondence between C. S. Peirce and Victoria Lady Welby*, C. S. Hardwick (ed.), Bloomington: Indiana University Press, 1977, p. 5.

的时光。1902年起，他已债台高筑，靠在《国家》杂志上发表书评和少许文章度日。1908年，他停止投稿，也就失去了最主要的生活来源。1909年起，皮尔斯已经不得不依靠吗啡来缓解他的三叉神经痛。① 但也是在最后的几年中，特别是在与维尔比的通信上，皮尔斯首次深入阐释了其符号学的十种三分法，并进一步拓宽了其从现象学层面所建构的解释符号学理论体系。因此，从理论价值来看，二者的书信是符号学三元模式奠基的最直接文本证据，下文将详细阐释。

而从学术史的角度来看，二者的书信往来还间接促成了20世纪初意义理论大潮的汇聚。维尔比的学术活动以其广泛的学术书信网闻名。她与其时代多个学科领域的重要学者有书信交往，除皮尔斯外，还包含伯特兰·罗素（Bertrand Russel）、亨利·詹姆斯（Henry James）、威廉·詹姆斯（William James）、查尔斯·奥格登、亨利·柏格森（Henry Bergson）、保罗·卡尔纳普（Paul Carnap）等人。② 她在与上述学者的通信过程中，常常把与皮尔斯的通信抄送各位学者，向他们推介皮尔斯的符号学与实用主义理论。

她曾多次写信给罗素与威尔森（J. Cook Wilson），向其推荐皮尔斯，并同时把这些推荐信函传给当时《心灵》（Mind）杂志的主编斯托特（G. F. Stout），认为应当推动这三位重要哲学家之间的学术交流与对话。当时著名英国哲学家拉姆齐（F. R. Ramsey）也是在与维尔比通信中了解到皮尔斯的思想。在为其挚友维特根斯坦（Ludwig Wittgenstein）所写的《逻辑哲学论》书评中，他直接采用皮尔斯符号学中个别符（token）与型符（type）这两个概念进行区分，并将皮尔斯的实用主义与维特根斯坦的相关思想进行对比。英国分析哲学界能够在当时深入谈及远在美国且几乎默默无闻的皮尔斯符号意义理论的重要思想，维尔比在其中起到了重要的中介作用。

而在另一端，维尔比在剑桥大学的门生奥格登，则在综合维尔比与皮尔斯的意义理论观点、推进意义理论整合方面做出了重要的贡献。奥格登经由维尔比的介绍，细读了皮尔斯大量的信件和期刊文章，在当时就非常熟悉其符号学

---

① Joseph Brent, *Charles Sanders Peirce: A life*, Bloomington: Indiana University Press, 1988, p. 430.

② Susan Pertrilli, *Signifying and Understanding: Readings of the Works of Victoria Welby and Signific Movement*, Berlin: De Gruyter Mouton, 2009, pp. 934-947.

思想特别是符号表意三分概念的解读。维尔比曾写信给皮尔斯道,她在剑桥为皮尔斯找到了一位学生,那就是奥格登:

> 我非常激动地写这张明信片是想告诉您,我可能为您在剑桥找到了一位学生。他认真细致地研读了我给他的所有您有关存在图(existential graph)的信件和文章,他非常期待阅读您和斯托特教授发表在文集上的大作,希望不久就能收到。您的这位新生名叫奥格登,他在麦格达伦学院(Magdalene College)。同时,他也对探索表意学充满了激情。①

在奥格登与瑞恰兹合作的《意义的意义》(The Meaning of Meaning,1923)一书中,他们不仅讨论了当时默默无闻的索绪尔,更是非常熟练地使用并讨论皮尔斯一系列复杂的术语,且用十多页附录介绍皮尔斯思想体系以及他与维尔比的通信附件。更为重要的是,该书已经提出了一个相当系统的符号学理论:"意义,这个所有的语言理论的核心术语,如果没有一个令人满意的符号理论,是无法处理的",因此,"我们的一生几乎从生到死,不是在使用符号,就是在解释符号"。②

从奥格登的这段话,可以看出维尔比与皮尔斯的影子:符号表意之目的在于解释,获致得体的意义。符号学就是意义学。③ 而处理这个核心问题的基本框架,就是意义解释的三分关系。因而从符号学意义上说,维尔比与皮尔斯的讨论最重要的意义,在于印证了"意义"是符号学的中心问题,意义表达与意义解释过程是符号学与表意学的根本议题。这开创的是以意义解释为中心的符号学路径。

西方学界曾定义"符号学是对符号的研究"(semiotics is the study of signs),该定义依然被当今符号学界沿用。这一定义实为同义反复,无法说清符号学的学科特性及其研究核心。而从皮尔斯到维尔比,再到奥格登与瑞恰兹,符号学作为意义学的脉络已经非常清晰。无论是皮尔斯的解释项三分,维

---

① Charles Peirce & Victoria Welby, *Semiotics and Significs: The Correspondence between C. S. Peirce and Victoria Lady Welby*, C. S. Hardwick (ed.), Bloomington: Indiana University Press, 1977, p. 139.
② Charles K. Orgden & I. A. Richards, *The Meaning of Meaning*. New York: Harcourt, Grace Janovich, 1989, p. 50.
③ 赵毅衡:《哲学符号学:意义世界的形成》,成都:四川大学出版社,2017年,第47页。

尔比的意义三分，还是奥格登的意义三角，其核心问题都是从符号意义的解释与传播出发，探寻符号表意的动态三分结构。因此，尽管符号学是对符号进行研究，但根本目的是对符号所携带与传播的意义进行规则性探讨。

（二）符号学与表意学

皮尔斯与维尔比在通信过程中，曾多次感叹尽管双方此前不曾相识，但独自创立"符号学"与"表意学"，在研究目的与研究路径上竟然如此契合。因而皮尔斯曾在一封信件中如此写道：

> 尊敬的维尔比夫人……我自 1863 年，那时我俩还未认知，就已经全身心地投入到和你非常相同的研究之中了，如同一个孤单的心灵对着一个似乎不愿听我胡扯的心灵。（CP 8.376）

信中皮尔斯所谓"非常相同"，在笔者看来，是指这两个学说都对符号意义解释机制予以关注。维尔比表意学的核心就是意义三分论。她认为厘清日常表达中意义明晰性的根本方法，是对意义的类型进行仔细区分。她把意义分为"感觉"（sense）、"意义"（meaning）与"意味"（significance）三个层次，着重分析不同语境中解释者对语言表达中三种意义的感知与解释过程。意义三分的讨论贯穿其研究生涯的全过程。

皮尔斯符号学的核心同为符号意义的解释，他曾指出"任何事物都可以被视为符号，只要他被解释为符号"（CP 2.308）。为此，他引入"解释项"（interpretant）这一核心概念，并与符号和对象组成动态的三元关系。符号的意义向解释者敞开，符号结构从封闭转向动态与多元。皮尔斯所谓的解释项，即符号在解释者心中所引起的一个更为发展的符号[①]，而这种符号即为解释者根据符号与其对象关系所阐释的意义。为进一步说明符号与意义的动态关系，皮尔斯根据其现象学三性原则把解释项进行三分，即直接解释项、动力解释项与最终解释项，从而展现符号意义从第一性到第三性这一认知过程。[②]

上述两套意义三分方案的最大共同点，即关注符号意义感知-解释-取效的渐进过程。后文将着重对此部分进行分析与对比，此处想进一步指出的是：

[①] C. S. 皮尔斯：《皮尔斯：论符号》，赵星植译，成都：四川大学出版社，2014 年，第 34 页。
[②] C. S. 皮尔斯：《皮尔斯：论符号》，赵星植译，成都：四川大学出版社，2014 年，第 39 页。

二者不约而同提出这种意义三分机制，根源在于他们在意义理论研究之目的上有着一致的看法，即探究可以厘清人类思维的方法，以获致意义解释的清晰性。要达成这种清晰性，基本路径便是仔细梳理符号表达与意义解释之间存在的多重关系。

维尔比对意义清晰性的关注始于她在日常生活经验中所发现的语言以及语言思维的不恰当之处。她指出，当街上的人无意识地问出"……什么意思？""这表示什么？"等问题时，符号活动的认知、实用以及伦理问题便显现出来。① 的确，为了积累知识和经验，各行各业的表意者都被要求去提出这样的问题："……的意思是什么？""我们……是想要表示什么？""……的意义是什么？"这些问题及其回答都将重点放在表意过程的意思、意义和意味上，它们诱使表意者对一切经验的价值进行反思。所有认知冲突、审美冲突、伦理冲突以及宗教冲突便依附在这些问题之上。

事实上维尔比早在 1891 年编辑出版了一本名为《为模糊性作证：文集》（*Witness to Ambiguity: A Collection*）的小册子，可视为她在意义问题上所做的早期尝试。这本小册子是她在阅读数本与意义问题研究相关的哲学与科学著作后，对这些论证的重要章节进行摘编而成的。她在本书前言部分介绍了该文选的出版目的：

> 要帮助读者厘清那些长期被忽略的甚至被否认的（有关意义问题的）事实；不过这些事实恰恰也是现有研究成果匮乏的主要原因，也是研究重心造成混淆的原因，更是无望找到可用于"揭秘"（enigmas）的真正方法。而这种方法则可能依赖尚未发掘但本身存有的意义，或意义的变迁。②

总体观之，维尔比表意学的出发点如下：在任何形式的心智活动中，语言意义的混淆不清（confusion）都普遍存在，因此需要发展一种"语言意识"（linguistic conscience）。要达成上述目标，我们不仅需要对术语进行精确的定

---

① Victoria Welby, *What is Meaning? Studies in Development of Significs* (*Reprinted version*), Amsterdam & Philadelphia: John Benjamins Publishing Company, 1983, pp. 5–6.

② Victoria Welby (ed.), *Witnesses to Ambiguity: A Collection*, Grantham: W. Clarke, 1891, p. 1.

义,更需要关注语境中所出现的新表达与比喻方式是否更加贴近当下的经验(experience)与发现。这要求我们不仅要警惕我们所使用之概念的具体含义,更要了解这些概念在不同语境中的使用情况。因而她在 1893 年《意义与比喻》("Meaning and Metaphor")一文中,阐明了表意学的这一基本任务:"我们需要'清晰意义的批评理论'(critique of plain meaning)。"

1911 年,维尔比生前最后一本专著《表意学与语言》(*Significs and Language*)的前言部分,对表意学的特征及其要务总结得非常到位:

> 我们姑且可以把表意学简单地定义为研究所有不同形式的含义(significance)及其相互关系之本质(nature),以及它在人类兴趣和目的之任何领域发挥具体作用的学科。然而现实情况是,这类研究甚至在教育学领域都被完全忽视,所以到目前为止它都还没有、也很难有一个让人满意的定义。实际上,解释能力(interpretative function)是唯一一个被直接忽视的,或者说是被随意对待的能力。其实,它是人类交往乃至把握这个世界的先决条件。[1]

由此可见,表意学作为一种廓清意义的理论方式,与皮尔斯符号学一样,是一种广义的符号学或意义理论体系。维尔比的表意学重在探究人们针对不同类型的符号意义的解释过程。在她看来,符号表意的重心在于解释,而非结构,因为解释是人类进行意义交流的基本前提以及必备条件。同时,意义解释行为以及理解程度的不同,导致符号意义的层级性。因此,维尔比在《何为意义?》一书中指出:"表意学着重符号与符号之间在最广泛意义上(in the widest sense)的关系,并承认这些关系中存有一种实际重要性的递增关系。"[2]这也就是为何维尔比把表意学的中心放在意义三分的研究之上。

与维尔比一样,"廓清思维"与"明晰观念"是皮尔斯这个思想体系的主线,只是皮尔斯的理论视角相对于前者更加宏观。皮尔斯延续洛克(John Locke)的观点,认为符号学即逻辑学,是因为逻辑学的根本目的就是厘清我

---

[1] Victoria Welby, *Significs and Language: The Articulate Form of Our Expressive and Interpretative Resources* (Reprinted version), London, UK: Macmillan & Co, 1985, p. vii.

[2] Victoria Welby, *What is meaning? Studies in Development of Significs* (Reprinted version), Amsterdam & Philadelphia: John Benjamins Publishing Company, 1983, p. 47.

们的思维，清除意义模糊性。只不过他认为当时存有的逻辑学不足以完成这一任务，因此有必要发展出一套可包含整个符号类型的广义符号学体系来拓展逻辑。这一目的，在其青年时期发表的名文《如何使我们的思想明晰》（"How to Make Our Ideas Clear"）中就已经阐述得非常清楚：

> 我们有正当理由要求逻辑教给我们的第一课是：怎样把我们的观念弄明白。这是极重要的一课，它只是受到未上这一课的人的轻蔑。知道了我们的思想，把握了我们自己所指的意思，就将为伟大的、重要的思想奠定牢固的基础。①

皮尔斯关于哲学逻辑学的这一基本观点早在他年轻时阅读康德哲学时便已形成。他认为这种观念的廓清应当存在于经验的各个层面，而要完成这一艰巨的任务，不仅需要一套新的解释范畴，更需要仔细检查表达经验所使用的符号及其相互关系。前者使皮尔斯改造康德的范畴表，建构以三元范畴为基础的现象学（或显象学，phaneroscopy）作为符号学理论基础；而后者则使其发展出一套处理符形、符义以及符用的符号学三学科。②

同样在上述文章中，皮尔斯提出了廓清思维的一种基本方法，即"考虑一下我们所持观念的对象具有什么效果，这些效果具有可设想的实践关系。然后我们关于这些效果的观念就是我们对这一对象的观念的全部了"③，这就是著名的皮尔斯实用主义准则。皮尔斯在其理论后期，特别是在与维尔比的通信中多次重申这一准则，并试图将其拓展为"方法学"（methodeutic）④ 且作为符号学的第三分支。而这一分支的重点就是以符号与解释项之相互关系为出发点，探讨符号传播过程中不同层次的意义生成方式及产生的具体效果。

皮尔斯对双方思想的区别与联系有着深刻的认识。在1908年皮尔斯写给维尔比的一封信件草稿中，他指出符号学与表意学在本质上均属于"研究符号

---

① Charles Peirce, *Writing of Charles S. Peirce: A Chronological Edition*, Vol. 3, Bloomington & Indianapolis: Indiana University Press, 1986, p. 257.
② C. S. 皮尔斯:《皮尔斯：论符号》，赵星植译，成都：四川大学出版社，2014年，第5页。
③ Charles Peirce, *Writing of Charles S. Peirce: A Chronological Edition*, Vol. 3, Bloomington & Indianapolis: Indiana University Press, 1986, p. 259.
④ C. S. 皮尔斯在其他手稿中又将这一分支称为普遍修辞学（universal rhetoric）或思辨修辞学（speculative rhetoric）(CP 1.444)。

本质的广义科学"(general science of the nature of signs)。(CP 8.378)只是这一本质应当包含两个重要的方面,第一即符号的表意与解释,第二则是表意与社群真相(truth)的达成。皮尔斯认为,维尔比的表意学重在第一个方面的探索:

> 我非常欣喜您与我的研究如此接近。对我来说,表意学比符号学的范围小一些,因为含义(signification)仅仅是符号的两个主要功能之一……因此表意学似乎集中在符号与其解释项的关系研究之上,我假定你就是这样限制的。(CP 8.378)

皮尔斯的符号学第三分支即普遍修辞学或方法学与维尔比的表意学一致,旨在探索符号与解释项(即意义)的相互关系。但皮尔斯进一步认为不应让符号学止步于对意义类型的分类研究,而是要寻找出一种探寻科学真相的方式,这也即他所谓的"探究社群"(community of inquiry)理论。皮尔斯认为符号与真相有着天然的接近性,符号的目的就是表达真相①,而解释者在符号意义解释与传播的过程中,最终能够达成一个获致真相的意义社群。这一路径让符号与社群直接连接起来,让符号学在社会领域同样展现重大解释力。

实际上,表意学同样关注符号意义与社会的相互关系,倡导把理论研究重点放在社会语境中符号表意的复杂性之上。但是它主要考察清晰的符号表意在梳理社会伦理规范、教育价值、宗教观念等方面所具有的重要意义。维尔比用"价值"(value)来概括"涵义"所包含的这类伦理意义。② 而这种价值为一切实践经验与思辨经验所共享,同时也是实践经验与思辨经验的条件。

皮尔斯非常敏锐地发现了这一关键区别。因此,他在这封信中进一步说道:

> 另一方面,逻辑学(指符号学——笔者注)对符号的真相问题更感兴趣……我期望您以后的大作将会让读者发现,表意学不仅在伦理道德方面,更主要是在真相方面,具有重大意义。(CP 8.378)

---

① C. S. 皮尔斯:《皮尔斯:论符号》,赵星植译,成都:四川大学出版社,2014 年,第 133—134 页。
② Victoria Welby, The Social Value of Expression, in Susan Petrilli, *Signifying and Understanding: Readings of the Works of Victoria Welby and Signific Movement*, Berlin: De Gruyter Mouton, 2009, pp. 260—261.

由皮尔斯与维尔比开创的意义理论新体系，致力符号表意与社群关系的研究，为符号学作为广义的社会文化理论奠定了坚实的基础。皮尔斯指出他与维尔比所谓的"差异"，只是意义研究的题中应有之义：符号学不仅需要处理"善"，更应当处理"真"。于是他力劝维尔比，与他共同开创这一广阔的新领域：

> 假若我们把它（指符号学——笔者注）一分为二——那么，根据我对"科学"这一概念的理解，是指科学者用这个词表示一个由共同兴趣者（devotee）所组成的社会群体，因此我们会立刻陷入一人坚守一个群体（two groups of two）的窘境之中。然而，如果您和我团结一致，那么至少，这个社群中还有两位成员……（CP 8.378）

（三）意义三分：维尔比的方案

皮尔斯与维尔比这场持久的学术对话，不仅促进了意义理论的汇聚，还在方法论层面开创了表意分析的三元模式，至今对当代符号学以及意义理论研究具有重要的启示意义。

维尔比对意义的分类研究始于1896年《感觉、意义与解释》（"sense, meaning and interpretation"）一文。只是当时她把意义分为五类：意指（signification）、含义（import）、意思（sense）、意味（significance）以及意义（meaning）。（Welby，1896）而这五个单词在西文中均为同义词，区分起来非常困难，并且这些单词都是一词多义，比如"sense"既可指意义，也可指感觉；"import"可指含义，也可指重要性。

从《何为意义？》一书开始，维尔比的意义三分论及感觉（sense）、意义（meaning）和意味（significance）就确立起来。这三个术语分别表明了符号表意过程的解释潜力、表达意图复杂性以及实际后果三个渐进发展阶段。

首先是感觉（sense）。维尔比认为，感觉作为意义的第一阶段是对"环境的有机反应（organic response），并且在本质上，所有经验均存有这种表达性因素（expressive element）"[①]。前文已述，"sense"这一单词，在英文中既包

[①] Victoria Welby, *What Is Meaning? Studies in Development of Significs* (*Reprinted version*), Amsterdam & Philadelphia: John Benjamins Publishing Company, 1983, p. 28.

含意思这一含义，也包含感觉这一含义。从维尔比自己的定义来看，她更侧重于"sense"的感觉特性。她认为意义的感觉并非人类所特有的能力，因为"整个'动物世界'（或许也包含植物）都共享着感觉世界（senseword）"①。维尔比的这一定义，非常类似于皮尔斯所谓的作为第一性的"感觉"（feeling），均指包含动物、生物在内（即皮尔斯所谓的"准心灵"，quasi-mind）所携带的解释潜力。

维尔比强调感觉是意义生成之最基础也是最重要的环节。它作为一种信息的中介，是每个经验、解释、认知以及行为得以形成的决定性中介（determining medium）。同理，文字、词语、句子、形式以及内容也无非都是传达意思（sense）的方式之一。② 维尔比非常看重感觉（sense）作为中介的重要作用，因为它是连接自在物世界和意义世界的重要桥梁："但除非'信息'（message）包含如'从什么到什么'的观点，否则它自身则是没有意义的；这就像'连接'（link）必须要在两个东西之间一样。"③

而"感觉"作为中介的这一根本作用，决定了作为解释者的人似乎能够感知并识别符号文本的意义，乃至解释符号自身携带的所谓"终极价值"（ultimate value）：

> 人类的感知世界有许多地方需要借助意义－感觉（meaning-sense）的规训，来进行理性的解释。而这种感知，这种对经验的意义（meaning）、意向（intent）、意图（purport）、意志（purpose）以及"目的"（end）的敏感性，会在感知中累积到极点，然后变成一种识别（recognition），识别意味（significance）、含义（import）、重要性（importance）、终极价值，以及所有经验及知识的最重要时刻。④

上述引文让我们不难理解，维尔比为何有时候也把表意学称为

---

① Victoria Welby, *What Is Meaning? Studies in Development of Significs* (*Reprinted version*), Amsterdam & Philadelphia: John Benjamins Publishing Company, 1983, p. 28.
② Victoria Welby, *What Is Meaning? Studies in Development of Significs* (*Reprinted version*), Amsterdam & Philadelphia: John Benjamins Publishing Company, 1983, p. 221.
③ Victoria Welby, *What Is Meaning? Studies in Development of Significs* (*Reprinted version*), Amsterdam & Philadelphia: John Benjamins Publishing Company, 1983, p. 113.
④ Victoria Welby, *What Is Meaning? Studies in Development of Significs* (*Reprinted version*), Amsterdam & Philadelphia: John Benjamins Publishing Company, 1983, p. 194.

"sensifics"：感觉（sense）作为意义世界形成的基础，它连接着我们的"智性世界、道德世界以及审美世界"①。因此，人们只有通过有意识地对符号表意进行观察与反思，并且对自己的意义感知和解释能力进行系统的训练，才能有效地解释符号意义所携带的伦理价值、社会价值、审美价值乃至人类的终极价值。这也是为何维尔比认为表意学应该是而且必须是教育学领域的一个重要组成部分。

维尔比认为：意义总是与意图（intention）和目的（end）相关，是"意义（meaning）体系中的第二级意思"②。因此，维尔比对比道："'感觉'本质上不是目的性的（purposive），而这恰恰是'意义'（meaning）的主要特征。意义是为有意表达的特定感觉所准备的。"③ 进一步说，意义是解释者在朦胧地感觉到意思后，对其进行判断、筛选，并根据自己的意图所表达的含义。

而意义的第三层即"意味"（significance），则是维尔比表意理论的核心。她认为意味"包含感觉（sense）和意义（meaning），但又在范围上超越二者，且包含更加广泛的结果、意涵、终极结论或者事件和经验的结果。'意味'这一术语被使用得更加充分"④。这表明意味作为意义活动过程的最终项，暗含着感觉及意义两者，但又因其涉及符号对每一个人的影响、含义以及终极价值而超越两者。这一切在《何为意义？》的开篇便已得到简明的陈述：

> 严格来说，一个词并没有所谓的感觉（sense），只有它被用于其中的意义（meaning）——环境、心灵状态、指涉和属于它的"论域"。一个词的意义是它想传播的意图——使用者的意图。一个词的"意味"（significance）总是多方面的，它通过表达自身的重要性、对我们的吸引力、对我们所在的时刻、自身的情感力量、理想价值、道德面貌及其普遍

---

① Victoria Welby, *What Is Meaning? Studies in Development of Signifies* (*Reprinted version*), Amsterdam & Philadelphia: John Benjamins Publishing Company, 1983, p. 195.

② Victoria Welby, *What Is Meaning? Studies in Development of Signifies* (*Reprinted version*), Amsterdam & Philadelphia: John Benjamins Publishing Company, 1983, p. 21.

③ Victoria Welby, *What Is Meaning? Studies in Development of Signifies* (*Reprinted version*), Amsterdam & Philadelphia: John Benjamins Publishing Company, 1983, p. 79.

④ Charles Peirce & Victoria Welby, *Semiotics and Signifies: The Correspondence between C. S. Peirce and Victoria Lady Welby*, C. S. Hardwick (ed.), Bloomington: Indiana University Press, 1977, p. 169.

的或至少是社会的范围来强化其感知及其意义。①

从上述引文来看,维尔比所谓的意味,大体上是指一个符号背后所蕴含的社群意义,它不仅关涉符号使用者的感知与意图,更关涉交际双方所在社群中能够用此符号进行交流而包含的根本意义。

维尔比在鲍德温《哲学与心理学辞典》"表意学"词条中,对"意味"这一术语进行了举例说明:"第三是道德的,例如,我们说某一件事'它的意味不能被高估',并且在这样的情况下,不可能在不造成重大损失的情况下替代这类事件的'感觉'或'意义'。"② 因此,意味不仅仅是符号所指具体的意义,而且包含这个符号使用社群所共享的价值、道德以及伦理,这也就是维尔比所谓的终极价值。

(四) 解释项三分:皮尔斯的回应

维尔比从符号解释与意义生成的立场所建立的表意学体系,得到了皮尔斯的高度赞赏。皮尔斯在 1903 年所做的著名的洛威尔系列演讲(Lowell Lectures)的其中一场,详细评价了维尔比的意义三分式。而这一评价,也可以视为二者所开创的、基于解释的符号学模式的共同理论抱负:

> 这本书(即《何为意义?》——笔者注)具有非常多的优点,其中最突出的是意义的三种模式。但是我认为本书更重要的意义是,它极力阐明"何为意义"这一根本问题。一个词对于我们来说是有意义的,以至于我们可以利用这些意义来与他人进行交流,同时也可以从他人的交流中获得相关知识。但这只是意义最底线的层次。更充分地说,一个词的意义是所有条件性预测的总和,而人们使用它是有意向为此意义负责,或者有意向否认该意义。在词语使用中所出现的这种有意识或有准意识的(quasi-conscious)的意向(intention),是意义的第二个层次。但是,除了某人有意接受了词语而产生的某种结果,接受一个词的意义还会产生大量未知的结果:这些结果不仅仅在于知识,恐怕还有可能是社会的进化。谁也说

---

① Victoria Welby, *What is meaning? Studies in Development of Significs* (Reprinted version), Amsterdam & Philadelphia: John Benjamins Publishing Company, 1983, pp. 5-6.
② Victoria Welby, Significs, in *Dictionary of Philosophy and Psychology*, Vol. 2, J. M. Baldwin (ed.), New York: Macmillan, 1902, p. 59.

不清楚某个词或某个短语中会存有何种理论改变世界面貌。但这些结果的总和，就构成意义的第三个层次。(CP 8.176)

对于皮尔斯本人来说，他是非常赞成维尔比诸种讨论的符号意义的解释过程及其实际的效果和结果的。在皮尔斯看来，每个符号都必须表达出一个解释项，而解释项自身就是符号，是符号在解释者心中引起的一个更加发展的符号。因此，从广义上说，解释项就是符号的意义。而解释项三分理论，就是要说明符号对解释者自身在符号意义解释过程中所产生的不同程度的影响。为此他根据符号学三性原理，把解释项分为直接解释项（immediate interpretant）、动力解释项（dynamic interpretant）以及最终解释项（final interpretant），分别对应的是解释者对符号意义的感知、产生的效果，以及社群所共有的解释规则或习惯。(CP 8.314) 这与维尔比表意学所强调的意义三个层次不谋而合。

事实上，皮尔斯也的确把自己的解释项三分理论与维尔比的意义三分理论对应起来。在1909年3月14日写给维尔比的一封信中，他详细地阐述了二者意义三分理论的异同，而这封信也被奥格登与瑞恰兹收入《意义的意义》一书的附录之中。皮尔斯在这封信中指出："我现在发现我的分类与你的分级几乎相同，如果两者都正确的话，就好像它应该如此。"[①]

首先，关于直接解释项与维尔比"感觉"（sense）之间的相互关系。根据皮尔斯的理论，任何符号在被实际解释之前，必须具备可解释性（interpretability）。(CP 8.315) 由于这种可解释性，我们可以把直接解释项说成是一种"被解释的可能性或倾向"。任何一个符号都有其本身独特的可解释性，而使它在实际被解释时造成的可能效力即这个符号的直接解释项。皮尔斯进一步指出，直接解释项仅是一种可能性，对应于知觉经验来看，它是一种感觉，是对符号的一种解释潜力。

因此这一概念显然与维尔比所强调的意义三分第一层次，即对事物意义之感觉是一致的：

> 我认为我的直接解释项若不是与你的"感觉"完全相同，也已十分相

---

① Charles Peirce & Victoria Welby, *Semiotics and Significs: The Correspondence between C. S. Peirce and Victoria Lady Welby*, C. S. Hardwick (ed.), Bloomington: Indiana University Press, 1977, p. 109.

似；因为我将前者理解为符号很可能产生的或自然希望其产生的经过分析的总效应；并且我习惯于将此等同于符号对一种思维首先产生的或是可能产生的影响，而不反映这种思维。①

皮尔斯的直接解释项将意义看作解释者通常习惯使用的，正如维尔比所说与感觉相关，因此它与解释者对符号的直接反应相关。

其次，是最终解释项与意味的相互关系。皮尔斯认为最终解释项就是符号对解释者所产生的一种法则式效力。"符号的最终效力（ultimate affect），正是因为它是符号特征所预期的，或注定会有的一种效力，因此或多或少地都具有一种习惯本质或形式本质……"② 由此，最终解释项就属于一个第三性范畴，其产物为法则、习惯、性情与规律性等。

事实上，当皮尔斯的最终解释项出现在其解释可能性的极限时，它与符号相关，也就是与符号在无限的解释项链中引起的所有可能的反应相关。换句话说，与维尔比的意味相似，皮尔斯的动态解释项表明了符号的创造性潜力。基于此，皮尔斯认为他的最终解释项与维尔比所谓的意味完全相同，也就是符号对任何思维都会造成影响，而环境基于此应保证它能发挥它的完全效应。

最后，皮尔斯认为他与维尔比意义三分法的最大差异存在于动力解释项与意义的相互关系上。皮尔斯认为动力解释项就是符号所产生的，并作用于符号解释者的一种直接效力或实际效力（CP 4.535），"它是任何心灵对一个符号所产生的任何一种解释"（CP 8.315）。它属于一个第二性的概念，因此动力解释项的产物即为行为、事件或者个体所产生的观念等。

皮尔斯认为，维尔比的"意义"是"符号发送者意图（无论是口头的或者书面的）对解释者心灵所产生的影响"。但是他所谓的动力解释项则"仅仅存在于符号实际上对解释者所产生的直接效力之中，是否有发送者的意图这种效力依然存在"。皮尔斯的这一解释，实际上比维尔比更加激进，他是完全站在接收者的角度来看待符号的意义生产问题的。

不过，皮尔斯所谓的动力解释项在一个特定的语境中与符号的表意相关，

---

① Charles Peirce & Victoria Welby, *Semiotics and Significs: The Correspondence between C. S. Peirce and Victoria Lady Welby*, C. S. Hardwick (ed.), Bloomington: Indiana University Press, 1977, p. 109.

② C. S. 皮尔斯：《皮尔斯：论符号》，赵星植译，成都：四川大学出版社，2014 年，第 167 页。

正如维尔比对意义的主张一样，它是按照一个特定意图而被使用的。在另一处，皮尔斯曾回顾到他与维尔比的通信："我不认为我们可以确定地说因为神是造物主，他就可以发出所有符号。但［维尔比夫人］认为就是如此，恐怕是因为这与意志（volition）有关。此时我立刻发现，动力解释项就是解释的意志成分。"（CP 8.185）这说明在意义是否受到意图意义的影响方面，二者受到了彼此的影响。

综上，皮尔斯与维尔比就意义问题进行了长达九年的探讨，已清晰地说明符号学的核心就是处理意义问题，符号学就是意义学，标志着20世纪初意义理论大潮的开启。并且，二者提出的符号表意动态三分模式，倡导符号意义研究与社群关系相结合，使文本向解释敞开，至今影响着当今符号学的发展方向。

三、三元符号学的重新发现与"总体符号学"的兴起

维尔比之后，皮尔斯的符号学说在20世纪上半叶被美国哲学家莫里斯（Charles Morris）拓展成理论体系。莫里斯是符号互动学派代表人物米德的学生，曾在皮尔斯的母校哈佛大学任教。也正是在此期间，莫里斯最先接触到皮尔斯的完整手稿。皮尔斯十万多页手稿及八千多本图书收藏在其去世后，由其好友、哈佛大学教授罗伊斯（Josiah Royce）安排，由哈佛大学哲学系购买并收藏。[①] 但哈佛大学实际开始组织整理出版，则是在20世纪30年代后。根据皮尔斯文献权威学者费许（Max Fisch）教授考据，莫里斯在1938年出版其名著《符号学理论》（*Theory of Signs*）[②] 之前，一直在帮助哈佛大学出版社编辑编撰《皮尔斯文选》第一至四卷，因此他是最早参与整理并且系统阅读皮尔斯手稿的学者。

20世纪前半叶，以"符号学"为名的理论专著寥寥，而最为系统的则是莫里斯的专著《符号学理论》。莫里斯在书中大量采用皮尔斯手稿中的术语，并且延续皮尔斯符号学第三项"解释项"，系统建构以符号接收者为中心的符号学新路径。许多当时并不了解皮尔斯学说的学者，均可在其专著中了解到皮

---

① 约瑟夫·布伦特：《皮尔士传》，邵进强译，上海：上海人民出版社，2008年，第1页。
② Max Fisch, Peirce's General Theory of Signs, in *Peirce*，*Semiotics and Pragmatics：Essays by Max H. Fisch*，K. Kenter & C. Kloesel（eds.），Bloomington：Indiana University Press. p. 346.

尔斯符号学的概貌。并且，莫里斯在皮尔斯符号学"三学科"（trivium）学说启发下，把符号学分为"符型学"（syntax）、"符义学"（semantics）以及"符用学"（pragmatism）三个分支，至今依然是语言学、符号学、哲学界所公认的标准分类法。特别是第三分支符用学，莫里斯自认为是直接借用了皮尔斯的术语"pragmaticism"，认为该分支就是探讨符号意义与使用者之关系的学说，由此开始当代语用/符用学研究大潮。

尽管皮尔斯的三元模式得到了奥格登、莫里斯等人的推进，但其思想在符号学界真正获得重要影响力要到20世纪中晚期。这时符号学运动进一步打开自身，由三元动态符号观取代二元结构文本观，成为一种新的潮流。这首先是因为皮尔斯手稿开掘与整理工作所取得的阶段性成果。正如学界了解索绪尔的思想是通过其学生整理出版的课题讲稿《普通语言学教程》，真正了解皮尔斯的符号学理论也必须回到他自己撰写的手稿中。这一整理工作工程量浩大：哈佛八卷本皮尔斯手稿选集于1958年全部出版完毕，而皮尔斯手稿更加系统的编辑工作即《皮尔斯作品编年合集》①也在20世纪70年代启动，这让学界终于有机会看到皮尔斯三元符号学系统的细致脉络。与此同时，他与另一位三元符号学模式的创立者维尔比夫人的通信集也于1977年出版：符号的三元分类原则以及意义互动基础在该书中得以清晰呈现。

正是在上述语境下，以皮尔斯为代表的三元符号学模式在20世纪六七十年代得以大规模"重访"。而这种理论重访的本质是符号学理论界冲破封闭的结构系统观，拥抱多元动态的意义解释观。回顾20世纪中后期这一理论模式转向，有三位符号学家起到了尤为重要的推进作用。

首先，是语言学家罗曼·雅各布森（Roman Jakobson）。他作为莫斯科语言小组领袖，是最早在俄罗斯接受到索绪尔符号学、推进结构主义语言的学者之一，自其在第二次世界大战后定居美国开始接触皮尔斯的思想后，又在推进皮尔斯符号学理论方面做了极为重要的奠基性贡献。他曾非常精准地指出皮尔斯符号学是"表意现象的整体多样性"，而非对语言结构与意义生发问题的研究，这从本质上抓住了广义符号学与结构主义语言学之间的区别。

---

① Charles Peirce, *Writing of Charles S. Peirce: A Chronological Edition*, Vol. 1-6, Vol. 8, Bloomington: Indiana University Press, 1982-2010.

在雅各布森随后的系列研究中，他着重从符号三元构成、三元论与索绪尔的二元论之间的区别与联系、皮尔斯符号三分法等方面引入皮尔斯的相关理论，逐渐扭转符号学界能指/所指二元论一家独大的局面。特别是，他对皮尔斯基础三分法即像似符、指示符与规约符号学的引介，成为20世纪七八十年代英美学界了解皮尔斯符号三分思想的指南。的确，雅各布森在不少论述中简化了皮尔斯的符号三分论，也试图通过一种简化的方式——所谓的所指二分法——建构皮尔斯与索绪尔的思想联系。这些努力的确对当时的语言学界与符号学界起到了重要影响，至少在结构主义纷纷突破到后结构主义的当时，学者们借助雅各布森的论著，重新发现了这种区别于二元论的"新"符号学理论体系。正如现任国际符号学会主席科布利（Paul Cobley）评价道：由于雅格布森的影响力，像似符－指示符－规约符这种三分法，成为二十世纪七八十年代学界讨论新符号学范式（与索绪尔相比）的一种标准程式。①

其次，在20世纪七八十年代，皮尔斯三元符号学模式推进到世界符号学运动中心，意大利符号学家艾柯（Umberto Eco）功不可没。艾柯在小说、文化与文学理论方面著作等身，其符号学理论则一直处于大众文化研究与小说创作的核心地位。他的符号学理论基础和核心是皮尔斯三元符号学模式。如果说奥格登、瑞恰兹与莫里斯是三元模式的第一代继承者，他们主要关注意义三角模式的建构，那么艾柯作为第二代拓展者，进一步激活了三元模式中的"动力因素"，即从解释项与意义生产的关系角度说明符号意义生产、解释与传播的互动基础，彻底把符号学从文本与结构中解放出来。

这正如皮尔斯自己所言："任何事物，只要它能被解释为符号，它就是符号"（CP 2.208），并且"符号过程是三种事物——符号、对象与解释项——之间的一种合力"（CP 5.484）。这意味着符号意义的产生并非结构或系统，而是解释者通过符号，对其所指对象之意义的解释。特别是他所提出的"解释项"这一概念，将当今符号学从文本中心论转向解释与交流中心论。因而我们可以看到，当今符号学诸流派所共同关心的几个核心概念，如"符号活动/过程"（semiosis）、"解释项"（interpretant）、"对象"（object）、"传播/交流"

---

① 保罗·科布利编：《劳特利奇符号学指南》，周劲松、赵毅衡译，南京：南京大学出版社，2012年，第39页。

（communication）等，都是源自皮尔斯符号学。

特别是，艾柯在其符号学名著《符号学理论》（*Theory of Semiotics*）里，把皮尔斯符号学中的解释项的生发与传播过程总结为"无限衍义"（unlimited semiosis），清晰地指出因为有解释项的存在，符号意义的生产与传播便是一个无限发展的动态过程。这为当今符号学重新找到了动力因素。皮尔斯仅在手稿中阐明了这一机制，并未用该术语进行归纳。因此，正是艾柯对皮尔斯符号学核心思想的再提炼，让更多学者看到了三元动态模式的优越性，对符号学从解码符号学转向解释符号学起到了重要的推动作用。

艾柯对当代符号学运动的推进，还体现在把符号学的研究对象从语言与文学领域进一步拓宽到更加广义的文化与传播领域。而他借助的也正是皮尔斯的三元符号模式，正如他在《符号原理》第四章开篇中所指出的，本书"致力'符号类型学'的讨论，它缘起于皮尔斯的符号三分法（规约符、指示符与像似符）。我将讨论这些符号类型如何覆盖更为细致的符号功能领域以及清晰的'符号意义生产'活动，进而推出一个更加综合的有关符号生产的诸模式的符号N分法"[1]。因此，符号在不同传播过程中的意义生成方式成为其符号理论的核心，而在这一议题的讨论过程中，艾柯还进一步引入个别符/型符、符码、存在图、试推法等皮尔斯符号论一系列核心概念，进一步拓宽了当代符号学运动的锋面。

最后，美国符号学家西比奥克则把皮尔斯的三元模式推进到21世纪。只是这次他以一种更加开放的姿态，通过吸收与融合诸家符号学的理论，奠定了新世纪符号学"皮尔斯+"的多元融合模式。西比奥克是莫里斯的学生，也是国际符号学权威杂志《符号学》（*Semiotica*）的创始主编，被认为是符号学的"跨世纪的符号学家"[2]，也是总体符号学与生物符号学这两种主导符号学模式的奠基人。可以说，在20世纪末到21世纪初，西比奥克是符号学界最具影响力的学者。

西比奥克对新符号学运动最重要的贡献，是拓展了符号学研究的边界。按照西比奥克所设想的框架，符号学不仅是索绪尔所谓根据社会生活对符号生活

---

[1] Umberto Eco, *A Theory of Semiotics*, Bloomington: Indiana University Press, 1976, p. 16.
[2] John Deely, Semiotics "Today": The Twentieth-Century Founding and Twenty-First-Century Prospects, in *International Handbook of Semiotics*, London & New York: Springer, 2015, p. 30.

进行研究的科学，而且是对所有符号交流活动进行的广义研究。换言之，任何具有符号使用能力的生命体，均被西比奥克纳入他的总体符号学框架之内。

显然，索绪尔以及后继者以人类语言符号为中心的符号学模式并不能满足西比奥克的这一理论设想。在他看来，符号学的未来发展方向，就应当是打开人类符号活动这一边界，思考整个符号域中其他生命体与人类符号活动之间的相互关系。正是基于这一理论出发点，他开始对皮尔斯提出的"符号活动"（semiosis）这一概念进行拓展。皮尔斯认为符号解释者不一定是人，也可能是具有符号使用能力的"准解释者"。因此，符号活动也可以是具有符号解释能力的其他生命体之间的符号交流过程。例如，细胞或基因的应答性解释，是一种"准符号活动"，因此在西比奥克看来，符号活动关系到生命。而这就是西比奥克总体符号学理论的核心：把符号活动扩展至与生命活动相一致。[①]

基于皮尔斯的广义三元符号学体系，西比奥克的总体符号学为研究符号生命和生命符号提供了一个交汇所在和观察点。按照他的设想，除了人类符号活动，总体符号学还应当包括"动物符号学"（zoosemiotics），甚至更为广泛的"生物符号学"（biosemiotics）。其次，总体符号学也观照"体内符号学"（endosemiotics）这一微观层面。需要指出的是，这一构想并不是一种泛符号学论（pan-semiotics），它昭示的不仅是符号学彻底打开自身的决心，更是符号学的范式与研究视域在新世纪的转向。唯有通过从"他者"的角度观照其他生命符号活动的构成及其基本特性，我们才能获得一种全局的视域，探究人类符号活动与整个自然、文化与社会的相互关系。这也就是当今符号学诸流派的共同出发点。

西比奥克把符号活动扩展至生命活动边界，对近三十年来的符号学新思潮、新流派产生了重要的影响。正如符号学理论史家迪利指出："自21世纪起，20世纪发展而来的符号学开始走向总体化。而引导这一显著的转向特征的学者，自1963年开始至今，既不是索绪尔也不是皮尔斯，而是托马斯·西比奥克。"[②] 又如当今国际知名符号学者佩特丽莉所述："正因为有了西比奥

---

① 苏珊·彼得里利，奥古斯托·蓬齐奥：《打开边界的符号学：穿越符号开放网络的解释路径》，王永祥等译，南京：译林出版社，2015年，第158页。

② John Deely, Semiotics "Today": The Twentieth-Century Founding and Twenty-First-Century Prospects, in *International Handbook of Semiotics*, London & New York: Springer, 2015, p. 30.

克，现代符号学将其理论视野扩展到远远超出了20世纪60年代符号研究所能预见的范围。"①

西比奥克发起的这场意义深远的符号学范式革新运动，使皮尔斯广义三元模式成为当今符号学界的共识。在西比奥克的影响之下，欧美符号学在近三十年来形成的三个显著转向，即生物转向、伦理转向以及认知转向，都在相当程度上受到了西比奥克总体符号学思想的影响。而这一体系的核心，便是对皮尔斯"符号活动"这一概念的扩容。

第三节　跨学科、跨地域的符号学新流派

随着新符号学运动在21世纪的进一步推进，欧美地区已汇聚成形多支具有重要影响力的新流派。各流派之间因为对某个领域的共同关注，在学术互动中又形成跨地区的学术联系带。本节旨在简要概述这些流派以及它们所聚焦的研究领域，试图为后面章节的详细论述奠定基础。

第一类，是全球符号学运动在21世纪出现生物学与生态学转向，继而形成的三大学派，即新塔尔图学派、哥本哈根学派以及布鲁明顿学派。这三大学派均在美国符号学家西比奥克的引领下，把皮尔斯广义符号学模式与莫斯科－塔尔图学派的主要成果——特别是洛特曼的文化符号学体系和于克斯库尔的生物符号学模式——相融合，进而推动符号学研究主体从人的符号活动转向整个生命体。作为当今符号学最显著的转向，这种与生物符号学结合探究符号生命及其活动的思潮，被西比奥克命名为"总体符号学"模式。

这三大学派相互对话，又各具特色。在符号学重镇塔尔图，以库尔（Kalevi Kull）、洛特曼（Mihhail Lotman）、托洛普（Peeter Trorop）、马兰（Timo Maren）等为代表，侧重探索符号生命体内外环境关系及其模塑过程，并在生物符号学、生态符号学与翻译符号学这三个具体领域进行拓展。在哥本哈根，以霍夫迈尔（Jesper Hoffmeyer）、艾姆麦赫（Clause Emmeche）为代表，着力推进自然符号学的研究路径。而在布鲁明顿，则以西比奥克的后继者

---

① 苏珊·彼得里利，奥古斯托·蓬齐奥：《打开边界的符号学：穿越符号开放网络的解释路径》，南京：译林出版社，2015年，第156页。

德尼西（Marcel Daneci）、迪利（John Deely）为代表，继续推进总体符号学的理论基础即模塑系统理论。

第二类，是全球符号学运动在 21 世纪出现认知学转向所形成的北欧－北美认知学派。这两大学派结合认知科学、认知心理学与符号学、现象学等领域知识，从认知角度探寻人类意义生成机制。认知符号学作为当今符号学另一个显著转向，把符号学的研究重点从符号意义的外部交流活动，转向对符号意义的感知、识别与解释等内部活动，并结合脑科学、认知科学等前沿学科，为符号意义的认知与传达提供自然科学的依据。

第三类，是在 21 世纪媒介技术进步、推进文化符号表意活动日渐繁荣的背景下，所形成的传媒符号学派。文化与传播符号学研究范式起源于法国符号学研究，具体是指从巴尔特结构主义符号学开始的，对当代媒介文化及其所隐藏的意识形态编码机制进行批判的符号学研究路径。而后这一学派在理论上主要吸收了巴尔特从索绪尔处沿袭过来的结构主义符号学传统、德国法兰克福学派的"霸权理论"以及英国学者霍尔的"编码－解码"理论。

将传播符号学研究在 21 世纪推进得最为广泛、影响最大的要数北美学派。该学派继承皮尔斯的三元符号传播模式，吸收麦克卢汉媒介现象学模式以及当代传播学理论，主张从理论建构与传媒文化产业实践双重路径推进当代传播符号学研究。沿此路径，该学派目前最主要的推动者如菲斯克（John Fiske）、德尼西（Marcel Daneci）、拉尼冈（Richard L. Lanigan）等，已取得令人瞩目的成果。首先，重构传播符号学理论体系，主要从皮尔斯符号传播模式、符号自我、传播社群论等概念出发，用三元模式替换索绪尔二元结构论，建构更为普适的，且能解决新媒介社会下的符号意义生产诸问题的总方法论。其次，从品牌、广告、青少年流行文化等领域展开理论实践，为当代传媒文化产业提出符号建构策略。

传媒符号学的欧洲学派，则关注新媒介的符号学理论建构工作，特别是对媒介技术和符号表意关系、符号传播与媒介话语、符号学与信息论之关系等根本理论问题进行讨论与建构，独树一帜。该学派学者采用分析而非批判的立场，试图说明符号活动在新媒介社群中所起到的重要作用，及其对社会所产生的具体影响。其代表人物包括梵·迪克（J. van Dijk）、延森（Klaus Jesen）、布瑞尔（Søren Brier）以及诺特（Winfried Nöth）等。

第四类，文化符号学研究领域，则有英国、法国以及意大利的学者形成相对系统的理论研究范式。首先是在马克思主义思想影响下的英国伯明翰学派关于亚文化、通俗文化以及传媒文化的研究成果，至今对现在的符号学文化研究产生着重要影响。其次则是在格雷马斯影响下的"巴黎学派"，他们以"激情符号学"为框架，对文学、文化和艺术符号文本中的主体和情感问题进行深入研究。最后是在艾柯影响下的意大利都灵学派，对后物质时代的社会文化问题展开具体探讨。

第五类，符号学进一步融合社会学、马克思主义、社会语言学理论，由此形成的社会符号学流派，即英国-澳大利亚社会符号学派、欧洲马克思主义符号学派、意大利符号伦理学派。这几个学派均围绕社会符号表意活动与意识形态的建构活动展开各自的讨论，既相互融合，又有各自的侧重点。

英国-澳大利亚社会符号学派理论从澳大利亚系统功能语言学家韩礼德（M. K. Halliday）的社会符号学理论发展而来。该学派学者主要运用了韩礼德的社会语言学理论，并充分结合索绪尔语言符号学与巴尔特的符号传媒理论，主张用符号学剖析控制社会与文化符号文本之建构规则的意识形态机制。这一分支在当代被英国学者如霍奇（Robert Hodge）、克雷斯（Gunther Kress）、科布利等学者发展壮大。他们在上述理论模式的基础上，进一步引入如皮尔斯符号学、巴赫金（Mikhail Bakhtin）和沃洛辛诺夫（V. N. Volosinov）的对话理论等，不断提高社会符号学用于当代社会分析的解释力。特别是，为了应对当今社会的图像转向，该学派致力把社会符号学的理论工具从语言符号分析转向多模态符号文本分析，从方法论层面拓展了符号学的适用范围。

欧洲马克思主义符号学派则以波兰符号学家沙夫（Adam Schaff），奥地利符号学家伯纳德（Jeff Bernard），意大利符号学家罗西-兰迪（Ferruccio Rossi-Landi）、庞齐奥（Augusto Ponzio）的研究成果为代表。相关学者主张恢复符号学的社会批判传统，把符号学广泛运用于人类社会文化分析中。该学派学者主要吸收其领军人物亚当·沙夫（Adam Schaff）等人的理论资源，主张回到马克思意义上的经济分析，评估当今消费社会与高科技时代的商品消费及其社会文化意义。他们为开拓马克思主义符号理论以及马克思主义符号学在社会、文化及艺术领域的应用作出了积极的贡献。符号伦理学派

（semioethics）在佩特丽莉的带领下，沿着西比奥克的总体符号学路径，把皮尔斯符号学范式与对话理论相融合，呼吁作为"符号动物"的人对整个生命界的责任。

值得一提的是，21世纪全球符号学运动的一个显著增长点，就是正在发展壮大的中国符号学派。通过中西方符号学资源的对话与呼应，相互学习与借鉴，一个颇具中国风格、中国气派的学术新流派正在形成，拓展了世界符号学运动的锋面。

中国符号学在20世纪20年代开始起步，从赵元任1926年提出"符号学"这一中文词开始，"符号学在中国缓慢地前行，到八十年代后汇成大潮，九十年代后期开始成为显学"①。最近十年以来，中国符号学实现了飞跃式发展，并逐渐成为当代国际符号学运动的一个重要分支。第11届世界符号学大会于2012年在南京师范大学召开，向世界展示了中国符号学研究的崛起。首届文化与传播符号学国际学术研讨会于2015年在四川大学召开。文化与传播符号学会在此次大会上成立，标志着符号学研究已经拓展至人文学科的各个领域。而2018年召开的符号传播学高层研讨会以及中国新闻史学会符号传播学委员会的成立，则预示着符号学正在朝以新闻传播学为代表的社会科学领域迈进。

总体来看，中国符号学研究现已形成两条特色鲜明的研究路径，二者互补融合，相得益彰：

第一是语言符号学路径。该路径在胡壮麟、王铭玉、张杰、丁尔苏、屠友祥等学者的大力推动下，成为国内符号学重要研究阵营。该学派把语言符号视为人类符号互动最基础的模式，认为语言符号作为人类最大的符号系统，在模塑人类文化交流活动方面起着决定性作用。该学派近年来不仅在基础理论上进行融合创新，例如吸收皮尔斯的"像似性"理论，认为它与索绪尔所提的"任意性"并行不悖，扩大了当代语言学理论适用范围，还在研究方法上不断拓展，提出建构"翻译符号学"理论模式，认为人类文化交流的本质是一种广义的翻译活动。这种翻译活动不仅仅是语言间的翻译，更是一种符际翻译，如文字与图像间的翻译、剧本与电视剧间的翻译、台本与话剧研究的翻译。这实际

---

① 赵毅衡：《中国符号学九十年》，载唐小林、祝东编：《符号学诸领域》，成都：四川大学出版社，2012年，第368页。

上是从语言符号学角度，建构了一套能包含所有非语言符号表意的宏观符号学理论框架，拓新了语言符号学、语言学的边界。

第二是文化与传播符号学路径。该学派一方面注重中国符号学原创性理论的开拓与建构，特别是中国传统符号学思想与现代符号学理论的勾连，别具一格的理论体系，成为当今全球符号学运动的一个重要阵地，如赵毅衡的文化形式论－哲学符号学体系，孟华的汉字符号学体系，龚鹏程的中国文化符号学体系等。另一方面，该学派以门类符号学的形式，把相关研究拓展到文学、艺术、哲学、文化、大众传媒、广告与品牌、人类学、中国古代文学等人文社会科学多个领域，通过对具体文本的分析发现新问题，进而拓展当代符号学理论的基础。特别是聚焦文化传媒与消费产业的具体领域，试图为当代消费社会的符号生产机制提供符号学式建构策略。这是目前中国符号学研究增速最快、跨科学发展趋势最明显的重要领域。

而在推进中国符号学之文化与传播符号学范式转向方面，贡献最大的要数以四川大学符号学－传媒学研究所领衔的"川大学派"。截至目前，该学派学者已出版符号学相关专著、译著80余本，创建符号学专业双语集刊《符号与传媒》，并组建中国中外文艺理论学会·文化与传播符号学分会，以及中国新闻史学会符号传播学分会，已将符号学研究深入文学、艺术以及新闻传播学三个学科群之中，逐渐形成规模较大、以跨学科为基础的符号学学术研究集群。

该学派首先注重对符号学基础理论的引介与拓新，主要表现为对皮尔斯符号学、维尔比表意学、西比奥克总体符号学等当今符号学主流模式的引介与研究，为引导中国符号学的文化社会学范式转向起到了重要作用。其次，该学派的另一个特征是主要从建构的角度对当今日益增多的符号文化产业与商品提出具体的对策，在如广告、品牌、时尚、游戏、礼物、日常生活文化等应用符号学的理论研究和实践方面做出了积极有益的实践。最后，该学派学者也主张回到中国传统符号学资源，发掘中国传统经典与西方符号学的互动与关联，并在《周易》符号学思想、先秦符号学思想、唯识论、阳明心学的符号学研究方面，做了大量具有前瞻性的探索。

正在发展壮大的中国符号学派，以其开放多元的理论体系，对中国传统哲学思想的理论关怀，以及对当今传媒与文化产业的建构性分析等特性，引领着当今中国符号学发展的方向，也为当今世界符号学运动注入新的理论动力。

第一章 生物与生态符号学

生物符号学作为当今欧美符号学运动的重要分支，于20世纪60年代汇聚成形，在20世纪末加速发展，现已形成学界知名的塔尔图－布鲁明顿－哥本哈根学术连续带（Tartu-Bloomington-Copenhagen Synthesis）。在这一学术连续带的影响下，当今的符号学研究在理论范式与学术路径上，均在整体上经历着生物学与生态学转向，扩展了新符号学运动的边界。与此同时，在生物符号学范式影响下的当今符号学诸流派，也结合自身不同的学理背景和学术特色，逐渐延伸出几个主要的学派，即哥本哈根学派、新塔尔图学派、布鲁明顿学派。

新塔尔图学派的代表人物库尔在《生命符号学：塔尔图的进路》中指出，20世纪80年代后，当代符号学在四个维度上进行推进和拓展：第一，符号以及符号学研究的门槛被拓展至生命的缘起；第二，皮尔斯符号学的广泛发展；第三，洛特曼"符号域"思想的引入；第四，生物符号学的发展，于克斯库尔的理论被视为经典之一。[①] 该论述简明扼要地指出了当代符号学之生物学与生命科学转向的几个重要原因。

进入21世纪，西比奥克及其后继学者以"总体符号学"这一术语来命名符号学的生物转向，试图进一步拓宽符号学的疆界。其作为一种价值取向的生物符号学模式，逐渐成为当今符号学运动的一个基本理论出发点：符号活动是任何生命体所具有的根本特征。探究符号与意义之间的关系，应当超越人类中心视域，观照生命体内外部、人类与自然生态之间的有机融合。

[①] 卡莱维·库尔，瑞因·马格纳斯编：《生命符号学：塔尔图的进路》，彭佳、汤黎等译，成都：四川大学出版社，2014年，第1页。

第一节　符号学的生物学转向

经典符号学主要关注不同类型的符号及其表意构成和传播方式，但相关研究主要集中在人类社会文化与传播领域。而作为一种新兴范式，生物符号学结合生物学、动物学与符号学的相关研究成果，将符号学的视角延伸到生命体的微观层面，如细胞、基因、分子等，试图重构生命与意义之间的关系。生命体自身及其与周围世界的意义互动是自然世界的本质特性。因此，可以把生物符号学简单定义为"有关生命系统（living system）之符号活动的科学"①。

一、符号学与生物学的关联

符号学的这种生物学转向，或生物学的符号学转向，是基于"符号活动与生命过程一致"② 这一基本论断。换言之，生命体系内部细胞或分子的活动并非一种机械式运动过程，而是一种信息交流、文本生成和传播过程。学者们通过实验、观察等科学方式证明：把生命体活动视为具有符号特性的意义交流过程，并非一种比喻；细胞活动存在着有意识的符号表意特性，只是与人类符号表意活动存在程度上的差异。但我们不能因为这种差异，而拒绝承认其符号特性之存有。正如生物符号学的重要创始人西比奥克所述：

> 信息交换的过程，或曰符号活动（semiosis），是所有地球生命形式皆有的不可或缺的重要特性。正是这种为获取表意而具有的携带、复制以及表达信息的能力，使得这些生命体与其他非生命形式（但人类代理形式除外，如计算机或机器人等，因为人类可以为它们编程来进行交流）区分开来。这种研究表意（signification）与传播（communication）的双重过程，终将会被视为生命科学的一个分支；该分支从属于自然的一部分，也部分属于文化，但文化当然也属于自然的一部分……所以，生命科学与符

---

① Kalevi Kull, Biosemiotics in the Twentieth Century: A View from Biology, *Semiotica*, 1999, 127 (1/4), pp. 385-414.
② Thomas A. Sebeok, *A Sign is Just a Sign*. Bloomington: Indiana University Press, 1991, p. 22.

号科学照应彼此。①

换言之，生物学研究视角的转变导致生物符号学的兴起。若把生命体内部的生物识别、记忆、分类、模拟、学习与交流行为皆视为信息交流与意义传播行为，那么生物活动过程便作为一种符号过程，自然落入符号学的观照之中。在此意义上说，生命体内外、生命体之间的生物过程，显然已经超越了传统自然科学的核心范畴，进入了意义活动领域。因此，学者们把对上述生物行为的分析与符号学关键概念，如意义解释、翻译与符号过程等结合起来，进而形成独特的生物符号学研究路径。

生物符号学的研究对象是广泛的，它既承认人类中无意识－无目的符号或信号②，更对人类身体、动物或其他生命体器官或细胞中的符号活动感兴趣。但这并不意味着该范式的出现让符号学朝"去人文化"方向迈进。恰恰相反，生物符号学强调，其他生命形式均与人类一样，在本质上具有符号特性。这让符号学从对人的符号过程之研究，转向对人与自然、人与其他生命体之相互关系的关注，是符号学人文价值、伦理价值的凸显。

关于上述生物符号学与符号学之人文传统的关系，生物符号学新塔尔图学派代表学者蒂莫·马兰曾做过一个较为深入的阐释，而这可以视为生物符号学派的基本价值取向。蒂莫指出：对于人文学者来说，生物符号学的出现，把符号活动拓宽到地球上所有具体生命体活动的领域，以确保"人类文化以及符号活动不会被简单视为被广大非符号领域（unsemiotic void）包围的符号学岛屿"③。与之相对，人类文化应当是为其他多种多样的符号系统所包围，这些系统有些可以与人类相通，有些却差异甚大。因此，生物符号学之于人文学科的重要作用，就在于提请人文学者关注：

（1）人类文化活动与其他符号主体（semiotic subjectivies）之间的传播与符号关系，及其在诸如文学或其他文化文本中的再现方式；（2）环境

---

① Thomas A. Sebeok, *A Sign is Just a Sign*. Bloomington: Indiana University Press, 1991, p. 22.

② Søren Brier, Biosemiotics, in K. Brown (ed.), *Encyclopedia of Language & Linguistics* (2end Edition), Vol. 2, Oxford: Elsevier, 2006, pp. 31-40.

③ Timo Maren, Biosemiotic Criticism, in Greg Garrard (Ed.), *Oxford Handbook of Ecocriticism*, Oxford: Oxford University Press, 2014, pp. 260-275.

信息与人类文化再现之相互关系,并且值得进一步追问:文化是否被自然决定;(3)人类身体在文化再现之中的知觉、感官与生物机理中的表现及其轨迹;(4)人类文化再现与自然要素之间的像似与类比关系,并且能用生物符号学模式去探究人类文化的这些面向。①

如上,生命符号学模式之所以得到自然科学与人文学科的共同注意,是因为它在探究符号活动之起源,理解"内部与外部自然"②之关系的同时,也为人文学科与自然科学、文化与自然之结合奠定了根基。

而从学科发展史来看,生物符号学的形成与生物学和符号学于20世纪中期均转向对生命体内外符号活动这一路径相一致。生物学与符号学均致力探究交流结构(communicative structure)以及模塑此结构的符号系统。因此,可以说符号学是生物学,而生物学也是符号学。③塔尔图学派奠基人洛特曼有句话说得非常妙:"动物学者应当是语言学者,或者说语言学者也可能是动物学者"④,因为就探究意义交流的结构与形式来看,二者的目标是相同的。

首先从生物学来说,该学科在20世纪经历了一种朝向自然的符号化趋势。⑤而最早对于这一研究趋势的表达,出自20世纪初出生于爱沙尼亚的德裔生物学家雅各布·冯·于克斯库尔。他于20世纪20年代所展开的理论生物学(theoretical biology)或主体生物学(subjective biology)研究,主要关注生物如何主观认识其环境,如何建立关于世界的内在模型,而这种模型又如何与生物行为相互关联。

当今生物符号学的核心术语"周围世界"(umwelt)便是由于克斯库尔创造的,他用该术语来描述动物与它生活在其中之环境的耦合关系。于克斯库尔认为周围世界因物种而异,因为每个物种的意义方式很不一样;由此,不同的

---

① Timo Maren, Biosemiotic Criticism. in Greg Garrard (Ed.), *Oxford Handbook of Ecocriticism*, Oxford: Oxford University Press, 2014, pp. 260−275.
② Jesper Hoffmeyer, Biosemiotics and Ethics, in N. Witoszek & E. Gulbrandsen (eds.), *Culture and Environment: Interdisciplinary Approaches*, Oslo: University of Oslo, 1993, pp. 152−175.
③ Kalevi Kull, Jakob von Uexkull: An Introduction, *Semiotica*, 2001, 134 (1/4), pp. 1−59.
④ 转引自: Kalevi Kull, Towards Biosemiotics with Yuri Lotman, *Semiotica*, 1999, 127 (1/4), pp. 115±131.
⑤ 霍夫·梅耶尔:《自然符号学》,载保罗·科布利编:《劳特利奇符号学指南》,周劲松、赵毅衡译,南京:南京大学出版社,2012年,第33页。

有机体会根据自己的主观感知与所处环境之关系，建构不同的"周围世界"。因此他认为"没有任何人是环境的产物，相反大家都是自己周围世界（umwelt）的主人"①。于克斯库尔把周围世界比喻为物种生活于其中的气泡。这个气泡并不可见，因为它不是具体物质，而是意义关系编织而成的。因此，不同物种与世界有不同的意义关系，就有不同的周围世界的气泡。②

于克斯库尔在其周围世界理论中继续指出，周围世界面对的实际上是另外两个世界，即"内心世界"（Innenwelt）与"物质世界"（Umgebung），这表明周围世界依赖于又独立于意识而存在，它是主观世界与客观世界相互交织的产物。因此，从符号学角度来看，生物有机体感知客观世界的那些部分，将通过意识或符号能力，将其符号化为周围世界，就成为这一理论的核心问题。于克斯库尔把这种创造和建构周围世界的过程称为"功能圈"（Funnctionskreis）。

尽管于克斯库尔的周围世界理论提出于20世纪初期，却对当今符号学理论研究，特别是生物符号学模式影响甚大。该理论不仅把符号过程置于动物与生物组织之中，同时还把生命体的意义活动与自然环境连起来。而动物、生物与自然皆为生物符号学所关注的核心领域。对此库尔评价道，于克斯库尔"实际上开启的是两方面的事业，生物学与符号学。这两个学科经由于克斯库尔融合起来：对符号系统的研究必然同时是生物学与符号学的"③。

因此，尽管于克斯库尔从未表示过他自己为符号学家，他在理论生物学上所做出的系列研究，却被视为生物符号学至今最重要的奠基成果。西比奥克将其称为"隐符号学家"（cryptosemiotician）④，即在符号学学术史上具有重要奠基地位，却被暂时"忽略"的重要学者。特别是他的成果在20世纪60年代后被西比奥克引入符号学之后，对其学术理论的符号学式回溯，至今依然是符号学理论研究的一个重点。

于克斯库尔之后，生物学的这种符号学转向并未止步。特别是从20世纪

---

① 此句英文翻译转引自 Kelevi Kull, Jakob von Uexkuell: An Introduction, *Semiotica*, 2001, 134 (1/4), pp. 1—59.

② John Deely, *The Impact on Philosophy of Semiotics*, South Bend: St. Augustin's Press, 2003, p. 29.

③ Kalevi Kull, Jakob von Uexkull: An Introduction, *Semiotica*, 2001, 134 (1/4), pp. 1—59.

④ Thomas A. Sebeok, *The Sign & Its Masters*. Austin: University of Texas Press, 1979.

60年代起，相关研究主要在遗传密码（genetic code）与动物符号行为（animal semiosis）两个方面取得了突破性进展。① 而这是生物符号学在60年代汇聚成形的一个主要原因。

首先，从生物基因方面来说，学界对生命符号性过程理解的一个里程碑式突破，是1953年"华生－克里克DNA双螺旋模型"（Waston-Crick Double-helix Model of DNA）的确立以及对基因编码的破译。② 这意味着生物符号学研究从有机体之间的"外部符号活动"（exisemiosis），进入生物化学层次的"内部符号活动"（endosemiosis）。

随后，关于遗传密码与基因的科学研究在20世纪60年代取得了突破，这些研究也启发了人文社科特别是语言学领域的相关学者，使得他们开始关注遗传密码与语言符码是否存在着深层的共同结构。③ 正如语言学家雅各布森所述："基因编码与人类语言具有几个共同特性，两者都是基于一种'双重分节'（double articulation）原则。"④

于是第一代的生物符号学者开始了相关的探究工作。在他们看来，"遗传密码的发现，意味着细胞是由'符号'（symbols）所控制的物理系统，这系统揭示了自然还不为人所知的面向"⑤。因此，"我们的语言恐怕比象形文字更早，它恐怕与生命本身一样长，或者说生命本身就是一种语言，尽管我们看不到文字，但它深藏在我们身体细胞之中"⑥。

与此同时，有关动物行为的符号学研究也逐渐展开，这为生物符号学的发展进一步奠定了基础。动物是否有情感或是否存在意向性活动一直是学界争论

---

① Marcello Barbieri, A Short History of Biosemiotics, *Biosemiotics*, 2009, 2 (2), pp. 221-245.

② 霍夫·梅耶尔：《自然符号学》，载保罗·科布利编：《劳特利奇符号学指南》，周劲松、赵毅衡译，南京：南京大学出版社，2012年，第34页。

③ Marcello Barbieri, A Short History of Biosemiotics, *Biosemiotics*, 2009, 2 (2), pp. 221-245.

④ Roman Jakobson, *Selected Writings & Ⅱ Word and Language*. The Hague: Mouton, 1971, p. 675.

⑤ Howard Pattee, Laws and Constraints, Symbols and Languages, in C. H. Waddington (ed.), *Towards a Theoretical Biology*, Vol. 4, Edinburgh: Edinburgh University Press, 1972, pp. 248-258.

⑥ G. Beadle & M. Beadle, *The Language of Life. An Introduction to the Science of Genetics*. New York: Doubleday and Co., 1966, p. 21.

的问题，但长久以来一般论者认为唯有人类才具备符号使用的能力。如前文所述，于克斯库尔于20世纪初提出的周围世界理论，实际上已经从实证的角度提出动物已具有建构自身主体世界的符号能力，只是他的理论在当时还属于"异类"，甚少受到关注。这一问题，直到1973年诺布瑞尔生理学与医学奖授予动物行为学者康拉德·劳伦茨（Konrad Lorenz）等人，动物行为学才逐渐被学界接受。而劳伦茨则将动物行为学的成就，归功为于克斯库尔在该领域所做的早期贡献。

符号学学界对动物的符号能力关注，最早可以追溯到艾柯有关"符号门槛"的讨论，不过真正对这一问题进行系统论证的是西比奥克。他于1963年正式提出"动物符号学"（zoosemiotics）这一术语，认为动物的交流行为同样是建立在符号基础上的。[①] 与此同时，他把于克斯库尔的周围世界理论与皮尔斯广义符号学理论融合，为当今生物符号学理论范式奠定了基础。因此，西比奥克动物符号学理论的正式提出，标志着生物符号学模式的正式建立。而关于西比奥克对生物符号学模式的贡献，笔者将在下一节进行详述。

其次，符号学研究对象从人类向整个生命体系拓展，必然要求符号学理论自身的扩容：让符号学理论模式具有足够的包容性。显然，相比于索绪尔的语言符号学模式，皮尔斯的广义符号学模式和生物符号学的理论取向更为契合。温弗里德·诺特（Winfried Nöth）曾对生物学转向背景下的符号学理论做出如下评述，较为准确地说明了这一问题：

> 并非所有符号学理论都能够或者愿意承认有机体-环境相互作用中的符号维度。譬如，索绪尔那种人类中心的符号学就是一种不具有任何生态符号视角的符号学。根据索绪尔的看法，人类认知环境中"在语言出现之前的一切都是不显明的"，即使是人类思想，在没有语言塑造形式的情形下，也是"不显明的一团""一团模糊而界限不明的星云"，在这之中，任何东西都无法借由必要性来定义。这样一种语言中心的符号活动研究方案，注定会对关于有机体及其环境符号活动相互作用过程中生态决定因素

---

① Thomas A. Sebeok, Communication Among Social Bees; Porpoises and Sonar; Man and Dolphin, *Language*, 1963 (39), pp. 448—466.

研究的众多看法产生阻扰。①

显然，索绪尔模式以人类语言为中心范式，这导致其在处理如动物、生物之间乃至跨物种之间的交流行为等问题时力不从心。与之相对，皮尔斯从一开始就不以人类符号学为中心，要求符号学应当包含所有符号，这显然对当今的生物模式来说更具解释力。皮尔斯对有机体及其环境相互关系的阐释，常常是一种泛符号性质的，譬如，他写道："整个宇宙都充满着符号，即便宇宙并非全然由符号所构成。"（CP 5.448）特别是他强调"准心灵""准符号"的存在，为探究非人类的符号活动打开了大门。

皮尔斯所创立的三元符号现象学模式，以及他以认知、逻辑与进化为基础的广义符号学论模式，尤为当今的生物符号学奠定了理论基础。正如生物符号学家索伦·布瑞尔（Søren Brier）所述：

> 皮尔斯符号学在其三元符号哲学体系中建构如认知、表意等概念，突破了一阶科学（first-order science）所带来的二元认识论问题。他的三元符号学由其创造的心灵与物质的连续论所统领，该理论表明第一性、第二性与第三性这三个基本范畴不仅存在于感知者的心灵（mind）之中，更存在于被感知的自然之中。这导出了皮尔斯哲学中的第二重要的本体论问题……偶然（chance）与混沌（chaos）是第一性的根本特点。这就与心灵的进化理论关联起来，心灵具有在自然中形成习惯的趋势（tendency）。②

因此，皮尔斯的三元模式从本体论的角度解决了自然符号如何获得符号心灵，也即存在符号性这一根本问题，为符号学的生物学转向奠定了理论基础。皮尔斯把混沌与偶然视为意义生成的第一步，是习惯形成与进化的基础。因此，作为第一性的"混沌"（chaos）并非如索绪尔所述，无规律可寻，而是充满了等待在第二性中显现的潜在的品质（potential qualities），并在第三性的符号过程中形成一般法则与规律。

---

① Winfried Nöth, Ecosemiotics, *Sign Systems Studies*, 1998 (26), pp. 332–343.
② Søren Brier, Biosemiotics, in K. Brown (ed.), *Encyclopedia of Language & Linguistics* (2end Edition), Vol. 2, Oxford: Elsevier, 2006, pp. 31–40.

二、生物符号学的兴起

经过半个世纪的酝酿,生物符号学作为一种研究范式逐渐在 20 世纪 60 年代汇聚。根据学者库尔统计,在 60 年代初期,理论生物学、生物控制论、动物行为学、遗传学、生态学、符号学等领域的学者,开始对生命过程中的符号活动展开相关研究。[①]但是当时的学者还都是自说自话,也没有把自己的研究统摄到"生物符号学"这一新的学科范式之下。为此西比奥克感叹道:"遗传学、动物交流研究与语言学之间相互借鉴,才会使我们充分理解符号活动的动态机制,而这说到底,会揭示与生命定义相关的更多东西。"[②]

这种跨学科的融合,特别是把符号学融入生物学研究的努力,就是西比奥克在 20 世纪 60 年代末期所开启的。在其毕生学术生涯中,西比奥克一直在美国印第安纳大学(Indiana University)任教,并担任该校乌拉尔语与阿尔泰语系主任。他于 1975 年创建美国符号学协会(Semiotic Society of America, SSA),同时也创办国际符号学协会(International Association for Semiotic Studies, IASS)会刊《符号学》(*Semiotica*),并担任该刊主编直至 2001 年去世。他还于 1964 年创立并主编"符号学方法"(*Approaches to Semiotics*)书系,三十余年间共出版专著 112 本。他通过广泛的学术活动,勾连全球学者,共同致力生命科学与符号学相融合,促进生物符号学范式的形成。在他的努力下,印第安纳大学不仅成为美国符号学运动的中心,也是当今符号学研究的一个重镇。[③]印第安纳位于布鲁明顿(Bloomington),这也是生物符号学学术连续带的命名由来。

西比奥克将生物符号学这种跨学科的理论体系建构,归于他所创造的"动物符号学"(Zoösemiotics)这一术语之下。1962 年,他发表《信息行为进化中的编码》一文,正式进军符号学界。1963 年,他最早提出"动物符号学"

[①] Kalevi Kull, Biosemiotics in the Twentieth Century: A View from Biology, *Semiotica*, 1999, 127 (1/4), pp. 385—414.

[②] 转引自《西比奥克传》,参见:John Deely (ed.), *Thomas A. Sebeok: Bibliography* 1942—1995. Bloomington: Eurolingua, 1995, pp. 85—86.

[③] John Deely (ed.), *Thomas A. Sebeok: Bibliography* 1942—1995. Bloomington: Eurolingua, 2005.

这一概念，试图与"人类符号学"①区分，以便提请学者注意所有动物——而不仅仅是人类动物——都依赖于经验之中的符号活动。他将该学科的任务概括如下：

> "动物符号学"这一术语，是为了建立一个学科（discipline）而提出的。该学科把符号科学（science of signs）与动物行为学（ethology）相融合，致力科学探究动物物种内外（in and across）的符号行为。②

这种新符号学范式的建立，主要是基于西比奥克所提的如下原则，即"生命与符号活动过程相一致"（Life and semiosis is coexistent），这意味着符号活动存在于生命之起源。这一原则，后来成为生物符号学的基础规则。受皮尔斯启发，他认同"整个宇宙都充满了符号"（The universe is full of signs），认为"符号活动"（semiosis）存在于所有生命体之中，包含动物、植物乃至微生物，因此符号活动是生命的标准属性。沿着这一路径，他在学术生涯晚期把生物符号学进一步拓展为总体符号学，把对符号生命与生命符号的考察确立为当今符号学的总体原则。

具体来说，西比奥克开启的新符号学模式，一方面把动物符号学以及更为广阔的生物符号学包含在内，探究生命体的内外符号活动（西比奥克语）；另一方面，使符号学的重心转向整个有生命之宇宙的符号活动，投向宏观与微观有机体。这一模式预示了他对人类中心论和语言中心论的批判。显然，索绪尔所谓"研究社会生活中符号生命的科学"并不能满足西比奥克的构想，他要做的是从生物符号活动入手，对所有符号交流行为展开研究。

要完成上述构想，既要扩展符号学基础理论，也要将生物学等自然科学与符号学进行有效融合，而西比奥克在这个方面做了巨大的努力。自20世纪60年代提出"动物符号学"这一术语起，直至其后的四十余年间，西比奥克在世界范围内不遗余力地从事和推进这种广义符号学模式，不仅自身著述颇丰，还支持与培养大批符号学者，他们后来成为21世纪符号学运动的领军人物。

西比奥克的这一努力，塑造了20世纪后半叶符号学运动新局面。这一新

---

① 人类符号学即"anthroposemiotics"，该术语也是由西比奥克于1968年自创的。
② Thomas A. Sebeok, Communication Among Social Bees; Porpoises and Sonar; Man and Dolphin, *Language*, 1963 (39), p. 465.

局面的最大特征就是促进符号学与自然科学的跨学科整合。他在人文社科与自然科学的双重视角下重构西方符号学研究的方法与内容，将研究重点引向了符号活动的生物学基础，深刻揭示了文化现象和文化塑造力的符号本质及其深层机制。在这一建构过程中，西比奥克不仅促进了符号学基础理论在20世纪下半叶转向皮尔斯，更促进了塔尔图-布鲁明顿-哥本哈根生物符号学学术连续带的兴起，至今影响着21世纪的新符号学运动。

首先，该影响表现为他对皮尔斯符号学模式的推进。西比奥克对皮尔斯理论的关注，最初源于他的学术背景。西比奥克在英国剑桥大学接受本科教育，入读奥格登所在的麦格德林学院（Magdalene college）；当时他就在奥格登的影响下，与其谈论意义诸问题。① 而奥格登受维尔比夫人的影响，是皮尔斯在欧洲的第一批追随者。1939年西比奥克在美国芝加哥大学攻读语言学硕士学位，并接受莫里斯的指导。而后他在普林斯顿读博期间，又主动求教于当时在哥伦比亚大学的雅各布森，并深受其影响。②

西比奥克在一篇未发表的手稿中，列出对他思想影响最深刻的几位学者，排名前两位的即莫里斯与雅各布森。③ 众所周知，这两位符号学家均是皮尔斯符号学模式在那个时代为数不多的推广者；显然，西比奥克后来大力推进皮尔斯模式，是因为受到了这两位导师的影响。值得一提的是，在其攻读硕士学位期间，莫里斯一直鼓励并引导西比奥克探索人类学。西比奥克后来回忆道，正是在这一时期，他受到人类学研究的启发，并着手发展"生物学的思维方式"④。

---

① John Deely (ed.), *Thomas A. Sebeok: Bibliography 1942－1995*. Bloomington: Eurolingua, 2005.

② Jeff Bernard, Obituary: Thomas A. Sebeok November 9, 1920－December 21, 2001, International Association for Semiotic Studies page, http://www.uniak.ac.at/culture/withalm/semiotics/AIS/sem-people/sebeok/TASebeok-obit.html.

③ Paul Cobley et al., Thomas A. Sebeok: Biography and 20th Century Role, in Paul Cobely et al. (eds.), *Semiotics Continues to Astonish: Thomas A. Sebeok and the Doctrine of Signs*, Berlin & Boston: Walter de Guyter, p. 2.

④ Paul Cobley et al., Thomas A. Sebeok: Biography and 20th Century Role, in Paul Cobely et al. (eds.), *Semiotics Continues to Astonish: Thomas A. Sebeok and the Doctrine of Signs*, Berlin & Boston: Walter de Guyter, p. 3.

西比奥克把皮尔斯视为符号学发展路程之中的"北极星"①。他把整个生命活动过程拓展成符号学研究的对象,显然皮尔斯模式为其提供了充足的理论保障。前文已详述,此处笔者想提及的是西比奥克如何恢复皮尔斯在当今符号学的重要影响。

在西比奥克之前,皮尔斯模式在整个符号学运动中影响甚微,而以索绪尔符号学(semiology)模式独大。他指出,索绪尔符号学错误地用部分(如人类符号学,特别是语言符号)代替整体(即所有可能的人类与非人类符号),宣称自己是有关符号的一般科学。因此用索绪尔符号学(semiology)来指代整个符号学说(doctrine of signs),显然是符号学自我缩小了领域。

为此,西比奥克把索绪尔符号学传统(semiology)视为"小传统"(minor tradition),而相反,他所推广的由普安索-洛克-皮尔斯(Poinsot-Locke-Peirce)以及希波克拉底和盖伦早期病症研究形成的乃"大传统"(major tradition),即"semiotics"。在西比奥克的著述中,他一再主张并论证恢复这一传统。也正是在他的努力下,符号学领域的核心概念以及符号学史都经历了一场革命,使得当今符号学理论视野拓展到远远超出了20世纪60年代符号学研究所能预见的范围。

其次,西比奥克的生物学模式经历了理论吸收与融合的过程。在此过程中,最为关键的是他在20世纪七八十年代,充分吸收"莫斯科-塔尔图"(Moscow-Tartu School)的"模塑"(modeling)理论,以及20世纪初出生于塔尔图的德裔生物学家于克斯库尔的"周围世界"理论。

1970年8月17日至24日,西比奥克受邀在爱沙尼亚的塔林参加了一次芬兰-乌拉尔研究国际会议(西比奥克本人就是世界知名的芬兰-乌拉尔语言文化专家),巧合的是塔尔图学派的第四届二级模塑系统夏季学习班正好在同一个时间段举办。西比奥克便前往塔尔图参与了此次学习班的讨论,并宣读了自己的论文《符号的结构分类》。也就是在这一次学术活动中,西比奥克第一次会晤了洛特曼以及伊万诺夫等塔尔图学派的代表人物,了解到塔尔图学派的

---

① 西比奥克对皮尔斯的这一评价最早见于其1984年在第九届美国符号学年会上的主席发言《充满活力的符号》("Vital Signs"),而后该演讲稿发表于 *The American Journal of Semiotics*,1984(3),pp. 1—27.

模塑理论。①

塔尔图学派的关键概念是模塑。不过，他们当时的研究中心还是人类文化与语言，认为这是人类物种特有的文化现象。为此，他们在作为"语言"的模塑系统内部，分出了初级与二级模塑系统。该派学者认为自然语言是"初度模塑系统"（primary modeling system），而文化则是建立在自然语言之上的"二度模塑系统"（secondary modeling system），后者影响着我们对符号意义及其解释规则的建构。

西比奥克受到塔尔图学派这一观点的极大启发，认为洛特曼虽与他见面次数不多，却像是"老朋友"，且"惺惺相惜"。模塑这一观点很快被西比奥克批判性地吸收到生物符号学范式之中。之所以说是批判，是因为西比奥克找到了于克斯库尔所谓"周围世界"与"模塑"之间的共同点，并通过对二者的融合改造，将原本属于文化符号学的概念扩展到对生物体符号活动的研究中来。

受于克斯库尔的启发，西比奥克认为，模塑是任何生命体的本能行为，正如任何生物都具有主观建构自己的周围世界这一能力一样。因此，他认为塔尔图学派所谓的初级模塑系统不应当是自然语言，而是所有生命体均可建构的周围世界。后来，他又结合皮尔斯的现象学三性原理，把塔尔图的二级模塑系统拓展成三级，即作为周围世界的初级系统、作为自然语言的二级系统，以及前两者基础上作为文化的三级系统。

在上述基础上，西比奥克于20世纪90年代提出建构整合的"生物符号学"研究视角。他一方面把自己的思想与洛特曼、于克斯库尔的整合起来（迪利称为："西比奥克－洛特曼－于克斯库尔理论联合体"，Sebeok-Lotman-Uexkull Synthesis）；另一方面用皮尔斯广义符号学模式更替语言符号学模式，作为生物符号学理论基础。这正式标志着生物符号学派在理论基础上的确立。

从皮尔斯到洛特曼，再到于克斯库尔，西比奥克对符号学理论模式的重构，对于当时以及当今的符号学运动来讲都是革命性的。符号学至此走出了语言符号学模式主导的局面，同时将生命科学与以皮尔斯为代表的广义符号学理论相结合，拓展了符号学运动锋面。对此，迪利评价道："西比奥克对理论融

---

① 余红兵：《西比奥克建模系统理论与塔尔图学派的渊源》，《俄罗斯文艺》，2016年第4期，第118—123页。

合所做出的杰出贡献,为符号学的发展带来理论的革新,并且已成为 21 世纪符号学的理论基石。"①

三、塔尔图-布鲁明顿-哥本哈根学术连续带

在西比奥克的影响下,生物符号学的国际学术圈于 20 世纪 90 年代逐渐汇聚。在这一范式下,除西比奥克以及在北美的学者外,塔尔图与丹麦哥本哈根的学者也积极响应。

在塔尔图,以生物符号学家库尔为代表,他被誉为"新塔尔图学派"的领军人物。这里所谓的"新",是指他们在西比奥克的影响下,通过开掘于克斯库尔的相关理论,把生物学与生命科学引入洛特曼的"文化符号学"传统。因此,新塔尔图学派通过融合洛特曼与于克斯库尔的理论,为当今生物符号学模式提供理论资源。

而在哥本哈根,以霍夫迈尔为代表,他是丹麦生物学家,更是当代生物符号学的一位领军人物。他主要从基因学、信息控制论等方面关注基因中的编码规则与意义阐释。他在 20 世纪 80 年代将其研究视野融入符号学研究中。他所创建的生命系统中的"符码二元性"(code-duality)理论,尤为有力地揭示了生命自然中各个组织层次上的符号活动及其特性,为生物符号学在基因与细胞等微观层面的研究奠定了基础。

而在北美,除西比奥克自身的努力以外,他也培养与支持了大量的后继者,以迪利和德尼西等人为代表。在他们的推动下,该学派的影响力远超布鲁明顿,特别是加拿大多伦多大学的符号学者德尼西,他是西比奥克的学生,并与其导师合作撰写《意义的形式》,完善了西比奥克后期的模塑系统理论;在西比奥克去世后,他接替其担任《符号学》杂志的主编,继续推进西比奥克发起的"总体符号学"(global semiotics)运动。因此,在北美生物符号学形成了多伦多-布鲁明顿这一双中心。

这三地的学者于 20 世纪 90 年代形成生物符号学术连续带,得益于西比奥克与于克斯库尔之子图勒·冯·于克斯库尔(Thure von Uexküll)的大力

---

① John Deely (ed.), *Thomas A. Sebeok: Bibliography 1942 – 1995*. Bloomington: Eurolingua, 2005.

推动。西比奥克于1992年主编出版了第一本以"生物符号学"为题的论文集《符号网络1991：生物符号学》(*The Semiotic Web 1991: Biosemiotics*)①，邀请国际上21位相关学者撰写，当然包含上文所提及的所有塔尔图、哥本哈根学者。该书是生物符号学界的第一次理论合集。

同年7月，图勒·于克斯库尔又在德国召开"于克斯库尔与生物符号学会议"，进一步汇聚了生物符号学学者：库尔与霍夫梅耶也正是在那次会议上会晤，为后来长期的学术合作打下了基础。后来在西比奥克的推进下，图勒又先后拜访了塔尔图大学与哥本哈根大学，推进二者形成理论连续带。这两所大学最终于1994年在哥本哈根大学形成共识，成立哥本哈根－塔尔图生物符号学学术小组（Biosemiotic Group）。这标志着塔尔图－布鲁明顿－哥本哈根学术连续带的正式形成。②

进入21世纪，生物符号学模式得到广泛推进。特别是在霍夫迈尔、库尔等哥本哈根－塔尔图学者的推动下，首届"生物符号学大会"（Gathering in Biosemiotics）于2001年在哥本哈根召开；"国际生物符号学会"（International Society for Biosemiotic Studies）也于2005年创立。此外，学术杂志《生物符号学》(*Biosemiotics*)也在21世纪初正式创刊，该刊现已成为国际符号学界三大权威刊物之一。

以上这些事实均表明：该学术连续带已成为21世纪符号学运动中的一个重要新流派。该学术带的学者们，尽管理论背景不同、研究方法不同，但在总体观念上与西比奥克当初设想的一致：符号活动与生命过程一致。因此新符号学运动应当探究整个生态系统中的符号交流活动及其特性。

第二节　新塔尔图学派

莫斯科－塔尔图学派具有悠久的符号学传统，是文化符号学的发源地。该学派奠基人洛特曼创造性地提出了以"符号域"为研究对象，以模塑系统及其

---

① Thomas A. Sebeok (ed.), *The Semiotic Web 1991: Biosemiotics*, Boston & Berlin: De Gruyter Mouton, 1992.

② Marcello Barbieri, A Short History of Biosemiotics, *Biosemiotics*, 2009, 2 (2), pp. 221–245.

基本运作机制为研究方法的文化符号学体系，为当代符号学引入了新的理论研究范式。

该学派在20世纪后半叶继续发展壮大，但其研究中心明显转向塔尔图，并由此形成"新塔尔图学派"。在新一代领军人物卡列维·库尔、洛特曼之子米哈伊·洛特曼以及皮特·特洛普等人的努力下，该学派从对文艺符号学与文化符号学的研究，转向对生物与生命符号过程的关系以及人类文化与自然生态关系的探索。这使得塔尔图成为当今生物符号学运动的重要发源地。

从总体上来说，新塔尔图学派作为一个学术地理概念，逐渐在21世纪成为影响当代符号学发展的一支重要力量，主要有如下两个原因：

首先，在20世纪60至80年代，莫斯科-塔尔图学派作为一种学术思潮发展壮大时，其主要理论支柱即文化符号学主要发展于塔尔图。该学派的领军人物洛特曼就是塔尔图人，他所提出的文化符号学研究基本方法作为该学派的理论支柱，将相关研究推进至符号学研究的各个分支。

其次，塔尔图具有生物符号学研究的学术资源与历史传统。被誉为生物符号学最重要的奠基人、生物学家于克斯库尔便出生于塔尔图。该学派把洛特曼的文化符号学理论与于克斯库尔的周围世界理论进行充分融合，逐渐形成以符号生命过程探究为中心的生物符号学理论学说体系，包含生物符号学、生态符号学以及翻译符号学，丰富并完善了生物符号学学科发展路径。

再者，塔尔图大学也具有悠久的符号学教育传统。它于1992年成立符号学系，是全球最早的独立符号学系，由此可以看出该学派对当代符号学的重要程度。该系的办学主旨介绍阐明了该学派的主要发展方向及其基本思路：

（1）符号学被理解为研究所有生命系统，即包括了所有生物物种的符号活动科学；

（2）研究的目标在地理学上有所不同，文化分析中纳入了文化与生态关联性的思考；

（3）符号学作为正规大学学科课程，教授给本科生、硕士和博士研究生。[1]

---

[1] Kalevi Kull, Silvi Salupere & Peter Torop, Institution of Semiotics in Estonia, *Sign System Studies*, 2011, 39 (2), p. 314.

上述介绍体现了新塔尔图学派在推进生物符号学模式方面的理论特点。他们主要关注的是生命体在互动及其在对环境的建构中所发生的诸类符号活动及其表意特征。新塔尔图学派对生物符号学的推进，主要得益于于克斯库尔在生物学研究领域为其提供的理论资源，以及该学派学者在融合文化符号学与总体符号学基础上所进行的融合与推进。库尔在《生物符号学进展》一文中，谈及该学派对当今生物符号学发展特征的看法，认为"现有生物符号学模式太过简单，因为这些模式没有保留足够的必要特质，以分析生命符号活动的具体现象；因此我们无法对这些符号学类型进行区分"①。

总体来看，新塔尔图学提出在以下几个方面推进生物符号学的研究。② 一是进一步降低符号门槛，验证西比奥克"符号活动与生命共存"这一生物符号学的基础假设；为此他们试图通过实验或实证研究方式说明细胞层面的符号活动模式。二是对皮尔斯符号学进行重新阐释。该学派认为，皮尔斯关于符号活动的论述与生物符号的阐释模式最为契合，但现有在皮尔斯符号学的生物符号学重访方面所做的工作还比较少。三是对符号活动、周围世界和不同物种的模塑类型进行分类，期望通过田野调查、实验观察和理论研究相结合的方式，总结出生命体符号活动不同类型及其特征，并以此推进生物符号学的理论研究。

一、生物符号学：洛特曼与于克斯库尔的遗产

新塔尔图学派在生物符号学理论建构方面的一个突出贡献，即把洛特曼的"符号域"与于克斯库尔的"周围世界"两个概念进行融合，使其成为生物符号学理论的共同基础。

（一）符号域

洛特曼（Juri Lotman）被视为莫斯科-塔尔图学派的奠基者。他虽是俄罗斯学者，但自1950年起便在塔尔图大学任教。1964年，他参与创办了《符

---

① Kalevi Kull, Advancements in Biosemiotics: Where We Are Now in Discovering the Basic Machanisms of Meaning-making, in *Gathering in Biosemiotics*, Tartu: University of Tartu Press, 2012, pp. 11–24.

② Kalevi Kull, Advancements in Biosemiotics: Where We Are Now in Discovering the Basic Machanisms of Meaning-making, in *Gathering in Biosemiotics*, Tartu: University of Tartu Press, 2012, pp. 11–24.

号系统研究》（*Signs System Studies*），筹划举办塔尔图符号学暑期学校，标志着该学派的成立。该刊以及暑期学校后来成为该学派最具影响力的研究重镇。与该学派成员一样，洛特曼的理论重心在于作为非自然语言的文学、艺术、电影等符号系统自身的运动机制以及模塑功能。

1. 概念的提出

洛特曼理论中对于当今生物与生态符号学研究影响最深远的是符号域（semiosphere）这一概念。该概念是洛特曼于1984年在《论符号域》（"On the Semiosphere"）一文中首次提出。[①] 在该文中洛特曼首次明确符号域是"一个特殊的符号连续体（continuum），各种多元异质的符号模型分布在该领域中的不同层级之中"[②]。洛特曼引入该概念的目的是从一种整体的视域来描述文化符号活动的宏观运行规律。

该概念主要受到苏联生物地球化学创始人维尔纳茨基（Vladimir Vernadsky）所提出的"生物域"（biosphere）这一概念启发。生物域即"进行着生命过程的地球表层外壳，它的范围包括整个水圈、岩石圈和大气圈的下部"[③]，它先于生命而存在，并对生命的一切活动施以影响。在维尔纳茨基有关生物域的相关论述中，对洛特曼启发最大的是活物质（living matter）与生物域的相互关系问题。所谓"活物质"即有机体的共同体，可以像其他物质一样，根据其质量、化学成分、能量、适用于其空间的体积和性质进行描述。

生物域便是地球上所有有机体的共同体（即活物质，living matter）存在的地带。活物质不仅建造了生物域，而且作用于风化、土壤的形成、改变地表形态、固结成岩、建造燃料矿物等。没有活物质就没有生物域："没有生命，地壳运动也就不会存在。"[④] 反过来同样如此，原始生物圈的出现，使活物质得到进一步的演化与发展。这意味着地球上所有的生命体都来自生物圈中的其他生命，而不是其他什么内在的物质因素。因此，生物域不是单个生命有机体的集合，而是一个处于特定时空中的有机的统一体。

在生物域内，所有生命有机体相互影响相互依赖，这就导出一个"悖论

---

① Yuri Lotman, O semiosfere, *Trudy po znakovym sistemam*, 1984 (17), pp. 5–23.
② Yuri Lotman, On the Semiosphere, *Sign System Studies*, 2005, 33 (1), pp. 205–208.
③ Vladimir Vernadsky, *The Biosphere*, New York: Copernicus, 1998, p. 56.
④ Vladimir Vernadsky, *The Biosphere*, New York: Copernicus, 1998, p. 58.

式"的发展机制：在生物域之中，任何生命都缘起于在此之中的其他生命。生物域既是生命体发展的结果，也是生命体产生的前提条件。正是受到这一论述的启发，洛特曼提出了有关符号域的设想，他指出：任何一个文本都必须以另一个文本为前提，任何一种文化都是以另一种文化为前提，同样，任何一种思想都只会从其他思想之中产生，"唯有符号域之存在，才使得信息（message）成为信息"①。因此，符号域是"符号存在和运作的空间和机制，它既是文化存在的条件，也是文化发展的结果"②。

与生物域中活物质的动力机制相一致，符号域中各种各样的文化类型不再是孤立存在的个别的现象，而是一个不可分割的有机整体，它们共同形成了一个具有连续性的文化统一体。这意味着，任何一个符号、文本或文化都无法单独发挥作用。它们只有在与文本或文化的对话与互动之中，才能取得具体的意义以及进一步的发展和演变。因此，符号域不仅是符号系统的总体，是语言产生的先决条件，更是交流行为发生的必要条件：

> 符号宇宙（semiotic universe）可能被视为由不同的个别文化与单独的语言所构成的整体。在这种情况下，其中所有的结构都似乎由一块块砖块构成。我们可以采取一种完全相反的看法，似乎更容易说明问题：所有的符号空间（semiotic space）都可以视为一个连续统一体。在这种情况下，发挥主导功能的便不再是那些单独的个别的符号，而是"更高级的系统"，即符号域。符号域就是这样一种符号空间，任何符号活动（semiosis）都无法独立于它而存在。③

我们试着从符号表意与传播角度简化符号域的形成与运动机制。这里可以把符号域暂时理解成语境：一个符号只有在具有其他符号的语境之中，才能表意。④ 如果说传统的符号传播过程可以表述成"语言—文本—对话"这一线性

---

① Juri Lotman, *Pis'ma: 1940 – 1993*, B. F. Egorov (ed.), Moscow: Iazyki slavianskoi kul'tury, 2007, pp. 629—630.
② Yuri Lotman, On the Semiosphere, *Sign System Studies*, 2005, 33 (1), pp. 205—208.
③ Yuri Lotman, On the Semiosphere, *Sign System Studies*, 2005, 33 (1), pp. 205—208.
④ 卡莱维·库尔，米哈伊·洛特曼：《塔尔图的符号学：雅各布·冯·乌克斯库尔和尤里·洛特曼》，载卡莱维·库尔，瑞因·马格纳斯编：《生命符号学：塔尔图的进路》，彭佳、汤黎等译，成都：四川大学出版社，2014年，第5页。

关系的话，那么洛特曼的设想则完全是倒过来的，即"对话语境—具体的对话—文本—语言"。因此，洛特曼始终强调对话语境"先存于具体的对话过程，甚至先于语言之存在"①。按照此逻辑，文本则不仅创造与发展自身的语境，还创造了表述自身的语言。

2. 符号域的基本特征

洛特曼对符号域的定义非常宽泛，这一定义常被他用来描述作为符号系统的人、文本和文化，以及它们在共有的符号空间中相互交织的模型。在更抽象的程度上，符号域被视为"所有的符号过程，以及符号过程的总体性本身的必要媒介"②。总体观之，洛特曼把符号域的基本特征总结为如下三点：

第一，非对称性，即符号域内部存在着从中心到边缘的非对等结构。位于符号域最中心的是最为发达的且最具系统性的符号系统，即自然语言；而那些次发达的且欠系统性的符号系统则位于符号域的边缘地带。之所以自然语言位于符号域的中心，是因为它弥散在符号域中的所有层级，并且许多其他符号系统，如文学、电影、戏剧等艺术文本，都是建立于自然语言基础之上的。

洛特曼对该特征的描述与塔尔图学派学者的模塑理论一脉相承。他们认为自然语言为初度模塑系统（primary modelling system），因为它对现实世界进行直接且普遍的模塑；而建构在自然语言之上的符号系统，例如文学或艺术文本等，则是二度模塑系统（secondary modelling system），因为它是对现实的再度描述与建构。不过，无论是初度模塑的首次描述，还是二度模塑的二次描述，这些描述活动都并非机械的再现。不同的模式决定符号文本化的具体过程，甚至可以改变符号文本的内部结构。

第二，多语性与异质性。符号域在本质上是多语性的，由无数多种多样的符号系统或语言构成。这些语言并不能相互对等，却相互投射且存在着不同程度的"可译性"（translatability）。符号域中不同语言间会持续进行交流，进而产生符号意义生成与传播所必须具有的张力。这使得符号域成为意义生成的一种普遍机制。在此意义上，洛特曼的符号域理论兼容了控制论与自我生产理论

---

① Juri Lotman, *Istoriia i tipologiia russkoi kul'tury*, Saint Petersburg, Russia: Iskusstvo-SPB, 2002, p. 3.
② 瑞因·马格纳斯，卡莱维·库尔：《环境界的文化根源》，载卡莱维·库尔，瑞因·乌格纳斯编：《生命符号学：塔尔图的进路》，彭佳、汤黎等译，成都：四川大学出版社，2014年，第41页。

(autopoiesis)，这是后来生物符号学探究生命体内部符号活动的基本假设："每种有生命力的文化都具有一种使其语言成倍地繁衍增长的'内嵌'机制。"①

第三，异质同构性。洛特曼主要用符号域去描述那些不断交流之中的个体心灵以及心灵集合，更用来描述不同类型的个体文化乃至人类文化整体。符号域既是整个文化，也可以是单独的个体文化。因此符号域存在着不同的层级，从个人到不同的文化类型，最后到整个人类文化本身。他们之间的关系就是"从一个符号域嵌套入另一个符号域"②，正如俄罗斯套娃一样。同时，每一个具体的符号域都作为符号域一部分参与到对话之中，同时参与到作为整体性之符号域的对话空间之中。③ 因此，个体符号域可以作为整体符号域发挥作用，同时整体符号域也具体化为个体的符号域。例如，人类文化便是整体的符号域，它包含着各种各样的具体文化类型，如多种多样的民族文化。每个具体的民族文化的发展演变，都携带有其他人类文化发展的共同特性；同时，民族文化的发展也会在整体上促进整个人类文化的进行。

这一论证思路与洛特曼描述文本与文化的关系相一致。单个文本与它所处的文化同构，这意味着该文本的意义生成与该文化的集体记忆紧密相连。文本就是文化记忆的凝结体。同样，作为个体符号域（individual semiosphere）的个体心灵，与共同符号域（collective semiosphere）同构，后者可以被视为普遍心灵（universal mind）。因此，整体符号域就是个体符号域的集合。

3. 符号域与文化研究

符号域作为洛特曼文化符号学理论体系的基本概念，奠定了新塔尔图学派的理论研究基础。尽管该概念受到了地球生物学理论的直接启发，但其研究领域还是主要集中在人类文化领域。这也是当今生物符号学研究的一个特点，符号学可以吸收自然科学领域的内容，用于文化领域的研究；同样，符号学的观点也可以被生物学者借鉴，用于自然科学的探索。

符号域作为新塔尔图学派文化研究的关键词，具有双重意义：它既是文化

---

① Yuri Lotman, *Universe of the Mind: A Semiotic Theory of Culture*, London: I. B. Tauris, 2000, p. 11.
② Yuri Lotman, O semiosfere, *Trudy po znakovym sistemam*, 1984, 17, pp. 5—23.
③ Yuri Lotman, On the Semiosphere, *Sign System Studies*, 2005, 33 (1), pp. 205—208.

研究的对象，也是一种元概念（meta-concept）。符号域作为元概念，是指它就是"符号学方法之概念"（a construct of semiotic method）[1]，用于从整体视域去研究文化本身。换言之，符号域就是文化研究的总体方法论。同时它也作为研究对象，即指某个特定文化符号空间，如某个地区的民族文化、亚文化等。新塔尔图学派代表学者特洛普用一句看似悖论的话，归纳了符号域的这种双重特性："符号域只能通过符号域来研究。"[2]

因此，我们有必要区分两种不同范畴的符号域：当它作为一个整体性概念，符号域是指所有符号活动之总集合和总前提。先有符号域，才会有具体的符号活动。当它作为个体性概念，具体是指某个具体符号表意过程、表意关系以及特定的符号文化社群。厘清这一关系后，需进一步追问符号域与文化之间的相互关系问题：符号域能否等同于文化？或者说，能否用符号域去代替文化这一概念？

相对于文化，符号域这一概念更加宽泛，也更具有包容性。在洛特曼看来，符号域是任何文化得以存在的首要条件，而文化是符号域的具体体现。这也就是文化为何如同符号域一样，具有多种多样的边界，如历史、政治、地理与社会边界等。因此，文化是人类符号活动的产物，符号域则是人类所具有的特别的符号能力之模塑。

当然，我们也可以从符号域角度理解人类文化与意义的传播规律。符号域是建构并维持人类文化基本模式的"连续体"，它在运动模式上有如下基本特性：在共时维度上，位于其中的诸类符号系统既相互独立，又可以相互交换符号信息或意义；在历时维度上，符号系统自身如生命体一样，具有记忆功能，因而它可以在历史上相互影响。这几种运动在不同层面同时进行，进而实现符号信息的传递、保存、加工和创新。在上述意义上，洛特曼的符号域理论兼容了控制论与自我生产理论，这是后来生物符号学探究生命体内部符号活动的基本假设，即每种有生命力的文化都具有一种使其语言成倍地繁衍增长的"内嵌"机制。

---

[1] Kalevi Kull, Semiosphere and a Dual Ecology: Paradoxes of Communication, *Sign Systems Studies*, 2005, 33 (1), pp. 175–189.

[2] PeeterTorop, Semiosphere and/as the Research Object of Semiotics of Culture, *Sign Systems Studies*, 2005, 33 (1), pp. 159–173.

符号域是一种多维度的意义生产空间，它会产生不同模态的信息；而这些信息则是符号域中不同文化以及文本变体之间交流的产物。如前文所述，符号域的根本特征是意义活动的不对称性，这种不对称性会产生"势能"，促进文化间的交流。这使得该概念更容易去描述文化活动。例如，"国家"这一地域概念往往作为某个具体文化的边界预设了文化单一主义，这可能忽视那些可以描述该文化的其他文化现象。而符号域作为元概念，它超越地域边界去关注符号活动的整体性运动。如一个主要文化内部，其他文化与其互构关系，如电影文化的整体性发展与运动趋势，等等。

洛特曼的符号域概念尤为重视语言符号在整个文化系统所起到的塑造作用。他认为语言是符号域的边界，是文化核心的直接体现。同时，边界连接着文化模式内部与外部两个空间，它作为二者的衔接部分，必然具有符号的转换机制。这种转换功能就像"过滤膜"一样，把属于"他者"的文化文本转换为符号域的内部语言或文本。转换必然包含对文本的翻译、改写、变形、变体；相应的，符号文本的意义就在这一转换过程中发生改变。与此同时，符号域内部的各种符号系统也有各种各样的边界，它们也如同翻译或模仿行为一样，发生着双语或两种符号系统之间的转换作用。如此一来，符号信息在各种边界的转换行为之中，得到多次的变形，同时其携带的意义也会得到不同方式的再激活。

（二）周围世界

在符号域内部符号活动及其模塑机制上，新塔尔图学派的学者找到了符号域与"周围世界"（Umwelt）理论融合的切入点。

前文已说明，周围世界这一概念由出生在塔尔图的德裔生物行为学家于克斯库尔在20世纪初提出。他采用此概念描述动物与它所处环境的耦合关系。周围世界因物种而异，因为每个物种的意义方式很不一样；不同的有机体会根据自己的主观感知与所处环境之关系，建构自己不同的周围世界。他认为"没有任何人是环境的产物，相反大家都是自己周围世界的主人"[①]。

于克斯库尔在其周围世界理论中继续指出，周围世界面对的实际上是另外

[①] 此句英文翻译转引自 Kelevi Kull, Jakob von Uexkuell: An Introduction, *Semiotica*, 2001, 134, (1/4), pp. 1—59.

两个世界,即"内心世界"(Innenwelt)与"物质世界"(Umgebung),这表明周围世界既依赖又独立于意识而存在,它是主观世界与客观世界相互交织的产物。因此,从符号学角度来看,生物有机体感知客观世界的那些部分,并通过意识或符号能力将其符号化为周围世界,就成为这一理论的核心问题。于克斯库尔把这种创造和建构周围世界的过程称为"功能圈"(Funnctionskreis)。

于克斯库尔把周围世界比喻为物种生活于其中的气泡。这个气泡并不可见,因为他不是具体物质,而是由意义关系编织而成的。不同物种与世界有不同的意义关系,就有不同的周围世界的气泡。① 因此,"每个物种都生活在自己的感知世界之中,而对其他物种可能是部分或者是全盲的"②。这意味着有机体需要通过自身周围世界的过滤,才能够感知到其他外在的刺激物。相应的,若一个符号或文本没有位于某个有机体的周围世界之中,它便无法感知到这个符号或文本。如果说低等生物有机体的这种"盲"可能是生物学意义上的局限,那么人类的"盲"则恐怕体现为文化或心理特征。

一个人只能感知他可以感知的东西,无论是肉体的、智力的还是道德层面的,这正如动物只能在某个季节才能感知到他们同类一样。我们只能听到或了解到那些我们已经大致知道的事物。如果某些事物与我无关,它超出了我的理解范围,无论是在经验上还是心智上我都无法给予其关注。因此,无论这个事物有多新鲜,多么值得注意,它若是被说出来,我听不见,写出来,我不会读;或者我即便读了,也留不下任何印象③。

引文非常形象地阐明了人类与其他生命体一样,他自己的周围世界会对符号意义认知产生决定性影响。换言之,周围世界就是我们对已感知之世界的模塑。借助这种模塑框架,我们才能展开对符号意义的感知、解释与传播交流。反过来说,我们对新事物感知的交流,也影响着我们自身的周围世界的调整或重构。

---

① John Deely, *The Impact on Philosophy of Semiotics*, South Bend: St. Augustin's Press, 2003, p. 29.

② Thomas A. Sebeok, 1988. In What Sense Is Language a "Primary Modeling System"? in *Semiotics of Culture: Proceedings of the 25th Symposium of the Tartu-MoscowSchool of Semiotics, Imatra, Finland, 1987*, Helsinki: Arator, p. 73.

③ Henry D. Thoreau, *The Heart of Thoreau's Journals*, Edited by Odell, Shepard. New York: Dover Publications, 1961, pp. 212-213.

需要注意的是，人区别于其他生命体最大的特点是我们可以反思我们自身的模塑行为，也可以想象其他不同类型的周围世界的模塑方式。因为人具有元符号的能力，可以想象那些外在于我们周围世界的现实经验，以及其他生命体所具有的不同周围世界。引入前文关于符号域的讨论我们可以推断，人的存在也需要其他周围世界的存在。孤立的人、单独的文化或文本，离开与其关联的其他人、其他文化或文本，事实上无法生存，更无法发展。这一观点，不仅反复出现在于克斯库尔、洛特曼的论述中，也出现在其他符号学经典文献之中，正如皮尔斯所谓"任何符号都源自其他符号"。因此，正是那些相互关联的周围世界持续不断地对话，符号系统或者符号域才能不断地发展与壮大。

正是基于上述原因，新塔尔图学派学者们认为，周围世界和符号域这两个概念尽管所包含的范围不同，但二者在描述生命体符号活动及其生成机制上有异曲同工之妙，并且具有互补性。首先，将周围世界这一概念引入符号域，为我们了解符号域内部的活动机制提供了路径。生命体的模塑行为自身就包含生命的感知及其周围世界与内在世界、客观世界之互生关系。这与洛特曼所描述的符号域内部的自我意义生产与传播机制，以及符号域边界的翻译交流机制相一致。

与此同时，符号域概念也为处于周围世界中的生命体符号活动提出了动力学基础：任何有机体生成或制造的各类意义形式，取决于它自身生物构造出来的模塑系统。换言之，任何物种给予客观世界之对象的意义，根据该对象所建构的符号体系，由其自身所生成的主观意义世界决定。

前文区分过作为个体的符号域以及作为整体的符号域。此处，我们可以将周围世界理解成个体的符号域。因此，"符号域是由所有彼此关联的'周围世界'所构成的集合。任意两个周围世界，在进行交流的时候，便是同一个符号域的一个组成部分"[①]。不同物种或生命体之间尽管具有不同的周围世界，但是当物种间进行交流时，便同处于一个符号域之中。而符号域的内部与外部，个体交流之间存在广泛的对话、翻译与创造机制，这表明物种内部以及跨物种间的符号交流的可能。因此，将周围世界这一概念引入符号域，为我们了解符

[①] 保罗·科布利：《符号域》，载保罗·科布利编：《劳特利奇符号学指南》，周劲松、赵毅衡译，南京：南京大学出版社，2012年，第399页。

号域内部的活动机制提供了路径，同时也为生物符号学划定了基本的研究视域。

综上，对这两个概念的重访与融合，便成为新塔尔图学者理论研究的一个重点内容。如果说塔尔图－莫斯科学派的理论中心在于洛特曼的符号域及其文化符号学理论，而新塔尔图学派的工作重点则是在继续开掘洛特曼理论的同时，对于克斯库尔的"周围世界"及其相关生物符号学概念进行充分挖掘，进而探究生物符号学与文化符号学交叉的可能。

二、生态符号学：库尔

（一）生态符号的内涵与边界

"生态符号学"是新塔尔图学派的主要发展方向，塔尔图大学于1998年起便开设了生态符号学课程。[①] 从学科发展来看，该学科是文化符号学、生物符号学与自然符号学融合发展的产物。学者库尔对该学科的内涵与研究范围进行了如下定义：

> 生态符号学可以被定义为研究自然和文化之关系的符号学。它包括研究自然和地方之于人类的角色，即自然现在和一直以来对我们人类来说的意义是什么，以及我们如何、在何种程度上与自然交流。生态符号学处理的是人类及其自然环境，或者说人类在生态系统中的符号过程。[②]

上述定义与新符号学运动所持有的总体性立场紧密相关。符号活动的边界既然已经拓展到生命的起源，人类与其他生命体都在同一个符号域之中进行着意义生产活动，便意味着人类符号活动仅仅是整个生命符号活动的组成部分。因此，人类符号的意义生产活动离不开与其所处的自然环境与符号生态之间的互动；这种互动必然会影响人类的符号认知与解释过程。

这正如库尔的解释：生态符号学"显示和解释了人类社会实际上只代表了生态系统和生物域的一个组成部分，人类只是所有植物、动物、微生物和地球

[①] 卡莱维·库尔：《符号生态学：符号域中的不同自然》，载卡莱维·库尔、瑞因·马格纳斯等编：《生命符号学：塔尔图的进路》，彭佳、汤黎等译，成都：四川大学出版社，2014年，第133页。

[②] Kalevi Kull, Semiotic Ecology: Different Natures in the Semiosphere, *Sign System Studies*, 1998 (26), pp. 344–371.

的生态圈中的消费者之一。从这个意义而言，它旨在消除人类和自然的两分性"[1]。这与西比奥克"总体符号学"之超越人类中心主义的原则相一致。不过，超越人类中心主义并不意味着我们需要把人类排除在外。有学者提出生态符号学的研究中心"并非人类符号学，而是更为普遍的有机体符号学"[2]，因此需要把所有生命体，包括人类和非人类，与环境互动甚至生命体内部的符号活动包含起来。这一定义等于是在总结生物符号学的发展成果，让生态符号学成为前者的同义词，进而失去其自身的学科特色。同时，这也使得生态与生物符号学带上了浓厚的"泛符号学主义"（pan-semiotics）色彩。

如果经典符号学的中心是人类符号活动自身，那么包含生态符号学在内的总体符号学范式之中心则是人与生态环境的互动关系问题。这反映出符号从单一的人类中心视角转向人与生态环境的互动视角。当然，这里生态的定义可以做相对宽泛解释，除自然生态以外，还包含文化生态、社会生态、媒介生态等。在此意义上，生态符号学的出发点依然是人文学视域的，属于文化符号学与自然符号学的交叉领域。因为与其他生命体相比，人在自然生态中显然具有不可忽略的重要影响力。当然，这种影响力并不全然是积极的；人对自然环境与资源的过度开掘与改造，会给自然生态带来严重的破坏。

同时，人又是唯一具有"元符号能力"的动物，这意味着我们会进行反思，因此人类应当肩负起保护生态环境的重要责任。在此意义上说，我们讨论的生态符号学同时具有文化、社会与伦理的重要维度。我们在文化发展过程中，通过不同手段对自然进行改造，建构我们对自然的理解，而在此过程中我们也是在重构、改造甚至破坏我们周围的自然本身。

另一方面，生态符号学也需要生物符号学的视角帮助其厘清"生态""自然""环境"等关键概念的内涵。在生态符号学者看来，于克斯库尔的周围世界理论正好为这一问题提供了奠基性理论。"Umwelt"这一德语单词的本意就是"环境"。根据于克斯库尔的观点，环境从来就不是外在的客观世界，而我们所建构的主体世界即"周围世界"。简言之，周围世界就是环境被有机体思

---

[1] 卡莱维·库尔：《符号生态学：符号域中的不同自然》，载卡莱维·库尔，瑞因·马格纳斯编：《生命符号学：塔尔图的进路》，彭佳、汤黎等译，成都：四川大学出版社，2014年，第134页。

[2] 温弗里德·诺特：《生态符号学：理论、历史与方法》，周劲松译，《鄱阳湖学刊》，2014年第3期，第31页。

维主观呈现的认知结构，它是有机体与环境符号互动的结果。不同物种对于环境的需求不同，模塑环境的方式也不尽相同，因此每个物种都有自身特定的、不同的环境界。

于克斯库尔用"功能圈"模式来进一步阐释有机体与环境之间经由"周围世界"建构的互动关系。① 有机体是环境之中具有认知和操作器官的"意义接收者"，对它在环境中所感知到的对象来说则是"意义携带者"。因此，当有机体接触到某个对象时，该对象的感知经由有机体的认知器官从外部环境传输到有机体内部。此时，有机体的内心世界会对这一对象进行映现（mapping）和建模，进而变成其周围世界的一个符号对象。而后有机体在接触相同或类似的对象时，便会借助这个存在于周围世界的符号对象进行解释与交流。于是，外部环境和内部世界构成了一种阐释循环。有机体不仅是接收者，而且是其自身环境的建构者。②

因此，于克斯库尔的周围理论帮助生态符号学理论奠定了该科学对有机体、符号学活动以及自然环境之相互关系的根本看法。正如库尔评价道："我们对自然的认知，即使在最好的情况下，也并非自然本身；这不仅是因为，我们所获得的一切都是经由个体的环境界而得到的，还因为符号过程一直以来都在、现在也在持续地创造二度自然，而这是通过改变自然本身做到的。结果是，自然的变化如此之大，以致我们所了解的自然几乎完全是二度或三度的自然了。这就是符号活动的基本特征：改变、利用、控制、发生影响、建造他者。"③

简言之，有机体自身的符号认知体系建构，与它对自然环境的认知紧密相关，因为内心世界与自然环境接触所形成的周围世界，便是我们认知世界的最根本模式。同时，我们在周围世界中所进行的符号活动，不仅帮我们完善内心世界，而且对自然环境产生着实质性的影响。而这就是为何需要建构一门生态符号来处理这一核心关系，因为它关涉我们如何通过符号活动理解与建构自然、建构世界。

---

① Jacob von Uexküll, The Theory of Meaning, *Semiotica*, 1982, 42 (1), pp. 25—82.
② Jacob von Uexküll, The Theory of Meaning, *Semiotica*, 1982, 42 (1), pp. 25—82.
③ 卡莱维·库尔：《符号生态学：符号域中的不同自然》，载卡莱维·库尔，瑞因·马格纳斯编：《生命符号学：塔尔图的进路》，彭佳、汤黎等译，成都：四川大学出版社，2014 年，第 136 页。

（二）库尔与多重自然理论

生态符号学是关于人类与自然和文化环境之相互关系的研究。该学科的代表人物库尔所提出的"四度自然"理论，便很好地诠释了生态符号学这门学科的研究论域与研究范式。库尔认为，我们可以把自然分为四个维度，即零度自然（zero nature）、一度自然（first nature）、二度自然（second nature）以及三度自然（third nature）。

零度自然，即客观的自然本身，它是在我们意识到自然之前就已存在的。它是人类还没接触的，或还未被文化化的绝对自然，属于自在物世界。零度自然有着自身的运行规律，人类因暂未发现它而无法参与进来。

后面三种自然则是人类文化发展所造成的结果，即人类周围世界之中的自然，是被模塑之后的自然。一度自然，是我们的语言所描述的自然，即我们主观所看到、认识以及解释的自然。这一过程，根据库尔的描述，就是通过语言把零度自然翻译成我们的认知。我们可以通过多种话语形式，例如神话、社会新闻、科学论文等，来描述这种自然。我们通过这种自然的初步符号化过程，建构我们心中对自然的形象（image）。

二度自然，是我们借助一度自然所建构的有关自然的形象，去人工建构或改变的客观自然；人类总是试图通过具体的符号活动，把这类自然翻译成零度自然。因此，如果说一度自然是语言所描述的自然，那么二度自然就是我们试图把一种普遍的符号模式（也即认知模式）实际地运用于自然本身。例如，当我们想到"公园"一词时，总会想到公园设计的那些固定程式，如它不会荒草丛生，草坪必须是平整的，总会有颜色多样的鲜花，等等。这其实是人类把认知中有关公园的理想化模式应用于自然之中。[①] 同样，当我们人类去某片"原始森林"徒步、"感受大自然"时，这里自然也不可能是零度自然，而是人类文化所设计过的自然。

而在三度自然中，人类符号化活动作用的程度更为深刻。此刻，它已脱离物质自然之本身，因而是关于自然之解释的解释，翻译之翻译，形象之形

[①] 卡莱维·库尔：《符号生态学：符号域中的不同自然》，载卡莱维·库尔，瑞因·马格纳斯编：《生命符号学：塔尔图的进路》，彭佳、汤黎等译，成都：四川大学出版社，2014 年，第 140 页。

象。① 在信息化程度高度发展的今天,三度自然大量存在,它是关于自然的拟像。例如,我们在网络页面、手机、VR中所见到的自然景观,商场中的绿色植物(甚至是人造植物)的布置,艺术作品中的自然,等等。这实际反映的是我们内心世界对自然的筹划、设计。这类自然作为符号本身,先于其所指的对象(即实际的自然)而存在。

库尔认为,这四重自然的相互关系可以做如下表述:

> 0. 零度自然是从自然而来的自然(nature from nature)
> 1. 一度自然是从自然而来的形象(image from nature)
> 2. 二度自然是从形象而来的自然(nature from image)
> 3. 三度自然是从形象而来的形象(image from image)②

该分类有力地表述了客观自然与我们人类文化中的自然——人类周围世界所建构的自然——之间的相互关系。从零度自然到三度自然,反映的是人类周围世界中的符号活动与周围世界之间的互动关系。如果说二度自然是城市、道路、港口甚至商店等人工建构的自然形象,那么当今信息化社会则为信息自然、拟像自然所占据。在人类环境界的发展过程中,符号域与生物域中的零度自然和一度自然的部分会不断减少,二度自然特别是三度自然则在不断增加。

库尔进一步指出,多重自然的转变与周围世界的活动机制相一致。一度自然类似于于克斯库尔所谓的感觉世界,二度自然则是实践世界;一度自然与二度自然合起来便成为我们主观世界与客观自然互动所产生的周围世界。而三度自然则类似我们的内心世界,它反映的是人类更高层次的符号认知活动,即符号的筹划、设计与再创造。

综上,我们对自然的认知并由此形成的文化观念,与我们在周围世界中所建构的自然有莫大关系。自然不可能脱离文化而存在。反之亦然,我们的文化认知也依赖与自然的互动,而建构相对应的意义解释结构。这一视域也同时引领我们去反思人类社会与文化发展和自然生态之间的相互关系。这也可视为新

---

① 卡莱维·库尔:《符号生态学:符号域中的不同自然》,载卡莱维·库尔,瑞因·马格纳斯编:《生命符号学:塔尔图的进路》,彭佳、汤黎等译,成都:四川大学出版社,2014年,第139页。
② 卡莱维·库尔:《符号生态学:符号域中的不同自然》,载卡莱维·库尔,瑞因·马格纳斯编:《生命符号学:塔尔图的进路》,彭佳、汤黎等译,成都:四川大学出版社,2014年,第141页。

塔尔图学派发展生态符号学的目的所在。

三、翻译符号学：特洛普①

翻译符号学是新塔尔图学派的另一个重要研究领域。此处"翻译"这一术语，直接来源于洛特曼的符号域理论。如前文所述，洛特曼在描述符号域内外部文化文本的交流机制时，便采用翻译一词。他认为符号域具有翻译功能，即把属于他者的文化文本，转换为符号域的内部语言或文本。他用该术语旨在说明文化交流以及自我传播这一核心机制。② 后来的新塔尔图学派学者——以现任塔尔图大学系主任特洛普为代表——从这一概念出发，并结合翻译学与文化符号学的方法，发展出一套旨在探索文化之间、物质之间交流机制的翻译符号学体系。

（一）翻译符号学的目的

特洛普指出，翻译符号学作为一门学科，旨在进一步阐释雅各布森关于语内翻译、语际翻译、符际翻译的分类，它位于符号学、翻译研究、文化分析、传播研究的交汇之处。③ 从翻译学与符号学的学科关系来说，翻译符号学是借助翻译学理论对符号学进行的一种方法论层面上的创新，这也使符号学原理在翻译研究中得以具体实施。

翻译符号学的本体论是基于文化在许多方面作为一种翻译机制发挥作用，且文化调解（mediation in culture）既包括传播，也包括自我传播，意味着翻译符号学是将传播过程视为文化自我传播的重要工具。翻译符号学的认识论则是基于对符号系统的层次性、可译性和翻译能力的区分，以及与文化中的互文性（intertextual）、跨媒介性（transmedial）、符际（intersemiotic）过程的比较。④ 因此，翻译符号学既回应了翻译研究和文化符号学所共同关心的问题，同时也塑造了自己的学科特征。

在特洛普看来，翻译研究在根本上是解决文化问题，分别体现在对象层面

---

① 本小节是作者与四川大学 2018 级翻译学研究生陆京京合写，特此致谢。
② Peeter Torop, Translation and Semiotics, *Sign System Studies*, 2008, 36 (2), p. 257.
③ Elin Sütiste & Peeter Torop, Processual Boundaries of Translation: Semiotics and Translation Studies, *Semiotica*, 2007 (163), p. 187.
④ Peeter Torop, Translation and Semiotics, *Sign System Studies*, 2008, 36 (2), p. 257.

(object level) 和元层面 (metalevel)。① 在元语言层面上,翻译研究试图规范特定的元语言,主要讨论翻译选择、文化政治、文化保留,以及译本在译入语文化中的作用,同时,又试图创造一种方法论上的可译性。在这种情况下,不同的翻译理论可以进行比较,也可以寻找跨学科综合研究的可能性。在对象层面上,首先面对的问题就是翻译的第二性 (secondary nature of translation)。撰写翻译史时出现的困难清楚地表明,从时期、作者、作品或译者出发并不能保证对内容的准确描述,也无法比较译本的优劣。因此,在这种情况下,主要讨论翻译本身、翻译方法等。

基于上述目的,特洛普总结出翻译符号学五个主要方面:(1) 翻译符号学作为符号学的翻译,主要从语言、文本、文化的符号学特征出发,进行翻译研究。(2) 补充性的翻译符号学,其分析起源于元传播和全译(文本翻译、元文本翻译、文本内翻译、文本互译和文本外翻译)的文本关系。(3) 社会翻译符号学,其研究重心在于后殖民主义翻译,以及后现代翻译论(社会和话语实践、习惯、文化等)。翻译符号学与文化符号学紧密相连。然而,同时在符际及互文性的背景下,仅仅考虑文本的符号异质性是不够的。文本和符号系统边界混合,使我们面临着尖锐的社会问题,这些问题源于人类适应社会的方式。人类习惯于接收知识,教育系统和大众传播手段中的文化适应和多元文化主义,以及人类对媒介的依赖(语言、视觉和听觉之间关系的变化)等各个方面都表明翻译符号学与社会符号学有着必然的联系。(4) 从翻译符号学看翻译过程,对不同的翻译过程进行符号学描写,并创建统一的翻译过程模型以描述不同类型的翻译。(5) 传统翻译符号学,以符号学为手段进行符际翻译研究。②

(二)翻译符号学的边界

翻译研究主要有两大边界,第一个是译本与原文的边界,第二个是源语文化与译入语文化的边界。译本与原文的边界一直是传统翻译研究的研究对象。而在新塔尔图学派的翻译符号学中,翻译的边界因为符号域这一概念而得到相应的扩展。③ 从文化符号学角度进行翻译研究时,则需要以新的视角理解翻译

---

① Peeter Torop, Translation as Translating as Culture, *Sign Systems Studies*, 2002, 30 (2), p. 594.

② Peeter Torop, Towards the semiotics of translation, *Semiotica*, 2000 (128), p. 607.

③ Peeter Torop, Towards the semiotics of translation, *Semiotica*, 2000 (128), p. 605.

边界问题。

如前文所述,边界是符号域中的一个重要概念,因为它作为一种双语机制,将外部信息翻译成符号域的内部语言,由此区分符号内部系统和符号外部系统,并将外部非信息转化为信息。在符号域体系下考虑边界问题可以帮助理解符号化特性,使符号域外的符号文本有可能翻译成内部符号语言。因此,符号域边界被认为是一种翻译机制。在边界上,具体符号的翻译将文本转化为有条件的符号系统,也即转化为符际系统。在此背景下,特洛普将翻译的边界分为拓扑边界(topological)、构造边界(framing)和线性边界(linear)。[1]

拓扑边界不仅是一种简单的翻译机制,且保证了文本特征不变。一方面,电影拍摄、舞台表演、小说插图都与符际翻译有关,或者换句话说,与符号系统的变化或在转化过程中几个不同符号系统的同时调解有关。任何翻译都是文本的转换,从文化传播的角度来看,一个文本在文化中形式的迁移值得探究,这一过程呈现了该文本的不同方面。另一方面,在互文空间中,也有可能实现整体重构。

构造边界通过主导性来突出文本的整体性。这种构造性框架是有条件的,通过一个或几个参数(民族、亚文化、政治、地理等)来确定文本的来源和完整性。这些文字符号可能在正文前(如标题、题词、赠言等)或正文结束之后(如附录、参考书目等),也可能是构成文本的元文本(如引言、后记、评论、词汇表等)。

线性边界则实现了语言、心理、社会、意识形态等其他情境在文本中的区分。翻译活动作为一种比原文创作更为理性的活动,离不开对文本边界的重构或阐释,而可译性则取决于这一活动的结果。文化边界内的翻译边界使我们有可能看到文本中边界的同心层次[2](concentric hierarchy),这反过来又取决于对个体符号和符号系统的解释。

(三) 全译

全译(total translation)作为一个方法论概念,用于具体说明翻译符号学如何展开研究。实际上,"全译"中的"全"并不是绝对的,更多体现的是一

---

[1] Peeter Torop, Towards the semiotics of translation, *Semiotica*, 2000 (128), p. 606.
[2] Peeter Torop, Towards the semiotics of translation, *Semiotica*, 2000 (128), pp. 606—607.

种研究视域。在翻译活动中，区分重要的内容和表达，并将它们分别表示出来，而后在目标文本中统一，这一过程也属于全译范畴。全译的过程一方面可以体现文化中文本交流的特殊性，另一方面也被视为文化自我传播的一个方面。

根据文本类型，特洛普将全译分为文本翻译（textual translation）、元文本翻译（metatextual translation）、文本内文本间翻译（intra-and intertextual translation）及超文本翻译（extratextual translation）。[1]

文本翻译是指将一个完整的文本翻译成另一个文本。文本翻译是传统翻译研究最主要的研究对象。从全译的角度来看，文本翻译是一个关键概念，因为其他形式的全译往往都可以投射到文本翻译的过程上。

元文本翻译意味着将整个文本翻译成一种文化，而非另一个文本。文本翻译往往伴随着元文本翻译，但元文本也可以自主存在。元文本翻译是指通过各种元交流形式将原文渗透到译入语文化中，例如百科全书和教科书中的作者简介，关于翻译的评论文章和广告，广播和电视中的注释摘录或引用的出版物等。作为一个整体，这些元文本充盈了原作的形象，为其提供了一些补充性的新解读。

文本内翻译和文本间翻译则与"互文性"概念相关。它们基于这样一个前提，即文化中实际上没有"纯"文本，引用、转述、典故等外部因素的显现程度、具体程度等都会影响文本内翻译和文本间翻译。此外，文本的作者、译者和读者都有自己的文本记忆。在文本内翻译中，将不同的内文本（intratext）视为作者诗学的一部分至关重要。从翻译成另一种语言的角度来看，每一个文本内翻译都需要一种特定的方式来看待它，而面对文本间翻译，理解作者同时处理几种源信息的策略非常重要。文本内翻译和文本间翻译首先是译者将外来词转化成自己的文本。

互文空间意味着作品的双重性。一个作品诞生在一个互文的空间中。它与这个空间的关系可以分为两种：既可以延续传统的常规关系，也可以建立更随意的（或更主观的）关系。当进入第二个互文空间时，接收到的文本将与其他

---

[1] Peeter Torop & Marja Jänis, The Position of Translation in Translation Studies, *Journal of Immunology*, 1997, 172 (1), p. 227.

文本或多或少地形成相关关系，并且在此过程中很可能会获得新的含义而失去原始含义。翻译活动最终可能会合并这些互文空间并被转移到第三空间。因此，学者们在获取密集的互文关系形式时，会密切注意翻译特性。大量的互文空间存在使得一种新的研究方法应运而生。互文性就可以作为这种研究方法的起点。意义、语言、文本、文化时刻处于"被翻译"的状态，而全译这一概念，可以用来描述一个文化内文本间的关系，也可以描述几种文化内的文本关系。[1]

超文本翻译是指通过语言和非语言代码将一种自然语言的文本转换成另一种文本。文本通过各种渠道呈现，对原文及其译文（如小说及其电影版）进行比较需要使用各种参数，以确保可比性。在超文本翻译中，文本的性质发生了改变。研究超文本翻译的主要方式是皮尔斯符号学三分路径[2]，为此特洛普提出三个时空水平（the chronotopical levels）概念：地形时空（topographical chronotope），将虚拟的时空与现实连接，使得观者更接近真实的时空；心理时空（psychological chronotope），与人物的主观世界有关；形而上时空（metaphysical chronotope），或者作者的概念时空（作者的世界观或心理状态）。时空水平分析提供了一种区分描绘世界、经验世界和概念世界的方法。

文本翻译的重点在于研究文本流入另一种文化并成为新文本的主要渠道。元文本翻译则是通过众多渠道，使一个文本流入一种文化并成为一个互文性文本。在第一种情况下，文本的具体化是通过另一种文本实现的，因为尽管在一种文化中，甚至在基于这种文化的电影或戏剧中，可能存在一个文本的几个翻译版本，但它们都是同一文本的具体化，同时它们又都是独立的作品。在第二种情况下，文本在一种文化中被分解为不同的元文本，它们没有取代原文本的统一性。在每一种文化中，都存在采取文本形式的外来文本，也存在没有采取文本形式但被元文本（报纸上的文章、广告、文学评论、演讲中的陈述等）取代的外来文本。所以两种形式的文本同时存在也是很常见的。

从整体性讨论翻译，其独特之处在于可以区分不同层次的可译性，并在文

---

[1] Peeter Torop & Marja Jänis, The Position of Translation in Translation Studies, *Journal of Immunology*, 1997, 172 (1), pp. 235−236.

[2] Julio Plaza, *Tradução intersemiótica*, Vol. 93, Sao Paulo: Editora Perspectiva, 1987, pp. 89−93.

本间和文本外层面寻找建构语篇统一的可能性。由此，翻译不仅是一种言语活动，更是一种解释性活动。翻译是一种解释性活动这一理念的提出，使得在现代符号学中，除了传统的编码和解码概念，还出现了超编码（extracoding）这一概念。超编码指的是在交际过程中对原文解读的偏差。超编码包括欠编码（undercoding）和过度编码（overcoding）。[①] 欠编码表示意义的多重性和不确定性；过度编码的概念意味着具体化及意义范围的缩小。[②] 因此，以同一种语言理解（解码）任何形式的文本或将其翻译（代码转换，即解码和重新编码）成另一种语言，可能导致产生文本的全新版本，即其超编码，而不是揭示其特定含义。

第三节　哥本哈根学派

由西比奥克引领的动物符号学模式在20世纪90年代初拓展为生物符号学，进而把生命过程与符号解释和传播过程等同起来。这一方面源于新塔尔图学派从于克斯库尔理论中获得的灵感，即所有生命体都存在于由自己建构的周围世界中。另一方面则是北欧学者在自然符号学（semiotics of nature）方面所进行的开掘工作。后者从生命系统中的基因与分子活动的符号特性分析入手，把生命系统与符号系统等同，由此把符号学推进到自然领域。

一、自然符号学：霍夫迈尔与埃姆麦赫

北欧的生物符号学传统源自丹麦哥本哈根。哥本哈根大学教授耶斯佩尔·霍夫迈尔（Jesper Hoffmeyer）与其学术搭档克劳斯·埃姆麦赫（Clause Emmeche）对推动该模式在北欧的兴盛功不可没。他们与布鲁明顿学派、新塔尔图学派等学者合作，共同将生物符号学模式推进到21世纪符号学运动的中心。

霍夫迈尔是丹麦知名的分子生物学家、科普作家、记者、哥本哈根大学教授。他一直对科技、信息与社会文化问题具有浓厚的兴趣。埃姆麦赫在为其撰

---

① Peeter Torop & Marja Jänis, The Position of Translation in Translation Studies, *Journal of Immunology*, 1997, 172 (1), p. 34.

② Umberto Eco, *Theory of Semiotics*, London: Macmillan, 1977, pp. 133—136.

写的传记中评价道："在20世纪80年代的丹麦，霍夫迈尔是在科技与社会问题方面最具有影响力的学者之一。"[1]

在20世纪70年代，他主要写作半通俗性质的生物哲学方面的著作和文章，主要对唯物主义自然哲学做出回应，并探究科学技术背景下历史与文明的进步所带来的生态启示。同时，以DNA测序为代表的生物与信息技术在当时兴起，也使得他的兴趣逐渐转向对基因、遗传密码的生物本体论研究。他的理论背景使他尤为关注基因与文化信息的处理。"为了探索制约生物技术与信息技术的普遍性功能原则，他推测，二者所处理的这种信息只有通过某种对被编码的意义和阐释进行处理的理论才能把握。"[2]

对上述问题的探究，很快使霍夫迈尔在80年代转向了符号学研究。在这个时期他阅读了控制论学家、人类学家贝特森（Gregory Bateson）以及皮尔斯的大量文献，为他研究的符号学奠定了理论基础。[3] 特别是贝特森，后来霍夫迈尔主编文集《生命系统的遗产：作为生物符号学先驱的贝特森》（*A Legacy of Living System: Gregory Bateson as Precursor to Biosemiotics*，2008），专论贝特森给生物符号学带来的理论启示。贝特森在《心灵与自然》（*Mind and Nature*）一书中仔细对比了思维过程与他所谓的生物进化的双重随机系统（double stochastic system）。后者主要是指那些部分随机的、部分受支配的、包含学习与思维的演变与躯体变化。这一观点对霍夫迈尔后来提出"符码二元性"这一生物符号学理论具有重要的启发性意义。[4] 同时，他对皮尔斯符号学倍加推崇，指出"我们对生物界的认识，应当基于皮尔斯的三元符号学关系"[5]。

与此同时，他继续探索生物信息技术与社会文化认知之相互关系这一重要

---

[1] Clause Emmeche et al. (eds.), *Reading Hoffmeyer*, Tartu: Tartu University Press, 2002, p. 38.

[2] 保罗·科布利编：《劳特利奇符号学指南》，周劲松、赵毅衡译，南京：南京大学出版社，2012年，第287页。

[3] Clause Emmeche et al. (eds.), *Reading Hoffmeyer*, Tartu: Tartu University Press, 2002, p. 39.

[4] Clause Emmeche, On Biography, in Clause Emmeche et al. (eds.), *Reading Hoffmeyer*, Tartu: Tartu University Press, 2002, p. 39.

[5] Clause Emmeche, On Biography, in Clause Emmeche et al. (eds.), *Reading Hoffmeyer*, Tartu: Tartu University Press, 2002, p. 40.

问题:"现如今对信息科学,特别是对'生物信息'技术的介绍,究竟会在何种程度上影响社会的自然基础(nature foundation)",并且,"这种技术的革新,将会给生物学研究过程带来何种影响?"① 显然,他对当时的生物学以机械论或还原论为主导的研究范式并不满意。他认为生物学若只会依据物理学所规定的机械力学、量子力学发展,目的只是说明有机体仅仅是那些小的非生命躯体之间的组成部分,那么我们就永远无法描述"生命"这一根本问题。② 因为对这一问题的探究,与一个生物学者对于自然的直觉相关,它关涉有机体、新陈代谢、生态系统、繁殖等概念,而这些概念必然要在生物文化(biological culture)这一传统下才能被真正理解。

因此,霍夫迈尔认为:"假如我们试图归纳一个基本生命过程的模型,那么最需要的是(描述)生命成为模型(model of life)的这一过程。我们最终会发现这个过程的一系列特征都可以归入符号(sign)或符号过程(sign process)的特征。"③ 这表明,若要把一系列所谓的生物物理过程归纳为生命过程,那么这一过程必然或多或少甚至全部经由符号才能实现。这里霍夫迈尔所谓的"符号",受到了皮尔斯的启发,是一种广义的符号,即具有符号使用能力的任何生命体。

关于这种问题的思考,他逐渐引入符号学的思维方式,并认为现有生物学研究"将会被新的研究范式取代,它构想生物界是语言形式系统的一个特定种类"。基于这一目标,他于 1985 年正式宣布要建构一个名为"自然符号学"(semiotics of nature)的新学科范式,来探究生命系统中作为符号活动之基因符码的相互关系。在霍夫迈尔看来,所谓自然符号学或生物符号学,"主要解决生物界中蕴含的所有意义与表意(signification)现象——从最低层次的单

---

① Jesper Hoffmeyer, *The University of Copenhagen's Yearbook of 1985*, Copenhagen: University of Copenhagen Press, 1985, p. 715.
② Jesper Hoffmeyer & Claus Emmeche, Code-Duality and the Semiotics of Nature, in Myrdene Anderson & Floyd Merrel (eds.), *On Semiotic Modeling*, Berlin and New York: Mouton de Gruyter, 1991, pp. 117—166.
③ Jesper Hoffmeyer, The Swarming Cyberspace of the Body, *Cybernetics and Human Knowing*, 1996, 3 (1), pp. 16—25.

细胞组织符号活动，到动物的认知与社会行为是如何从宇宙中出现的"①。他指出，"将符号学范式应用到生物学，将使我们在生命过程的某些方面大开眼界，我们对这方面的内容还了解甚少；因此这种研究或许能解决进化论生物学中的许多艰深问题"②。

如同西比奥克一样，霍夫迈尔不遗余力地在北欧推广生物符号学模式。这一工作同样开始于 20 世纪 80 年代，但此时他还并未与西比奥克相识。1984 年，霍夫迈尔与埃姆麦赫发表"符码双重性"主题论文，奠定了二者在生命符号学研究的基础成果。而后埃姆麦赫成为哥本哈根大学自然与科学哲学研究中心（Center for the study of Philosophy Nature and Science Studies）主任，该中心便成为北欧生物符号学研究的主阵地。

霍夫迈尔的北欧生物符号学理论圈在 80 年代后期继续壮大。北欧知名皮尔斯符号学学者斯特耶恩菲尔德（Fredrik Stjernfelt）、法国理论生物学家托姆（Rene Thom）以及前文所提的生物控制论学者布瑞尔等相继加入。从这些学者的学科背景可以看出北欧生物符号学的理论特色，即对生物学、皮尔斯符号学以及控制论这三个学科的融合。值得一提的是，法国学者托姆主要通过融合皮尔斯符号学与于克斯库尔的周围世界理论建构其突变理论（catastrophe theory）。③ 也正是在此时，北欧学派开始吸收于克斯库尔的生物符号学思想。

在上述背景下，霍夫迈尔于 1990 年在哥本哈根创办生物符号学期刊 *OMverden*。"Omverden"为于克斯库尔"Umwelt"（周围世界）的丹麦语。这一杂志成为霍夫迈尔与西比奥克之间联系的纽带。同一年晚些时候，在图尔辛召开的一次有关心理神经与免疫学的会议上，西比奥克与霍夫迈尔第一次碰面，并了解到在丹麦创办的这本生物符号学杂志。④

---

① Clause Emmeche, On Biography, in Clause Emmeche et al. (eds.), *Reading Hoffmeyer*, Tartu: Tartu University Press, 2002, p. 41.

② Jesper Hoffmeyer, The Constraints of Nature on Free Will, in Viggo Mortensen & R. Sorensen (eds.), *Free Will and Determinism: Papers from an Interdisciplinary Research Conference*, Århus: Århus University Press, 1987, pp. 188—200.

③ Frederik Stjernfelt, Recollections, in Clause Emmeche et al. (eds.), *Reading Hoffmeyer*, Tartu: Tartu University Press, 2002, pp. 57—60.

④ 霍夫迈尔而后在文章中回忆到，他与西比奥克见面时，西比奥克正好"把 *OMverden* 这本杂志揣在自己的夹克包里"。

1991 年，霍夫迈尔成立丹麦自然符号学协会（DaSeNaSe[①]），并邀请西比奥克与图勒·于克斯库尔参加。也正是在此次会晤之后，西比奥克决心将动物符号学推进成生物符号学，以便融合北欧学派从生命科学路径进行的符号学探索："生命科学（life science）与符号科学（sign science）的发展是共存的。"[②] 这标志着哥本哈根与布鲁明顿这两个生物符号学连续带的正式形成。

1992 年，哥本哈根与塔尔图的学术联系建立，这起源于图勒·于克斯库尔在德国召开的"于克斯库尔与生物符号学会议"。霍夫迈尔与塔尔图学者库尔正式会晤，并在随后两年中进行密切的学术互访[③]，于 1994 年正式宣布成立哥本哈根－塔尔图生物符号小组（Biosemiotic Group）。也正是在双方的共同努力下，第一次生物符号学大会于 2001 年在哥本哈根分子生物学研究所正式召开。

综上，以霍夫迈尔为代表的北欧生物符号学传统，结合皮尔斯符号学传统与生物学理论，探索作为符号的基因在生命体中的符号学交流过程。为生物符号学探究"符号生命"与"生命符号"这一核心主旨提供了坚实的理论基础。该学派的第二个特色，是强调生物符号学的研究需要与信息控制论（cybernetics）相结合。这一思路影响了霍夫迈尔理论在 21 世纪的继承者索伦·布瑞尔。在布瑞尔的带领下，北欧学派这一以基因、DNA 中的信息交流为基础的"自然符号学"模式，进一步发展为更广义的"赛博符号学"（cybersemiotics）。

二、符码二元性

霍夫迈尔所谓的"自然符号学"主要基于分子生物学理论，并结合生物科技以及信息控制论，从微观的分子活动视角去探究宏观的生命议题。他认为长久以来生物学理论都被用来佐证由经典物理学所建构的以物质为基础的自然观。但自 20 世纪五六十年代起，随着控制论、信息科学以及基因科学被引入

[①] 即丹麦语 Dansk Selskab for Naturens Semiotik 的简写。
[②] Thomas A. Sebeok, Biosemiotics: Its Roots, Proliferation, and Prospects, *Semiotica*, 2001, 134 (1), p. 18.
[③] Jesper Hoffmeyer & Kalevi Kull, Theories of Signs and Meaning: Views from Copenhagen and Tartu, in C. Emmeche & K. Kull (eds.), *Towards A Semiotic Biology: Life is the Action of Signs*, London: Imperial College Press, 2011, pp. 263-286.

生物学研究之中,"程序""基因序列""信息""信使RNA"等概念也一并引入,我们发现生命体内部充满了各种各样的信息交流活动。而这种信息交流活动应当作为符号活动,我们才能真正认识到生命系统的本质规律。因此,若经典生物学依然坚持认为"基因信息"(genetic information)仅仅是一种物质,则无法推进生物学的研究:

> 基因必须作为符号而被理解,而非作为粒子或"DNA片段"。正因为如此,基因不应该被看作如卡路里或千克这样的物理单位。进一步说,生物信息不止基因这一个种类,因此整个生命都是信息交换与传播。①

该定义说明所有生命的物质所展开的活动皆为解释性活动,而这种解释性活动无法确定在物质合法性这一意义上是自由的。因此,研究生物世界的符号学方法,不仅要打破自然法本体论,而且要宣称:"从符号活动(semiosis)在第一批生命单位或细胞之中开始展露自我时,在已经确立的、如复杂化学系统所展现的突显动力学之上,现在又叠加了一种新的动力学原则。"②

这种动力学原则,即霍夫迈尔所谓的"符号因果律"(semiotic causation)。"这意味着长期决定生物学的物理学因果律被符号因果律(semiotic causation)代替,即生命是符号之间通过解释活动而产生的结果。"③而从生物学角度来看,若基因是符号,那么细胞正在进行的是有意图(intention)的活动:它们的活动不仅指涉外部世界,也在其内部进行自我指涉。而这种自指(self-reference)与他指(other-reference)共存的符号交流方式,则是生命的最本质特征。因此,生物学要真正理解生命活动的本质,其出发点就应当是符号学,即用符号学重新定义生命,用符号学重构生物学理论研究范式:

---

① Jesper Hoffmeyer & Claus Emmeche, Code-Duality and the Semiotics of Nature, in Myrdene Anderson & Floyd Merrel (eds.), *On Semiotic Modeling*, Berlin and New York: Mouton de Gruyter, 1991, pp. 117−166.

② Jesper Hoffmeyer & Claus Emmeche, Code-Duality and the Semiotics of Nature, in Myrdene Anderson & Floyd Merrel (eds.), *On Semiotic Modeling*, Berlin and New York: Mouton de Gruyter, 1991, pp. 117−166.

③ Jesper Hoffmeyer, Semiotic Scaffolding of Living, in Marcello Barbieri (ed.), *Introduction to Biosemiotics*, Netherland: Springer, 2007, p. 152.

因此我们认为，应当用符号学范式（semiotic paradigm）来替代生物学的传统范式。该范式的核心是认为最主要的生物形式（biological form）是符号（无论是模拟符号，还是数字符号）。①

如上，自然符号学的工作并非从符号学去解释或去类比生命体的活动，而是这些活动本身就是符号活动。既然基因就是符号，而基因之间的交换、转录等交流活动应当被视为一种信息交流或控制过程，那么，生命研究中的基本单位是符号，而非分子。②所以，"如果把符号（而非分子）视为生命研究的基本单元，那么生物学就是符号学"③。霍夫迈尔用表1-1清楚地区分了传统生物学与符号学看待生命问题的意图，而这可以作为生物符号学对符号生命探究的基本出发点：

表1-1 传统生物学与符号学对生命之看法对比④

传统生物学观点	符号学观点
形式是功能（通过功能过程得以解释）	形式是符号（通过符号关系得以解释）
效果由物质引起（二元关系）	效果由物之间的差异性引起（三元关系）
因果律	符码
时间可逆	时间不可逆
变化是统计学的：平衡的逐渐交替	变化是单一时间（习惯主导过程）
存在广泛合一的公式	解释是历史性的（不能量化概括）
物质与信息在方法论上不可区分	有机物经由符码二元性过程构成
自然选择是创造性的	自然选择是过时的
混沌不具有科学意义	混沌具有创造性意义（作为不可测性的来源）

---

① Jesper Hoffmeyer & Claus Emmeche, Code-Duality and the Semiotics of Nature, in Myrdene Anderson & Floyd Merrel (eds.), *On Semiotic Modeling*, Berlin and New York: Mouton de Gruyter, 1991, pp. 117-166.

② Jesper Hoffmeyer, The swarming cyberspace of the body. *Cybernetics and Human Knowing*, 1995, 3 (1), pp. 16-25.

③ Jesper Hoffmeyer, The swarming cyberspace of the body. *Cybernetics and Human Knowing*, 1995, 3 (1), pp. 16-25.

④ Jesper Hoffmeyer & Claus Emmeche, Code-Duality and the Semiotics of Nature, in Myrdene Anderson & Floyd Merrel (eds.), *On Semiotic Modeling*, Berlin and New York: Mouton de Gruyter, 1991, pp. 117-166.

从表 1-1 可以看出，霍夫迈尔的生物符号学主要以皮尔斯符号学为基础。从符号学出发研究生命，则首先认为生命之基本成分是符号而不是具有功能性的物质。生命体的交流是一种有意图的解释性活动。在此意义上，该学科用皮尔斯的符号三元关系取代物理学的因果律，认为生命过程是符号间相互作用的结果，而这种结果被视为解释项所引发的效果。因此，继续沿着皮尔斯观点来看，生命缘起于混沌之中作为个别世界的意义活动的突显，当该活动成为"习惯"，即获得意义解释的法则，生命由此形成。

霍夫迈尔提出的这一框架极具创见性。但他还需要解决一个核心问题，即如何从符号活动与信息交流的角度重新定义生命以及生命过程。这关涉的是整个生物符号学的立论基础。若无法证明生命本身是一种符号系统，那么生物符号学就仅仅建立在一种类比关系之上。为此，霍夫迈尔与埃姆麦赫提出了著名的符码二元性理论来解决上述问题。

二者认为，生命区别于非生命（non-life），最根本是由"自涉"（self-reference）与"他涉"（other-reference）所共存（coexistent）的二元系统。[①]这两套系统通过模拟符码（analogic code）与生命个体交流；与此同时，自身所携带的生命信息，通过数字符码（digital code），如 DNA 与 RNA 等，经由代际传播（如性繁殖行为）传给下一代。换言之，生物分子所具有的符码二元运动，既用模拟符码指涉周围世界，又用数字符码指涉自身，促进生命体间的符号活动。

而在人类符号学领域，这种符码二元活动也同样存在，它是维持与推进人类文化与认知的主要动力。这一观点，霍夫迈尔受到了贝特森"元传播"（meta-communication）这一概念的影响，即语言可以谈论语言自身。这与雅各布森所谓的"元语言"（meta-language）意思相同。

因此霍夫迈尔指出，语言是人类文化的数字符码，因为它可以携带人类社会与文化的共同记忆。因此人类文化本身也是一种双重符码的相互过程："人类领域中数字符码可以把'实在'翻译（translate）为一种形式，而这种形式又可以被自由操作。"因此在共时层面，人类通过模拟符码，把"实在"转换

[①] Jesper Hoffmeyer & Claus Emmeche, Code-Duality and the Semiotics of Nature, in Myrdene Anderson & Floyd Merrel (eds.), *On Semiotic Modeling*, Berlin and New York: Mouton de Gruyter, 1991, pp. 117—166.

成语言进行传播；而在文化进化层面，则通过语言自身这种数字层面，又把关于这种社会"实在"的共同记忆、价值等传播给下一代。"这就是人类文化领域的进化方式：由语言与社会实在中的模拟与数字符号，通过编码、再编码、翻译过程，形成一种永无止境的链条。"①

从上述分析可以看出，自然符号学不仅关注生物微观分子中的符号活动过程，还用这种普遍的生命符号活动规律来反观人类符号域。因此霍夫迈尔指出："生物学家通常试着让人接近自然。而我们将采取相反的策略，使自然来接近人类。"② 为此，他建立了一个包含文化、外部自然以及内部自然的三元模式，来说明自然符号学、生物符号学与人类文化符号学的这种互生关系，如图 1-1：

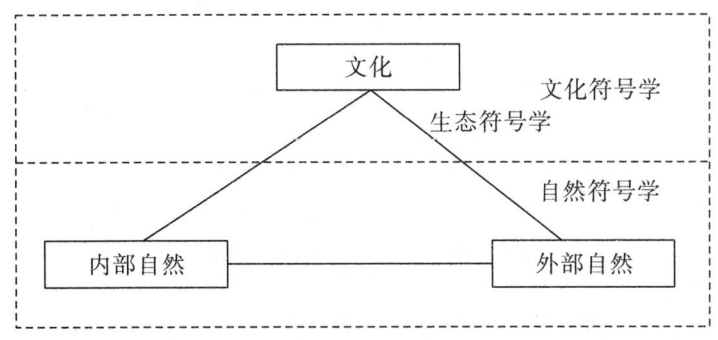

图 1-1　文化、外部自然与内部自然的三元关系③

内部自然是指生物学意义上的生命体，而外部自然则是指所有的生命、非生命存于其中的环境。因此，探究文化与内部自然之关系属于身心医学的领域，内部自然与外部自然之间的关系则是生物符号学的领域，而文化与外部自然的关系则属于生态符号学的领域。自然符号学与文化符号学则分别位于自然与人类文化的两端：对人类文化符号的探索离不开生命体与自然环境之关系研

---

① Jesper Hoffmeyer & Claus Emmeche, Code-Duality and the Semiotics of Nature, in Myrdene Anderson & Floyd Merrel (eds.), *On Semiotic Modeling*, Berlin and New York: Mouton de Gruyter, 1991, pp. 117—166.

② Jesper Hoffmeyer, *Signs of Meaning in the Universe*, Bloomington: Indiana University Press, 1996, p. 24.

③ Jesper Hoffmeyer, *Signs of Meaning in the Universe*, Bloomington: Indiana University Press, 1996, p. 24.

究；反之亦然，自然符号学的探究同样需要人类文化作为参照。

后来埃姆麦赫将霍夫迈尔提出的这种自然符号学传统进一步归纳为：

>生物符号学在所有维度上研究的自然中的符号过程（sign processes），包含（1）自然之中符号活动的出现，它可能或预计与生物细胞的出现一致；（2）符号学的自然历史；（3）在生物体个体发生学、自然与动物交流、免疫与神经系统的内符号功能等方面探究符号活动的"水平"面向；（4）认知与语言的符号学……因此，生物符号学融合不同学科，促进一般进化理论的研究。它是广义符号学的一个分支，但该分支任务符号存在于何时何地无需预先设定，因为宇宙中符号活动的起源，正是需要解决的谜题之一。[①]

因此，自然符号学作为生物符号学的重要组成部分，不仅从符号进化的层面探究生命的起源与定义，也从生命内部探究生物体之间所进行的符号交流活动，更关注生命体与自然环境的互动，即其与周围世界之间的互构关系；同时，它也关注人作为符号动物在语言、文化与认知之中的根本符号特性。

第四节　布鲁明顿学派

一、总体符号学：西比奥克

西比奥克自20世纪60年代提出"动物符号学"这一术语以来，一直致力于符号学疆界的拓展工作。在90年代通过融合生物学与生命科学，西比奥克提出"符号过程与生命过程一致"，宣告"生物符号学"模式正式成立，这一模式在21世纪最终被拓展为总体符号学。这一术语是他于2001年出版同名专著《总体符号学》时提出，旨在进一步打开符号学边界，确证"整个宇宙都充满了符号"的意义。

西比奥克倡导的总体符号学为21世纪以来的符号学诸种范式转向与新流派建立，奠定了根本性的理论基础。正如符号学理论史家迪利指出："自21世

[①] Clause Emmech & Jesper Hoffmeyer, From Language to Nature: The Semiotic Metaphor in Biology, *Semiotica*, 1991 (84), pp. 1—42.

纪起，20世纪发展而来的符号学开始走向'整体性'（gone global）。而引导这一显著的转向特征的学者，自1963年开始至今，既不是索绪尔也不是皮尔斯，而是托马斯·西比奥克。"[1] 又正如学者佩特丽莉所述："正因为有了西比奥克，现代符号学将其理论视野扩展到远远超出了20世纪60年代符号研究所能预见的范围。"[2]

西比奥克提出的总体符号学，试图把所有符号交流现象纳入其中。当然，涉及符号、信息与交流的学说不仅在于人文学科，还在于社会科学、生物学、生命科学、医学、人工智能等。总体符号学作为一种"元科学"概念，认为这些学科在谈及相关问题时总会在符号学中找到相遇、互换、系统化与统一化的地方。根据这一思路，总体符号学就已经超过了动物符号学、生物符号学这一边界，还可以包含具有或可能具有符号活动的所有领域。

而西比奥克建构总体符号学这一宏大理论体系的基础，是对皮尔斯"符号活动"（semiosis）这一概念所进行的拓展。他在《符号活动的进化》一文开端就问道："什么是符号活动？"为此他引用皮尔斯手稿中的段落进行解释：

> 所谓符号活动（semiosis）……是一种活动（action）或一种影响（influence）；它是一个包含三个主要构件——符号、符号的对象、符号的解释项——的合作过程（coöperation）。而这种三元相互关系式的影响，在任何情况下都不可能被拆分为二元一组的活动过程。Sémeiösis这个希腊语诞生于古罗马时期，即西塞罗（Cicero）那个年代；如果我没有记错的话，它的意思是有关几乎任何种类符号的活动；因此，我对"符号活动"定义适合于以"符号"为名义的任何活动。（CP 5.484）

基于皮尔斯的这一论述，西比奥克从解释项的生产这一角度对"符号活动"概念进行了阐释。皮尔斯认为，符号作为符号的条件，不仅仅需要一个符号存在，更重要的是需要"某人"，或更准确地说"准解释者"（quasi-interpreter）（CP 4.551），将某物解释为符号。这意味着符号活动能够通过

---

[1] John Deely, Semiotics "Today": The Twentieth-Century Founding and Twenty-First-Century Prospects, in International Handbook of Semiotics, Springer, 2015, p. 30.

[2] 苏珊·彼得里利，奥古斯托·蓬齐奥：《打开边界的符号学：穿越符号开放网络的解释路径》，王永祥等译，南京：译林出版社，2015年，第156页。

"解释"而被描述。此处，皮尔斯一系列的"准-"（quasi-）概念，成为西比奥克把符号学拓展为总体符号学的支点。他继续引入皮尔斯的原文："符号至少要求两个准心灵（quasi-minds）：一个准发出者（quasi-utterer），一个准解释者（quasi-interpreter）。"（CP 4.551）而解释者，也即心灵或者准心灵——也是一个符号。① 换言之，具有应答性的某种解释者/准解释者，能够将某种活动解释为有意义的表意活动，那就是符号活动。

这表明解释者不一定是人，也可能是具有准符号活动的动物、植物乃至具有应答性反应活动的细胞，细胞的一部分甚至一个基因组，甚至人类所做的人工延伸。因此，在"准解释者"的启发下，西比奥克继续拓展了"符号宇宙活动"这一概念的内涵。在《总体符号学》一书的开篇，西比奥克描述了总体符号学至少应当涉及的四大方面：

（1）一切生命符号活动，如动植物在各个层面的生命活动中所使用的符号，以及动物和人类的体内符号活动（endosemiosis）中使用的符号；

（2）人类的文字和非文字符号，其中人类的非文字符号极为丰富，包括类人工语言和肢体语言，以及聋哑人的语言、婴儿的符号和各种人类的身体符号；

（3）受人类意图影响的、人和其他物种及机器进行交流时产生的符号，以及如同"聪明的汉斯"（Clever Hans）案例中所出现的非动物意图的符号；

（4）所有的文化艺术符号和学科符号，也就是说，它覆盖了人类符号学（anthroposemiotics）、动物符号学（zoosemiotics）、植物符号学（phytosemiotics）、真菌符号学（mycosemiotics）、微观符号学（microsemiotics）、机器符号学（machine semiotics）、环境符号学（environmental semiotics）和体内符号学（endosemiotics）的所有研究范畴。②

客观地说，总体符号学作为一种学科发展蓝图，极具理论抱负，但其方法

---

① Thomas A. Sebeok, *Signs: An Introduction to Semiotics*, Toronto: University of Toronto Press, 1994, p. 14.

② Thomas A. Sebeok, *Global Semiotics*, Bloomington: Indiana University Press, 2001.

论意义上的可操作性还有待进一步检验。但总体符号学框架从某个方面反映了符号学界去人类中心化，聚焦"总体化"（totality）的价值转向。符号活动相互连接，成为一个无所不包的整体网络，它们彼此交织影响，且不以某种符号活动或某一物种的符号活动为中心，而是各个自有主体性的符号世界交汇遇合。①

上述这种总体性的研究转向，不仅对生物符号学派内部，甚至对 21 世纪的符号学运动都产生了重要影响：包含认知符号学、社会符号学、主体符号学等学说也逐渐开始探索生命符号过程与自然、生态之间的相互关系。而从研究论域来看，总体符号学范式使 21 世纪的符号学研究从文本中心转向语境中心；符号使用者与其所处符号空间中的其他使用者之间的相互关系，成为符号学诸学说研究的重点。

二、模塑系统理论

在总体符号学原则的指导下，以西比奥克和德尼西为代表的北美学者，开始在 21 世纪建构"三级模塑系统"理论。这是总体符号学的理论基础。"模塑"②（modeling）是总体符号学的一个中心概念，是从符号活动的角度系统解释生物体中的生命与生命行为。该理论在西比奥克及其弟子德尼西的推动下不断完善，于 2000 年集成专著出版。

该理论体系着重阐释了模塑为何是生命体普遍存在且最根本的符号行为，以及生命体如何通过模塑建构所感知对象的意义。从学科意义上来说，该理论以模塑行为和模塑系统为核心，勾连了生命体内部以及跨生命体间的符号活动及其具体形式，为生物符号学路径提供了具有可操作意义的方法论。由此北美生物学派为 21 世纪生物符号学运动的发展进一步奠定了理论基础。

如前文所述，"模塑"这一术语是西比奥克从莫斯科-塔尔图学派那里吸收而来的。该学派用该概念去描述自然语言（第一模塑系统）以及人类文化

---

① 彭佳：《人的主体维度：符号学对生态中心主义的超越》，《鄱阳湖学刊》，2017 年第 4 期，第 51—60 页。
② 《意义的形式：建模系统理论与符号学分析》中译版将"modeling"这一术语译为"建模"，将"representation"译为"表征"。本书按照四川大学符号学－传媒学研究所《形式论（符号学、叙述学、传媒学、文化研究）人名术语译名表（第十稿）》，统一译为"模塑"与"再现"，引文及引用图表做相应修改，下同。

（第二模塑系统）。而西比奥克则受于克斯库尔周围世界理论的启发，把模塑系统理论拓展于描述所有符号系统的活动机制。因此，西比奥克的宏观或整体模塑理论，不仅包含洛特曼以语言为基础的人类文化系统，同时也包含前语言的动物符号系统。

为了实现上述目标，西比奥克与德尼西从"模塑"概念出发，对于克斯库尔的周围世界进行了重新阐释。他们指出：所谓"周围世界"，其核心是指每个生物体都有不同的内向和外向的模塑策略，并且根据这些策略来检测信息，对应着心理影像的与外在的模型。而拥有广泛多样的身体结构的动物不会经历同样的感受过程，因此他们拥有大为不同的模塑系统来监督此类过程。①

所以，生物体是根据其自身特有的模塑系统来感知对象，这些系统使得它能够用独有的生物性方式来对世界进行模塑，进而获得理解。反之亦然，任何特定的物种，能生成并制造何种模型来为感知的对象赋予意义，则主要取决于它自身生物构造中所演化出来的模塑系统。② 基于上述对模塑的特性的阐释，生物符号学的目标则变得更加明晰：

> 生物符号学运动的目的在于研究所有生命体如何在基因层面被赋予了使用模型以存活的能力，以及人类符号活动是如何类似于和不同于植物及动物符号活动，方法是通过建立一个概念、原则和流程的分类系统，来理解人类建模现象的特殊性。③

这意味着人与动物，或者任何物种都具有不同程度的模塑能力，但是所建构的模塑世界各不相同。因此，生物符号学使我们在探究不同物种的模塑方式的同时反观人类自身：人类社会在建构模塑系统，并通过模塑理解世界的时候，与其他物种究竟有何不同？这在实际上推进了我们对人类符号活动行为的理解。

从上述意义来说，人类世界其实是由携带意义之形式（form）所构成的世界。而人类认知与社会文化活动必然需要通过这些意义形式（forms of

---

① 托马斯·A.西比奥克，马塞尔·德尼西：《意义的形式：建模系统理论与符号学分析》，余红兵译，成都：四川大学出版社，2016年，第14页。
② 托马斯·A.西比奥克，马塞尔·德尼西：《意义的形式：建模系统理论与符号学分析》，余红兵译，成都：四川大学出版社，2016年，第12页。
③ 托马斯·A.西比奥克，马塞尔·德尼西：《意义的形式：建模系统理论与符号学分析》，余红兵译，成都：四川大学出版社，2016年，第14页。

meaning）才能实现。所谓"形式"，即"模型"，就是人们通过心理（或想象）以及具体的物理媒介来指涉对象及其意义所制作的具体形式。

在这里，我们可以把它简单理解为符号或者符号文本，即携带意义的载体。需要注意的是西比奥克对模型的定义，特别强调了心理模式这一类，这说明符号不一定是物，而可能是心像，一种感知。

而他们所谓的"外化模式"，又可以在单性形式（即个体符号）的基础上，通过不同的模塑策略，形成符号、符码以及文本组合，以此总结出如下四种基本的外化模式：单性形式（sigularized）、复合形式（composite）、凝聚形式（cohesive）和连接形式（connective），分别对应符号（sign）、文本（text）、代码（code）和隐喻（metaphorical）。可以用图1-2表示：

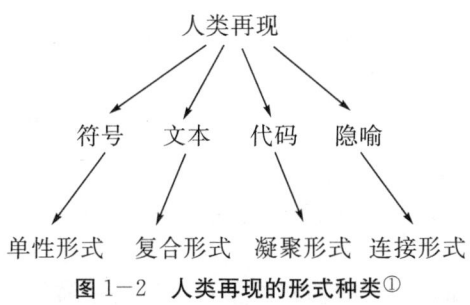

图 1-2　人类再现的形式种类①

这就如同我们在工作之前需要画蓝图、打草稿一样，人类通过并列、连接以及聚合等多种方式建构从简单到复杂的模型，以便认知和理解抽象程度不同的符号对象。由此，便组成了模塑系统（modeling system）。

模塑行为并非人类特有，而是所有生命形式都具备的内在能力："一个物种以其独有的方式产制与理解其用以处理和整编感知输入所需的特定模型的能力。"② 这一原则于克斯库尔早在20世纪初已经阐述过。值得追问的是，人类与其他生命体在模塑行为与方式上的最大区别是什么？

基于上述问题，二位学者认为，人具有"再现"（representation）这一独

---

① 托马斯·A. 西比奥克，马塞尔·德尼西：《意义的形式：建模系统理论与符号学分析》，余红兵译，成都：四川大学出版社，2016年，第4页。
② 托马斯·A. 西比奥克，马塞尔·德尼西：《意义的形式：建模系统理论与符号学分析》，余红兵译，成都：四川大学出版社，2016年，第4页。

有的能力,该能力则是在胚胎和童年成长时期发展起来的。① 所谓"再现"能力,是指人类大脑可以把感官捕获到的知觉认知(sensory knowing)转化为概念认知(conceptual knowing)的能力。简言之,人能够在感官模塑的基础上,把直观想象进一步抽象化为理论概念。所以再现是模塑的最终结果,模塑则是再现成立的基础。这种概念主要通过人类独有的逻辑推断能力,即归纳、演绎与试推(abduction)三种形式形成。②

由上,符号活动、模塑与再现之间的相互关系,可用图1—3表述:

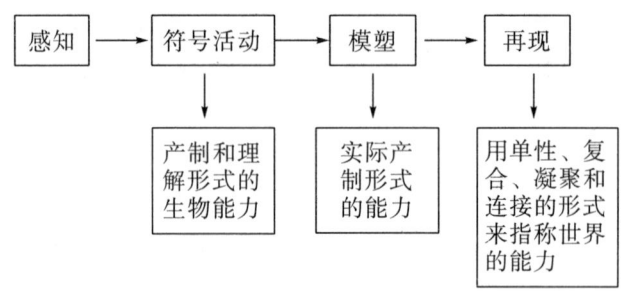

图1—3 符号活动、模塑与再现之间的关系③

通过图1—3可知,符号活动和模塑行为任何生命体皆有,问题的关键在于人类可以在模塑的基础上进行再现或指称整个世界。比如,婴儿刚开始接触新东西时,主要用手抓、鼻子闻、耳朵听等感官方式去探究此物,此时他仅处在"感官模塑"(sensory modeling)阶段。

通过感官模塑,婴儿形成有关这个事物的内心模型或心理影像。一旦这种模型形成,当碰到相同的物体时,他就无需再次回到感官层面进行探究。因此,心理行为已经对该物体赋予了具体的意义。

更重要的是人类再现能力的形成。当婴儿长大,他会产生越来越多的替代感官阶段的符号行为,比如他不再通过手抓来认识事物,而是开始用手"指

---

① 托马斯·A. 西比奥克,马塞尔·德尼西:《意义的形式:建模系统理论与符号学分析》,余红兵译,成都:四川大学出版社,2016年,第5页。
② 托马斯·A. 西比奥克,马塞尔·德尼西:《意义的形式:建模系统理论与符号学分析》,余红兵译,成都:四川大学出版社,2016年,第4—5页。原书中abduction译作逆推,此处笔者译为试推。
③ 托马斯·A. 西比奥克,马塞尔·德尼西:《意义的形式:建模系统理论与符号学分析》,余红兵译,成都:四川大学出版社,2016年,第5页。

示"该事物,甚至模仿它发出的声音。这个阶段就是用人类特有的方式再现世界的初次尝试。自此,儿童通过不断学习,了解到如何通过文化语境汇总的单性建模、复合建模、凝聚建模和连接建模的资源来指涉世界,儿童的再现活动的技能总量得到急遽增长。

对上述人类成长阶段模塑与建构能力的阐释,反映了西比奥克三级模塑系统的理论建构过程。他认为上述这些再现能力,实际上是人类大脑中普遍存有的三种相互关联的模塑系统,即初级模塑系统、二级模塑系统以及三级模塑系统(tertiary),并且大致对应皮尔斯的第一性、第二性与第三性。[①] 简单分析如下:

  一是初级模塑系统,即对指涉对象进行知觉或感知模塑的本能。例如前例中婴儿通过触摸等感官手段建构对象的认识。
  二是二级模塑系统,即关于使用初级模塑的延伸形式和指示(index)形式对指涉对象进行模塑的本能。例如,儿童通过声音模仿或手动指示来指涉对象,参与延伸性或指示性模塑。
  三是三级模塑体系,即人类通过习得和利用文化特有的抽象再现系统和象征资源的能力。例如,相对成熟的儿童开始利用特定的文化术语或专有名词来指涉对象。

需要特别说明的是,初级模塑系统即为西比奥克从莫斯科-塔尔图学派借用过来的概念,不过该学派使用此概念特指人类的自然语言。自生物符号学模式发展起来后,这一概念得到了拓展,因为任何生命体都能够根据自己的功能圈对世界进行感知与辨义,进而生成相关意义,最后模塑出各物种特定的环境界。这是最原始的模塑系统,只是人类模塑系统具有三个层面,因而默认拥有了初级模塑系统。

三级模塑系统论相对于塔尔图学派的模塑论,其视野更为宏观。它具体说明了有些意义形式是人类模塑行为,是人类特有的,其他的则是符号域中所有生命体(如植物、动物以及人类)所共有的。这也是保留初级模塑系统的原初意义原因所在。同时,这使我们在分析各物种内外模塑系统建构的异同时,也进一步加深了对人类模塑以及符号再现行为之特殊性的理解。

[①] 托马斯·A. 西比奥克,马塞尔·德尼西:《意义的形式:建模系统理论与符号学分析》,余红兵译,成都:四川大学出版社,2016年,第8页。

第二章 认知符号学

符号学的认知研究路径，主要是指符号学延伸到认知语言学、认知科学、心理学所关注的共同领域，探究符号意义的识别、生成与认知的各个过程，并在此过程中吸收融合相邻学科的成果，进而形成一种"超科学"（transdisciplinary）的研究范式。这一研究路径从20世纪90年代初兴起，并于21世纪开始逐渐形成，现已发展为当今符号学运动的一个重要展面。

第一节 符号学的认知转向

从学术史的角度来看，符号学与认知科学的集合是这两个学科因为对意义和心灵问题的共同关注而相向发展的结果。如认知符号学者布兰特（Per Aage Brant）所述："符号学研究意义，认知学科研究心灵，而认知符号学则关注意义和心灵的相互关系，即人类心灵（理论上为广义的动物心灵）中意义的存在和运行方式。"[①] 当然，符号学拥抱认知科学并非一蹴而就，而是经历了一段时间的酝酿过程。以下笔者通过两个学科的互动简史，来说明符号学认知的转向形成以及认知符号学兴起的原因。

一、认知符号学的兴起

认知科学从20世纪五六十年代肇端，70年代发展成一门学科，80年代发展成一种总方法论，90年代成为人类思想的四大领域之一。"2000年美国国家科学基金会（NSF）发表60页的长篇报告，认为21世纪四门最重要的科学技

[①] Per A. Brant, What Is Cognitive Semiotics? A New Paradigm in the Study of Meaning, *Signita*, 2011 (2), pp. 49—60.

术发展方向,是纳米技术、生物技术、信息技术、认知科学,而认知科学是前三者的前导。"①

认知科学在20世纪50年代发展初期,以计算机参与人工智能和信息处理为核心,其目的是把认知科学与认知心理学区别开来,进而摆脱心理主义的影响。因此,第一代认知科学家坚持笛卡尔的观点,认为心智可以和身体分离,所以它可以被视为一种抽象的计算程序,可以依靠计算机运算得出。同时,他们认为符号与计算机语言对等,意义则是符号运算的结果;意义是外部世界的内部表征,是符号内部运算规则与外部世界的一一对应。这显然与主要意义互动和解释的符号学立场截然不同。

不过,认知科学于70年代起便迅速更迭到第二代。第二代认知科学以具身认知(embodiment)或体验哲学为核心。以学者莱考夫(M. Lakoff)和约翰逊(G. Johson)② 为代表,他们否认第一代认知科学所持的身心二元论,认为心智的本质来源于人的身体体验。他们强调人主要是通过身体结构和想象力结构,在与环境的互动中获得意义的。这意味着人的认知能力与人的生理构造以及语言符号能力是密切相关的:人类语言符号是在现实身体互动体验和认知加工基础上形成的。换言之,认知科学的发展使得人的符号能力与认知表现成为重心,而这成了符号学与认知学得以融合的基础。

正是在第二代发展的语境下,认知科学自身在20世纪90年代开始出现所谓的"符号学转向"(semiotic turn)。③ 一些本来从事人类个体发展与思维进化研究的学者,开始逐渐对进化过程中的符号意义突显感兴趣。例如,美国学者泰伦斯·迪肯(Terrence Dacon)④ 本来是一位神经科学学者和人类学者。他从20世纪90年代开始转向符号学方法,对人类进化过程中的语言符号学与大脑思维发展的相互关系进行研究,现已成为认知符号学界的领军人物。再如

---

① Jordan Zlatev, Cognitive Semiotics, in P. Trifonas (ed.), *International Handbook of Semiotics*, London & New York: Springer, 2015, p. 1043.
② G. Lakoff & M. Johnson, *Philosophy in the Flesh: The Embodied Mind and Its Challenge to Western Thought*, New York: Basic Books, 1999.
③ 约伦·索内松:《认知符号学:自然、文化与意义的现象学路径》,胡易容、梅林、董明来等译,北京:社会科学文献出版社,2019年,第28页。
④ Terrance Dacon, *The Symbolic Species: The Co-Evolution of Language and the Brain*, New York: Norton, 1997.

唐纳德（M. Donald）、托马塞洛（M. Tomasello）以及兹拉特夫（Jordan Zlatev）等学者，他们本是认知学者、人类学者或语言学者，也在本阶段结合符号学理论，逐渐将研究重心转向符号、意义与进化问题。他们仔细探讨个体如何通过情景感知、符号模仿、神话规约以及具身体验活动，获得个体与社群的符号意义。

符号学内部的"认知转向"也在同一个时间段形成。首先，符号学自身本来就具有认知研究的传统。"延续至今的'皮尔斯式符号学'，实际上一直是认知符号学，而皮尔斯本人实际上是最早认真地讨论认知问题的理论家之一"[①]；更有学者提出，当今认知符号学的主流就是"认知语言学＋皮尔斯符号学"[②]。这是因为皮尔斯理论如现象范畴、心灵符号、解释项、普遍像似性等问题，本质上都是从认知的角度讨论符号意义的认知与传播问题。除皮尔斯外，许多符号学家如莫里斯、艾柯、格雷马斯、梅洛-庞蒂等，均把符号认知视为其符号学理论的已有之题。这些学者的理论，自然成为当今认知符号学研究的重要理论基础。在此层面上说，认知符号学是对符号学范式内"认知研究"锋面的拓展。

符号学的不断发展也有必要借鉴认知科学的经验数据，来验证符号与意义之间的相互关系。对此，认知符号学家索内松（Göran Sonesson）有过比较直接的表述：

> 认知科学在理论与经验事实之间建立了密切的关系，这也是认知科学所取得的最重要成就。符号学早就该这样做了……主张在符号学中应用心理学、生物学及其他科学的数据。既然认知科学已经意识到这一点，现在必须加强整合……认知科学中再现（representation）的概念正如符号学中符号（sign）的概念一样，目前都过于笼统和模糊，无法胜任任何理论工作……我们需要理解世界的"不同"再现方式。其前提，是我们要对"再现"（或"符号"）加以定义。[③]

[①] 赵毅衡：《关于认知符号学的思考：人文还是科学？》，《符号与传媒》，2015年第2期，第105—115页。

[②] 胡壮麟：《认知符号学》，《外语学刊》，2010年第5期，第20—25页。

[③] 约伦·索内松：《认知符号学：自然、文化与意义的现象学路径》，胡易容、梅林、董明来等译，北京：社会科学文献出版社，2019年，第10页。

再从全球符号学发展的语境来看，认知符号学作为总体符号学的一个重要发展方面，推进了符号学在新阶段的范式更新。如佩特丽莉所述："为了开发其理解整个符号活动世界这一能力，符号学必须不断锤炼其聆听和批评的功能，即倾听和批判的能力。同时，为了完成这些任务，我们相信，以下的三分法：（1）认知符号学，（2）总体符号学，（3）伦理符号学，不仅在理论方面，而且在治疗理由方面，都是十分重要的，是实实在在具有决定性的。"[①] 因此，在相关学者看来，认知符号学应当被视为当今符号学三大理论支柱之一。

在上述背景下，"认知符号学"作为一个相对独立且系统的研究概念，逐渐在20世纪90年代兴起。这一学科兴起的标志是学者达代西奥（Thomas Daddesio）于1995年在其专著《论心灵与符号：认知科学与符号学的关联》[②]（*On Minds and Symbols: The Relevance of Cognitive Science for Semiotics*）中正式提出"认知符号学"（cognitive semiotics），并对这个术语的内涵及其研究范畴进行了界定。

达代西奥在该书中梳理了20世纪符号学与认知科学的发展历史，并指出了二者之间需要进行融合的必要性与必然性。他认为，尽管符号学有认知研究的传统，但是符号学在20世纪的大部分时候致力把"符号""符号过程"与"意义"等概念"去心理化"（dementalize），这导致符号学与认知科学分析脱节。换言之，这些概念原本在本体论层面具有认知特性，但符号学忽略了这些特性。反之亦然，认知科学中本有大量有关符号、意义与认知的概念值得仔细梳理，但计算机科学以及信息科学的发展使得该学科的重心发生了偏离。[③]

基于此，达代西奥提出：认知符号学就是联合这两个学科所关注的共同领域，"通过对符号过程（semiosis）展开认知研究，最终建构有关符号的认知理论"，该学科在概念、方法论与研究目的上具有"可操作性和合一性"[④]。达

---

① 苏珊·佩特丽莉：《符号疆界：从总体符号学到伦理符号学》，周劲松译，成都：四川大学出版社，2014年，第17页。
② Thomas Daddesio, *On Minds and Symbols: The Relevance of Cognitive Science for Semiotics*, Berlin: De Guyter Mouton, 1995.
③ Thomas Daddesio, *On Minds and Symbols: The Relevance of Cognitive Science for Semiotics*, Berlin: De Guyter Mouton, 1995, pp. 2—10.
④ Thomas Daddesio, *On Minds and Symbols: The Relevance of Cognitive Science for Semiotics*, Berlin: De Guyter Mouton, 1995, p. 2.

代西奥无疑指明了一个在符号学或认知科学中被忽略的重要研究领域。该领域必须作为一个整体来考虑：符号与其他被赋予意义的载体之间的相互关系，以及主体意识进入这些意义载体的具体方式。[①] 而这可以视为认知符号学范式的起点。

进入 21 世纪，认知符号学加速发展，逐渐成为当今符号学运动的一个重要分支。这主要表现在认知符号学呈现出明显的学科体系化发展特征。国际期刊《认知符号学》（Cognitive Semiotics）于 2007 年在美国凯斯西储大学（Case Western Reserve University）创办，现已成为国际符号学领域的知名刊物。国际认知符号学协会（International Association for Cognitive Semiotics，简称为 IACS）于 2013 年在丹麦奥尔胡斯大学（Aarhus University）成立，并于 2014 年在瑞典隆德大学（Lund University）举办学会第一届双年会；该双年会随后还在波兰、美国等地举行。上述几所大学均在招收认知符号学方向的硕士、博士研究生。认知符号学的发展还明显呈现出跨地域的学派化发展特征。当今认知符号学研究逐渐汇聚形成北欧与北美两个中心。这两个中心具有广泛的学术渊源和理论关联，认知符号学的北欧－北美学派呼之欲出。这些都表明：当代符号学的认知转向已经形成。

二、转向意义的动态生成机制

认知学与符号学的相互转向，最终目的是共同关注意义在各个层面的动态生成过程。意义可以是有层次的且能随着人的意识活动不断地发生变化的。这种意义的动态性，不仅存在于单次的符号表意过程中，更存在于长久的历史变化之中。汤姆森（E. Tomson）曾从时间的维度列出了"具身动态性"（embodiment dynamism）的研究框架。[②] 该框架可以用来说明现有的认知符号学研究在意义动态机制研究方面的主要思路：

(1) 微秒：意义在视觉与语言之中时刻突显的动态过程；

(2) 秒：在具体场景或话语（口头的或姿势的）中意义整体的生成和

[①] 约伦·索内松：《认知符号学：自然、文化与意义的现象学路径》，胡易容、梅林、董明来等译，北京：社会科学文献出版社，2019年，第29页。

[②] Evan Thompson, *Mind in Life: Biology, Phenomenology and the Sciences of Mind*, London: Belkarp Press, 2007, pp. 1—10.

理解过程；

（3）分钟：具体社会互动之中意义的发展过程；

（4）年月日：个体生长过程中的符号认知能力的习得与发展过程；

（5）几十年或几个世纪：语言与社会起源和变迁的文化历史过程；

（6）几千年：符号物种的文化-生物进化过程。

从意义的感知到语言，再到社会文化符号活动之中的诸种意义形式；从大脑的认知结构到个体的意识经验，再到社群的认知方式和社会环境的互动关系，该框架意味着认知符号学研究既可以触及人类进化、社会历史环境及其本质条件的符号认知框架等宏大命题，也可以关注个体心智与认知在大脑和身体中的具体状况。

布兰特提出的意义认知三层次理论，有助于我们进一步理解为何认知符号学需要且必须关注不同层次的意义活动与符号认知的相互关系。他指出人类与自然和文化的互动，从本质上形成了三个生态层。① 第一层为有机层（organic layer），人类在该层次中满足生存与繁衍的基本需要。第二层为组织或政治层（organizational or political layer），即我们稳定、保护和改善生活来组织生产。第三层为符号层或"认同层"（symbolic or "identitary layer"），即我们需要在秩序性和认同感的基础上，借助社群、秩序或权威等，把自身所处的环境定义为"社会"，把自己定义为"人"。

上述三个生态圈中，都必然牵涉意义与认知诸问题。在最基本的有机层中，我们以类似于感官储存器（sensory register）的方式来记住我们的个人生活，同时对有关过去的图像或其他感知痕迹以及当下的感觉产生情感反应。这些符号感知的认知痕迹，如同我们生命中的锚：它们不仅可以说明我们现在的认知结构，更可以追溯我们如何进化而来。在组织层，所谓的"政治意义"，则是概念性的、认识性的、建设性的、战略性的、想象性的，它代表着我们所谓的恰当的思考。从符号学的角度，这意味着我们从根本上是通过拓扑结构或心理图表来进行理性思考。最后，符号意义或认同意义是由符号清晰地标记出来的，赋予我们的行为、命名或仪式等活动合法性。这是符号反过来给我们提

---

① Per A. Brant, *Cognitive Semiotics: Signs, Mind and Meaning*, London: Bloomsbury Academic, 2020, pp. 1-14.

供认知框架。换言之，符号学一旦进入认知领域，便会同时涉及宏观与微观、个体与外部环境、当下与历史等双重视域。这是问题的一体两面。

本章第二节便以上述框架为主线，梳理当今认知符号学北欧－北美学派的发展现状和研究重点。

第二节 认知符号学的北欧－北美学派

在达代西奥之后，认知符号学作为一种范式逐渐兴起，其标志是一批认知符号学研究中心在北欧与北美地区成立。这些研究中心的研究内容各具特色，同时也与其他研究进行广泛的学术交流与合作，一个具有活力的认知符号学北欧－北美学派正在形成。

一、认知研究中心与跨地域互动

认知符号学的北欧－北美学派主要以这两个地区的四所认知符号学研究中心为基础，展开全球范围内的学术互动。这四所研究中心分别是丹麦奥尔胡斯大学符号学研究中心，丹麦哥本哈根商学院语言、认知与心理研究中心（Center for Language, Cogitation and Mentality），瑞典隆德大学认知符号学研究中心（Center for Cognitive Semiotics），以及奥尔胡斯大学符号学研究中心主任布兰特（Per Aage Brandt）到美国凯斯西储大学任教并创建的认知与文化研究中心（Centre for Cognition and Culture）。至此，北欧与北美在认知符号学方面的学术连续带建构起来。本节将逐一简要说明这四个研究所的理论传统及其学术联系，目的是呈现认知符号学北欧－北美学派的兴起与发展现状。

北欧地区的认知符号学研究既注重认知符号学基础理论的发展，也注重该学说在认知与心理实验方面的方法论特点。学者们在符号学理论上主要继承皮尔斯的符号现象学思想，在推进认知符号学理论方向做出了大量贡献，研究范围从语言认知逐渐拓展至视觉、图像、人类文化、商品消费等文化与社会发展的多个领域。这有力地拓展了认知符号学运动的锋面。

全球四大认知符号学阵地，处于北欧的就有三所，且研究成果最为集中。

一是丹麦奥尔胡斯大学符号学研究中心。它是全球最早成立的认知符号学研究中心,也是最早开设认知符号学硕士项目的科研机构。关于认知符号学的特性,该中心网站主页指出:"它首先是一个跨学科的项目,它包含神经科学、哲学、逻辑学、语言学、人类学、认知科学以及文学理论。"[①] 因此,该中心的学者主要围绕语言、文学与审美现象,探究意义的动态生成过程。而在方法论上,学者们主要在符号学理论的基础上把认知语义学、数学、心理学以及现象学等学科融合起来。

该中心的领军人物为认知符号学的第一代奠基学者布兰特。布兰特在认知符号学领域相当活跃,除了创办该中心,他还在转到美国凯斯西储大学工作后建立了新的认知符号学研究机构,创办认知符号学国际期刊,也曾担任美国符号学协会主席,在推进认知符号学运动方面做出了贡献。在语言与文学研究方面,该中心的特色是把数学引入认知符号学研究。例如,布兰特主要发展法国数学家莱恩·托姆(René Thom)提出的"动力符号学"(dynamic semiotics),结合认知语义学(cognitive semantics)去探究语言符号学中如主体性、像似性、隐喻以及虚拟运动(fictive motion)等问题。[②] 而该中心另一位代表人物斯文·奥斯特加德(Svend Østergaard)则发展数学中的"无穷大"概念,并结合认知心理学,去探究文学经典作品中的叙述与时间之关系问题。

在研究方法层面,该中心既有实验类的研究,也从现象学等哲学思辨路径对意义现象进行探究。在实验研究方面,他们认为语言是一种协调行为(coordinative activity),它通过与诸种符号模式协商继而联合,去促进或者限制社会性的协调行为。为探究这一独特的语言现象,该中心写作借助应用实验心理学与神经科学的实验方法,以及语料库语言学的相关方法,去探究语言意义的这一动态生成过程。而在非实验路径方面,相关学者结合胡塞尔现象

---

① 请参见:http://www.hum.au.dk/semiotics/.
② Per Aage Brandt, *Spaces, Domains and Meanings. Essays in cognitive semiotics*. Bern: Peter Lang, 2004.

学①、皮尔斯符号学等②方面去探究广义的意义认知问题，如美学心理学、心像、动物交流以及人类姿势等。

二是丹麦哥本哈根商学院语言、认知及心理研究中心。该中心从语言的认知符号学研究出发，并拓展到视觉传播、姿势（gesture）、信息理论以及消费行为研究，颇具特色。该中心的创始人为佩尔－杜斯特·安德森（Per-Durst Andersen）。前文所提及的赛博符号学者索伦·布瑞尔也属于该中心的核心成员。

安德森在认知符号学方面的主要贡献是把语言、认知与心智相结合，以"语言超类型"（supertype）为切入点，建构人类交流行为的认知符号学理论。③ 他认为任何特定语言的语法意义都可以归纳为三种符号角色（semiotic role），即实在（reality）、说者（speaker）和听者（speaker），推而广之，所有语言都可以按照这三个超类型来进行归类。为了证明这一观点，他在大量的语言调查数据的基础上，结合认知心理学的研究方法，证明说不同类型语言的人存在着语言与心理认知的差异。

除了语言与赛博空间的信息理论研究，市场与营销的认知符号学研究是该中心的另一个特色。该中心另一位代表人物维克托·史密斯（Viktor Smith）便从认知符号学角度探究产品包装设计中的传播潜力与公平性。他把食物商品标签中的法律规范、体验行为与市场营销相结合，通过语言与视觉的认知分析，去探究改进厂商与消费者沟通的方法。④

三是瑞典隆德大学认知符号学研究中心。该中心成立时间较晚，却是当今全球在认知符号学领域最活跃、研究规模与理论影响力最大的。该中心既坚持认知符号学的人文研究路径，也推进认知符号学的科学实验方法，把人文学科与认知/心理科学方法相融合，力图把认知符号学推进到人类文化研究的方方面面，例如语言、图像、音乐、文学、艺术、人类进化等。

---

① Peer Bundgaard, Husserl and Language. in D. Schmicking and S. Gallagher (eds.), *Handbook of Phenomenology and Cognitive Sciences*, Dordrecht & New York: Springer, 2010, pp. 369－399.

② Frederik Stjernfelt, *Diagrammatology: An Investigation on the Borderlines of Phenomenology, Ontology and Semiotics*. Dordrecht: Springer, 2007.

③ Per-Durst Andersen, *Linguistic Supertypes: A Cognitive-semiotic Theory of Human Communication*, Berlin: De Gruyter Mouton, 2011.

④ Viktor Smith, P. Møgelvang-Hansen & G. Hyldig, Spin Versus Fair Speak in Food Labelling: A Matter of Taste? *Food Quality and Preference*, 2010 (21), pp. 1016－1025.

该中心的领军人物即知名认知符号学者索内松（Göran Sonesson）。他在图像符号领域所做的大量研究，在很大程度上奠定了当今认知符号学理论研究范式。而该中心的现任负责人兹拉特夫，则从意义、身体与心灵之相互关系出发，着重探究语言进化与发展[①]的微观与宏观过程。两位的具体贡献，本书将在后文仔细梳理。

除了认知符号学的纯理论研究模式，该中心的另一个特色是认知符号学实验路径。他们主要通过实验观察儿童的手势发展过程，探究其符号概念的认知与发展。最具代表性的是该中心成员安德烈（Mats Andrén）与兹拉特夫[②]以18至30个月儿童为对象所展开的手势研究。以认知符号学为理论基础，从行为与符号语言两个方面观察与描述儿童手势的生发过程，并通过量化研究归纳总结指示手势、像似手势、象征手势的发展模式，以及这些手势类型与语言符号、所指对象之间的相互关系。这一系列实验证明了语言与手势发展过程之间存在以模拟为基础的互动关系。

北美符号学界同时具有悠久的认知符号学传统。皮尔斯所建构的符号学，从本质上说就是以符号意义认知与解释为中心的认知符号学体系。这一认知符号学路径直到20世纪末，为西比奥克创建的广义生物符号学体系所强调。西比奥克曾在20世纪80年代就撰文表明："'认知科学'的另一个别名，就是符号学。"[③] 因此，符号学的作用就是要了解作为模塑系统的语言与文化模塑，如何塑造我们对世界的认知。

认知符号学作为一个集中研究领域在美国兴起，标志是原在丹麦奥尔胡斯大学的布兰特到美国凯斯西储大学任教后，在该校召集建立认知与文化研究中心。该中心旨在"探究（作为语言、文本、文学、言语与话语的）艺术、设计、音乐、语言……并将这些研究融入一个比较研究方法之中，这种方法我们可以把它概括为认知方面的符号学（semiotics in a cognitive perspective），或

[①] Jordan Zlatev, The Mimesis Hierarchy of Semiotic Development: Five Stages of Intersubjectivity in Children, *Public Journal of Semiotics*, 2013, 4 (2), pp. 47−70.

[②] Jordan Zlatev & Mats Andrén, Stages and Transitions in Children's Semiotic Development, in J. Zlatev et al. (eds.), *Studies in language and cognition*, Cambridge: Cambridge Scholars Publishing, 2009, pp. 380−401.

[③] 转引自 T. A. 西比欧克，S. M. 拉姆：《符号学与认知科学》，俞建章、孙珉译，《哲学译丛》，1991年第2期，第6—24页。

曰认知符号学"[1]，汇聚了一批北美地区优秀的认知学者。

在该中心之前，凯斯西储大学就已有认知符号学研究的传统。前文提及的"认知符号学"这一术语的创造者唐纳德便是在该校工作，并在儿童符号认知与进化方面做了大量的研究。该校认知科学系主任特纳（Mark Turner）与另外一位语言学家福克尼（Gilles Fauconnier）也曾一起提出一个重要的语义学理论——"概念整合理论"[2]（conceptual blending theory），从认知符号学方面拓展了概念隐喻学理论。

与布兰特共同担任认知符号学中心主任的奥克利（Todd Oakly）则把认知语言学与注意力机制结合，来探讨语言意义的本质。在其专著《从注意到意义：一个符号学、语言学与修辞学的探索》（*From Attention to Meaning: Explorations in Semiotics, Linguistics, and Rhetoric*）[3]中，奥克利对包括符号系统、选择系统和交际系统在内的注意力系统的意义生成机制进行深入讨论，并且分别从符号学、语言学和修辞学角度讨论三个领域内的注意力系统的意义生成特征。

值得一提的是，布兰特与奥克利于2007年共同创办了该领域第一本专业期刊《认知符号学》（*Cognitive Semiotics*），该刊在推动全球认知符号学学科成果交流与学科整合方面功不可没。该刊致力整合认知科学与人文学科传统，从认知符号学角度对人类语言与文化的具体领域进行细致研究，例如该刊对主体、意识、认知诗学等问题，曾组织过专题讨论等。

加州大学伯克利分校（University of Californian, Berkley）则是除凯斯西储大学外美国认知符号学研究的另一个重要阵地。相关学者如迪肯主要从人类与生物进化的角度，关注人类符号使用与认知能力的发展特性。迪肯认为人类作为符号物种（semiotic species），其大脑是与语言符号能力共同进化的。[4] 这种共同进化过程与皮尔斯的三元符号过程相符，第一阶段是以识别活动为代表

---

[1] http://www.case.edu/artsci/cogs/Centerfor Cognitionand-Culture.html.

[2] Gilles Fauconnier & Mark Turner, *The way we think. Conceptual Blending and the Mind's Hidden Complexities*, New York: Basic Books, 2002.

[3] Todd Oakley, *From Attention to Meaning: Explorations in Semiotics, Linguistics, and Rhetoric*, London: Peter Lang AG, 2009.

[4] Terrence Deacon, *The Symbolic Species: The Co-evolution of Language and the Brain*, New York: Norton, 1997.

的像似性过程；第二阶段是指示性进化过程，例如时空邻接概念的形成；第三阶段则是人类物种所独有的规约符号进化过程，即对符号意义的社会规约性意义的培养过程。[1]

综上，当今北美的认知符号学探索也是多面向、多学科的。相比于北欧传统，北美的认知符号学学者更加关注人类符号使用与认知进化的能力，以及这种进化与发展会对当今的文化社会生态产生何种互动效果。以下，本书将对北欧－北美认知符号学代表学者所展开的主要工作和理论重点进行总结与归纳。

二、图像认知与符号现象学：索内松

意识与意义生成的经验过程是认知符号学关注的最集中领域。相关的学者均通过不同的方法对此问题展开探索，如把符号学与认知科学、心理学实验相结合，或综合利用人类学调查的经验数据基础对相关问题展开探索，等等。而北欧－北美认知符号学派在此领域发展出一套更具特色且颇成体系的理论路径，那就是认知符号学的现象学研究路径。

对该路径的形成做出突出贡献的，是北欧学者索内松。他主要发展胡塞尔现象学中关于图像与符号意识的理论[2]，并结合皮尔斯符号现象学、格式塔心理学等理论，来讨论图像认知问题，且在此基础上建构认知符号学的现象学研究范式。该理论脉络早在其代表作《图像概念》[3]（1989）中便得到了较为清晰的体现。

索内松建构符号现象学的起点是图像符号学（pictorial semiotics）。他将后者定义为一门旨在理解那些在通常意义上被视为"图像"的意义本质和特性的意义科学（science of signification）。要达到此目的，图像符号学就必须要探明图像的符号特性、图像意义与其他表意形式（如视觉表意、像似表意或心

---

[1] Terrence Deacon, Beyond the Symbolic Species, in T. H. Schilhab et al. (eds.), *The Symbolic Species Evolved*, eds. Berlin: Springer, 2012, pp. 9–38.

[2] Göran Sonesson, The View from Husserl's Lectern: Considerations on the Role of Phenomenology in Cognitive Semiotics. *Cybernetics and Human Knowing*, 2009, 16 (3–4), pp. 107–148.

[3] Göran Sonesson, *Pictorial Concept: Inquiry into the Semiotic Heritage and Its Relevance for the Analysis of the Visual World*, Lund: Aris/Lund University Press, 1989.

像表意）之区别，并分析不同类型的图像意义及其差异。① 而认知学领域关注的核心是心像（mental image），这与图像符号、像似符号存在着诸多的联系和差异。因此，从图像符号反推心像的特性，便成为认知符号学的一个重要出发点。②

严格来说，索内松是在胡塞尔现象学框架下讨论"图像"与"心像"诸问题的。"图像意识"是胡塞尔理论体系中的一个重要议题，他在《逻辑研究》中把图像意识视为一种想象行为，甚至把整个想象都称作广义上的"图像意识"。二者的共同特征在于它所构造的不是事物本身，而是关于事物的图像。为此，胡塞尔试图通过现象学的直观描述来把握图像意识的本质结构，提出图像意识本质地含有三种客体（即图像事物、图像客体和图像主题）以及与此相关的三种立义，试图以此分析来为理解审美经验和审美对象提供现象学基础。

索内松在图像符号学中把图像划分为图像物体（picture thing）、图像对象（picture object）和图像主体（picture subject）③，显然是延续了胡塞尔的上述思路。索内松进一步提出了图像与心像的区别。他指出，图像是符号，因此是再现（representation），其基本筑义方式是选择与组合；心像，则是胡塞尔所谓的"现时化"（presentification），即使意义即时呈现出来。由此，索内松提出感知意义（perceptive meaning）应当先于其他意义而存在，因此我们有必要在现象学基础上重新廓清符号及其意义的概念和根本特性；经验的不对称性及其差异性应当作为考察意义现象的出发点。

索内松指出，现象学与符号学有着不同的学术传统，甚至有许多学者认为二者代表相反的论证路线，但二者在理论旨趣上有着诸多的共同点。其中，最根本的共同点便是二者对意义问题的关注。现象学者阿伦·古尔维奇曾指出现象学关注感知，"感知携带意义，这种意义是广义的，而不是我们通常理解那种狭义的符号意义"④。古尔维奇继续指出："意义已经如面具存在于某物表面

---

① Göran Sonesson, Pictorial Semiotics, Gestalt Theory, and the Ecology of Perception, *Semiotica*, 1994, 99 (3—4), pp. 319—440.

② Göran Sonesson, The Mind in the Picture and the Picture in the Mind: A Phenomenological Approach to Cognitive Semiotics, *Lexia*, 2011 (07/08), pp. 167—182.

③ Göran Sonesson, The Mind in the Picture and the Picture in the Mind: A Phenomenological Approach to Cognitive Semiotics, *Lexia*, 2011 (07/08), pp. 167—182.

④ Aron Gurwitsch, *The Field of Consciousness*, Pittsburgh: Duquesne U. P., 1965, p. 176.

一样存在于感知之中,并且将继续作为意义的携带物存在于言语之中。"① 对此,索内松指出这只能说明现在学界对符号与意义的理解具有局限性。"尽管皮尔斯讨论的是符号,但他实际上是在非常宽泛的意义上使用这个术语,这显然包含古尔维奇所谓的'意义'。即便是结构主义符号学,当相关学者把索绪尔模式应用到服装、食物、亲属关系以及行为上时,这实际上已经超越了符号,到了广义的意义研究领域。"② 这说明,现象学与符号学存在着相同的研究对象,这是二者可以"联姻"的基础。

现象学传统对意义问题的思考,一般是从胡塞尔的理论开始的。胡塞尔对意识的分析乃是多角度的:他分析意识活动之"静态"结构,分析其"动态"的生成过程,分析意识主体的多种面向,以及分析让主体意识以有限但必然的方式彼此交接的。对于认知符号学者来说,胡塞尔之意识分析方法是对意义研究而言最有效的方法论之一。③ 他们认为胡塞尔现象学传统提供了一套客观描述世界、观察自我和他人的工具。它如实地"还原"现象本身而非通过解释现象背后的因果关系去"制造"一种现象,或创造一种理论。对于遵循"概念-经验"逻辑的认知符号学来说,现象学是一种客观有效的方法论工具。

根据现象学这一条思路,意义并不存在于获义对象中,而是伴随获义意向行为产生。因此,主体的意向行为才是意义产生的根本。认知符号学的主要目的就是要描述主体意识及其意向性,如何给予我们所经验之世界的意义。因此,认知符号学把研究重心引向意向"行为本身,以研究它们在意识中的组织方式。一旦我们这样做了,我们就转换了领域:我们进入了现象学"④。

不仅如此,索内松通过对比皮尔斯符号现象与胡塞尔现象学发现,二者在理论方法上也具有诸多可联通之处。皮尔斯认为他的符号学理论基础是其创建的符号现象学(他又称之为"显像学")。皮尔斯并不认识胡塞尔,但他们对该

---

① Aron Gurwitsch, *The Field of Consciousness*, Pittsburgh: Duquesne U. P., 1965, p. 262.
② Göran Sonesson, Phenomenology Meets Semiotics: Two Not So Very Strange Bedfellows at the End of Their Cinderella Sleep, *Metodo: International Studies in Phenomenology and Philosophy*, 2015, 3 (1), pp. 41–62.
③ 参见约伦·索内松:《认知符号学:自然、文化与意义的现象学路径》,胡易容、梅林、董明来等译,北京:社会科学文献出版社,2019年,第16—59页。
④ 约伦·索内松:《认知符号学:自然、文化与意义的现象学路径》,胡易容、梅林、董明来等译,北京:社会科学文献出版社,2019年,第39页。

学科的定义具有非常明显的相同之处：

> 有这样一种研究，他基于直接观察"显像"并归纳观察结果，将多个具有广泛分类的"显像"进行符号化，并描述每个类的特征。这种研究表明，尽管它们之间有千丝万缕的联系而无法被孤立出来，但显然它们的特征是完全不同的。(CP 1.285)

现象学家施皮格伯格评价皮尔斯的现象学为与胡塞尔现象学"无亲缘关系"的现象学①，认为二者"有很重要的志趣相投之处"②。从皮尔斯对自己的现象学方法描述来看，这与胡塞尔所谓的现象学与本质还原的方法非常一致。皮尔斯认为现象学是符号学的"上位"学科，其延伸出来的基本原则指导其符号学理论的建构。而从方法论的角度来说，他认为现象学研究是以对现象之直接观察作为基础：

> 现象学完全不考虑他所研究的现象是否对应于实在，它也避免任何假设性解释。它只是省察直接的"显象"，而努力将最细密的精确性与最广泛的概括性皆展现出来。在此，不可被任何传统、任何权威、任何理由影响而以为事实应该如何，而只是诚实地、单纯地去观察现象。(CP 1.287)

皮尔斯对该学科的方法论定位，显然与认知符号学所推崇的经验探究路径是一致的。更重要的是，皮尔斯的现象学最终把所有范畴归总为"第一性""第二性""第三性"三大范畴，为认知符号学探究意义的层次及其发展规律带来了诸多启示。皮尔斯现象学的三元范畴论以及胡塞尔现象学对意向性问题的普遍关注，为有关意义生成之根本机制的研究奠定了理论基础。而这也是索内松等人提出认知符号学的现象学路径的基本逻辑。

在符号现象学这一理论框架下，该学派学者已经产出了不少成果。除了索内松，还有如斯特思费尔特③对人类图像意识和想象力（imagination）的研

---

① 赫伯特·施皮格伯格：《现象学运动》，王炳文、张金言译，北京：商务印书馆，2011年，第39页。
② 赫伯特·施皮格伯格：《现象学运动》，王炳文、张金言译，北京：商务印书馆，2011年，第53页。
③ Frederik Stjernfelt, *Diagrammatology: An Investigation of the Borderlines of Phenomenology, Ontology and Semiotics*, Dordrecht: Springer, 2007.

究，他指出皮尔斯与胡塞尔在认知图式理论方面存在关联，二者均认为人类思维的本质是图表或图像式的再现（iconic representation）。这说明人类大脑认知的根基不是语言符号，而是图像符号。此外，还有加拉格尔（S. Gallagher）[1]等人对身体、意识和思维之相互关系的研究，兹拉特夫[2]等人把符号学与现象学相结合对交互主体性进行研究，等等。

三、具身认知：兹拉特夫与布兰特

自20世纪80年代以来，"具身性"（embodiment）已逐渐发展成认知科学领域所有相关学科的核心概念。"在哲学、心理学、神经科学、机器人学、教育、认知人类学、语言学以及行为和思想的动力系统进路中，人们已经日益频繁地谈到具身化和情境性。"[3] 例如，语言学者如莱考夫和约翰逊（G. Lakoff & M. Johnson）的"具身心智"（embodied mind），布鲁克斯（R. Brooks）的"具身智能"（embodied intelligence）；哲学家如瓦雷拉（F. J. Varela）等人的"具身行动"（embodied action），克拉克（A. Clark）的"具身认知"（embodied cognition）。再如，认知符号学者如兹拉特夫提出"情境具身性"（situated embodiment），沙科和兹姆克（N. E. Sharkey & T. Ziemke）提出"机械具身性"（mechanical embodiment）、"自然具身性"（natural embodiment）和"现象具身性"（phenomenal embodiment），等等。

区别于传统的认知科学研究进路，具身认知研究强调身体在认知现实中的重要作用。传统认知范式认为认识是个体的与理性的，因此认知的首要范式是概念或符号思维。在上述意义上，认知也是抽象的和分离的，即我们可以脱离身体和环境谈论认知。与之相反，具身认知研究范式则反对"身心二元论"，提倡身体、大脑和环境之间存在着复杂的互相影响关系。瓦雷拉等人在奠基性著作《具身心智：认知科学和人类经验》（*The Embodied Mind: Cognitive Science and Human Experience*）中将这种具身研究的本质概括为"生成性"

---

[1] Shaun Gallagher, *How the Body Shapes the Mind*. Oxford: Oxford University Press, 2005.

[2] Jordan Zlatev, The Co-evolution of Intersubjectivity and Bodily Mimesis, in J. Zlatev et al. (eds.), *The shared mind: Perspectives on intersubjectivity*, Amsterdam: Benjamins, 2008, pp. 215–244.

[3] Andy Clark, An embodied cognitive science? *Trends in Cognitive Sciences*, 1999, 3 (9), pp. 345–351.

(enaction)。他们认为:"认知不是一个预先给予的心智对世界的再现,它更是在'在世存在'(being in the world)施行的多样性作用的历史基础上的世界和心智的生成。"①

简言之,知识依赖于我们的具身化,例如我们的身体、我们的语言和我们的社会历史,不可分离地在世界中存在。因此,知识不是存储在我们心中,而是在世界的交往活动中发展的。认知者身处(situated in)世界,认知者及其实践的世界彼此蕴含在相互生成的过程中。所以,具身性是任何形式智能(无论是自然的,还是人工的)不可或缺的必备条件之一:"智能不再仅仅是一种抽象的运算法则的形式。它需要身体的示例(physical instantiation)和肉体的介入。"②

符号学进入具身认知研究领域则相对较晚,是最近十几年以来的事情。这主要是因为早期的激进具身研究范式强调意义行为之中知觉与行动的直接经验的重要性,而非经大脑再现的符号思维。符号意义的生成始于意识的意向性形成。在这一问题上,早期具身认知研究与符号学之主要差别在于,意向性过程是经由符号作为媒介或者主体间所形成的意义再现(representation),还是从我们的身体直接经验到,也即呈现(representation)? 近年来,随着北欧-北美学派学者在认知符号学理论范式建构上的逐渐成熟,有关具身认知、具身心智的符号学研究也取得了一些成果。他们选择的理论进路,便是把符号学与现象学相结合,特别是把梅洛-庞蒂的知觉现象学、胡塞尔有关"生活世界"的理论以及皮尔斯的现象学理论相融合,说明意识生成、身体知觉与社会文化环境之间的互动关系。

兹拉特夫提出的"符号层级"理论是认知符号学在具身认知研究领域的代表之一。该理论以梅洛-庞蒂的知觉现象学为基础,认为意义生成活动自下而上可分为五个层级,即生命(life)、主体性(subjectivity)、交互主体性(intersubjectivity)、符号功能(sign function)与语言(language);每个层级都具有特定的意向性特征,并且这五个层级总是处于一种互动关系之中,即较

---

① Francisco J. Varela et al., *The Embodied Mind: Cognitive Science and Human Experience*, Cambridge: The MIT Press, 1991, p. 218.
② Andy Clark, Embodied, Situated and Distributed cognition, in W. Bechtel & G. Graham. (eds.), *Companion to Cognitive Science*, Oxford: Blackwell Publishers, 1998, p. 506.

低层级的意义活动是较高层级的基础，而较高者则是较低者的升华。

总体来说，任何意义都会被理解成不同类型的意向性，即从生命层面的操作意向性，经由主体性并结合交互主体性层面的知觉意向性，然后到符号使用层面的意指（符号）意向性，最后到语言意向性。在上述所有层面中，源自主体世界互动所产生的具体层面规范结构，如身体图式（body schema）、情感、规约性、符号以及语法规则等，都在促进意义的产生。而在其中，身体对世界之感知，对意向性活动起到了重要作用。"身体这种含混性并非偶然的、次要的，相反，它是我们存在之重要特征，因为身体是我们连接世界的主要方式，而不是纯客观的物体。"[①] 在表 2-1 中，兹拉特夫仔细总结了五个符号层级之中的意向性类型、规范结构以及意义生成活动形式，我们可清楚地看到他是如何结合梅洛-庞蒂的知觉现象学说明身体影响主体的意义生成活动的具体过程的。

表 2-1 兹拉特夫的符号学层级[②]

意义层次	意向性类型	规范结构	意义生成行为
语言	符号意向性	象征、符型	符号表达、语言表达
符号功能	表意意向性	符号	符号使用
交互主体性	共享意向性	共感、规约、交流意图	身体交际、模仿
主体性	感知意向性	情绪、身体	感觉、行为感知
生命	操作意向性	身体图示、习惯、情感	运动、感官感知

首先是兹拉特夫所谓生命（life）层面的操作意向性（operative intentionality），它主要是受到身体图式的影响。因此，认知主体主要是在身体图式的影响下，通过身体感知和运动建立与世界的关系，进而获得意义。身体图示这一概念来自梅洛-庞蒂，现已发展为具身认知领域的核心概念。身体图式不是存在着的身体各部分的简单联合，也不是对存在着的身体各个部分的

[①] Jordan Zlatev, The Semiotic Hierarchy: Life, Consciousness, Signs and Language. *Cognitive Semiotics*, 2009 (4), pp. 169-200.

[②] Jordan Zlatev, The Semiotic Hierarchy: Life, Consciousness, Signs and Language. *Cognitive Semiotics*, 2009 (4), pp. 169-200.

整体意识，而是根据整体计划的价值，主动地把存在着的身体各部分整合在一起，也就是说，它是"动力的"，表明我们的身体为了某个实际的或可能的任务而向我们呈现的姿态。这意味着身体在感知经验上具有整体性，这是"我"认识身体的正确方式。

更重要的是，身体及其活动图式既满足物体活动要求，也满足生存意向的认知要求。从后者来看，我们身体系统的结构和活动图式最初已经是耦合于世界的认知系统了，换言之，我们的知觉范畴和形式，在个体经验之前已经确定了，他们适应于外部世界。梅洛-庞蒂试图通过这一概念发展胡塞尔的现象学，论证身体才是源始意向性（或胡塞尔所谓的"操作意向性"）所在。兹拉特夫在此部分吸收了梅氏的身体图式理论，认为这是意向性产生之根源。他所谓"生命"或"生存"，是指以身体图式感知并建构意义世界，是所有生命体都具有的意义活动，"它们以此在内部保存以及延续意义，并且以此与'他者'相区分的意识行为"①。在主体（subjectivity）层面，意义主要被理解为知觉意向性。而存于世界之中的身体（lived body）通过感觉与动作知觉行为与世界建构意向性连接。

兹拉特夫的主要创见体现在从交互主体性层面探讨意义交流机制与具身认知的相互关系问题。他指出，主体之间的意义交流活动依然是以身体为主导的，这是因为我们直接通过观察交流者的身体行为和表现去理解其主体性。通过交流，交际双方可以看到二者在意向性行为方面的差异；也是通过交流，特别是身体知觉的共情、规约、模仿等行为，进而形成共享的交互主体性（shared intersubjectivity）。兹拉特夫强调，主体间交流的基础是"身体拟态"（bodily mimesis）：我们通过身体在交流之中模仿他人的动作与行为，并且在此过程中将交际目的（communicative intent）融合，以此来重新制定适合与对方沟通的动作和行为。该行为是更高层级如符号功能与语言层面的意义生成的基础。

在兹拉特夫、拉辛（T. P. Racine）等人联合主编的《共享心灵：透视

---

① Jordan Zlatev, The Semiotic Hierarchy: Life, Consciousness, Signs and Language. *Cognitive Semiotics*, 2009 (4), pp. 169—200.

交互主体性》(The Shared Mind: Perspectives on Intersubjectivity)[①] 一书中，交互主体性与具身认知关系得到了进一步厘清。该书集中了多位知名符号学者、语言学家、哲学家和心理学家共同讨论一个问题：人类心灵的认知活动根本上是基于主体间性，也就是说主体间通过对多元主题下的情感状态、心理意向和认知状态或过程的分享而产生了基本的认知活动。持相近观点的还有盖拉尔（S. Gallaher）[②]，他认为身体意向和身体图式在哲学界和认知科学界一直存在使用混乱的情况，并在现象学层面对二者进行了经验性的概念区分，同时他认为传统心灵理论对社会认知存在曲解，提出一种生成互动理论（enactive interaction theory），认为人际互动事实上是感知和行动过程的产物。与此同时，《认知符号学》第四期推出题为"具身的主体间性"（the intersubjectivity of embodiment）专号，对该问题也进行了专题讨论。本书由于篇幅原因，略去不谈。

相对于兹拉特夫从知觉现象学和交互主体性的角度谈论具身问题，布兰特（Per Aage Brandt）则从意识的构成角度来说明符号意义、身体与认知之间的相互关系。他认为："心灵（mind）是神经组织中的一个小缝隙，它被外部知觉（身体内）和内部生理反应（身体外）的身体功能（bodily functions）包围，并且通过记忆内在地作用于身体的各个层面。"[③] 布兰特进一步指出：这种具身的意识结构可以做出现象学式的层级划分（如图2-1）。这是因为无论我们是通过身体的感官知觉还是思维的回溯，当我们面对不同事物时，总会把注意力导向这些事物的特殊观相上来。

[①] Jordan Zlatev et al. (eds.), *The Shared Mind: Perspectives on Intersubjectivity*, Amsterdam: John Benjamins Publishing Co, 2008.
[②] Shaun Gallagher, *How Body Shape The Mind*, London: Clarendon Press, 2006.
[③] Per Aage Brandt, *Cognitive Semiotics: Signs, Mind and Meaning*, London: Bloomsbury Academic, 2020, p. 32.

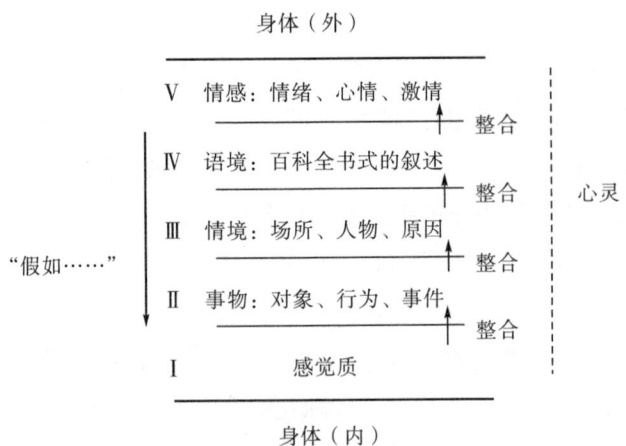

图2-1 意义生成中的五个整合层级①

如图2-1所示，第一层是感觉质（qualia），是我们面对一个事物所获得的最初的、朦胧的感觉，它常常作为单一模态形式而存在，如色彩、视觉形状、气味等。这通过我们的身体知觉便可获得最直接的感受。第二层是具体的事物（things），也就是我们常说的对象、行为或事件。它是感觉质的具体化，并且是多模态化的。第三层是情境（situation），包含我们在认知到这个事物时的具体场所、所遇到的具体人物，或者引起我们关注此物的具体原因。第四层是语境（context），即我们经由这个事物所联想到与该事物相关的所有知识。第五层是情感（affects），包括我们对事物的情感与价值判断、喜好厌恶等。

需要指出的是，我们对一个事物的注意力并非都严格遵循从感觉质到情感这一逻辑结构，它可以自由地来回跳动。例如，听到一种乐器演奏时，我们可以仅关注这个乐器的音色（即感觉质），也可以关注它是如何被演奏的（即行为）。同样，我们可以体验到某个具体的事物、行为或事件位于或发生于某个空间和特定时间框架内。这便是由特定的力量（包括个人意图）引发或推动的情境。我们也可以自由地专注于一个行为的"纯粹"姿态或一个事件的"纯粹"过程，或关注这个行为发生时的整个情境和语境。因此，我们可以把情境

---

① Per Aage Brandt, *Cognitive Semiotics: Signs, Mind and Meaning*, London: Bloomsbury Academic, 2020, p. 32.

理解为语境历史中所处的具体位置,并在此语境下承担具体的后果。尽管我们很可能不会直接感知到这些具体的条件或后果,但我们可以根据百科全书式的知识去想象它们。在此意义上,所谓"理解"(understanding)就是把情境置于一个更全面、迄今为止也更复杂的意识层面上。这也就是语言区分"感知"以及"设想",或区分"看到"和"思考"的地方。①

换言之,与兹拉特夫一样,布兰特同意"情境具身性"的观点,即只有当我们把狭义的对象与该对象所处的具体情境联系起来,我们的意识才进入更为复杂的理解过程。而理解这些情境经验的结果,主要是通过叙述整合(narrative integration)②,使心灵可以在所谓价值或标准的框架下对具体经验到的"案例"或"事件"进行评估,这包含正义、真相、优雅、效用、智慧,或邪恶、丑陋、恐怖等标准。这种终极层次的心理活动常常导向直接的情感反应,如个人特殊的情绪(骄傲、羞愧)、普遍的情绪(得意、沮丧、无聊)或所谓激情的感觉(爱、恨)。

上文描述的是具身心灵的自下而上的整合结构(structure of integrations),即从感觉质到事物,从事物到情境,从情境到事件状态,再从事件状态到情感动机。布兰特认为这种感觉质的显现过程,是一种知觉和记忆的身体和生理过程。当然,我们的认知活动也可以自上而下进行还原。我们的情绪状态进一步变化将会影响我们的身体,并由此触发身体的运动反应。在此情况下,我们的心理联想活动变化改变"工作路线",从向上的思维整合,变为向下的行为计划。这些计划可以向下触发各种各样的想象结果,从多模态情境、概念或情绪,再回到单模态的感觉质。因此,布兰特认为,具身心灵始终位于向上与向下的两条运动轨迹之中。向上的整合是被动的反思,即身体感知到具体的情境和语境,促使思维进行整合、归纳与判断;向下运动则会产出想象甚至"幻想"的产物,因而它是面向行动的。

布拉特继续深入分析这五层意识与身体、文化之间的相互关系。他认为人类意识的核心主要是图 2-1 中的第二至第四层,它们所蕴含的实际内容在文

---

① Per Aage Brandt, *Cognitive Semiotics: Signs, Mind and Meaning*, London: Bloomsbury Academic, 2020, p. 31.

② Per Aage Brandt, *Cognitive Semiotics: Signs, Mind and Meaning*, London: Bloomsbury Academic, 2020, p. 31.

化层面是可以变动的。所谓可变,并非指意识的整合结构,而是指它所涵盖的具体对象、情境和知识形式。所以,跨文化交际(或语际翻译)之所以可能,是因为实体的基本形式在所有变化中都保持相对稳定:行为在被形式化后依然是行为,事件依然是事件,情境依然是情境,等等。

靠近意识与身体之边缘的两层,即第一层的感觉质(身体输入)与第五层的情感(身体输出),则是最具生理依赖性,因而也是最不具文化可塑性的。布兰特指出,这两层的意识构成主要确保我们心灵可以被具身化,这使心灵与我们的身体机能——如荷尔蒙和神经肌肉等——相联系,而对第二至四层的意识活动约束较少,因此我们的智力创造活动主要在后者中得以展现。还需指出的是,不仅我们的心灵是具身的,我们的身体也应当是"被心灵赋予的"(en-minded),这是因为有意识的心智与其结构"被插入到两个具有神经生理作用的层面之中:一个组织我们的多模态知觉,另一个则用非心智的术语解释我们的情感状态,即有机的身心反应"[①]。

上述这种具身心灵的结构可以帮助我们描述符号在认知与交流过程中所发挥的具体作用。尽管术语不同,通常的符号学理论主要把符号划分为两面,即能指与所指,或再现与对象,或形式和意义,换言之,符号的一面被我们感知,它的另一面则可引起我们对某个观念的注意,然而从认知符号学的角度来看,符号的能指和所指分别处于认知结构中较高和较低的层级,且他们中间存在着层级的间隔。这意味着符号能指与所指之间,有且必须有一个认知语义上的鸿沟。这要求符号解释者要把注意力分散到两个不同的方面。更为重要的是,不同的符号学类型,所调动的认知结构是不同的。

首先是规约符。交通标识便是一种典型的规约符。从符号认知结构来看,它的能指属于图 2-1 第二层(简写为 sa Ⅱ)。交通标识这一具体的事物的能指则是第四层(简写为 sé Ⅳ),即要理解这一符号所需要的语境知识。但是二者并没有在第三层(简写为 act Ⅲ)即具体的行动与情景中整合起来。对于作为解释者的驾驶员来说,所谓遵循交通标识所发出的指令,就是通过感知 Sa Ⅱ 去理解 sé Ⅳ,然后在他所处的情景中(即 sct Ⅲ)去执行命令。换言之,

---

[①] Per Aage Brandt, *Cognitive Semiotics: Signs, Mind and Meaning*, London: Bloomsbury Academic, 2020, p. 33.

规约符的具体意义需要解释者在认知过程中补充行动和语境层面的内涵，才能得到理解。

同样，我们读乐谱（它也是规约符），然后演奏它，其认知过程与读交通标识的过程相一致，即 sa（Ⅱ）→sé（Ⅳ）→act（Ⅲ）。布兰特认为这一公式总结了规约符的认知结构与交流模式：无论符号最终所产出的是物理效果还是心理效果，甚至两者都是，其动态的认知过程都是一样的——解释者需要填补使某物成为符号的认知空白，这便是他对规约符意义的解释。因此，布兰特指出，从任何文化形态来看，规约符的这一认知特性都决定了它必然是具有文化创造性的。

而我们对像似符的认知与意义交流结构则不同于规约符。以纯规约符（pure icon）为例，即以纯感觉质为主导的像似符，往往导向的是审美的感知。例如我们对颜色、音色的理解，常常会与我们的情绪、心情和艺术品位等相结合。因此他的认知结构为 sa（Ⅰ）→sé（Ⅴ），这意味着解释者可以在多个意识层面对其意义的空白进行填补。因此，对这类符号的认知，往往带有审美的内涵。此外，布兰特还分析了情感符号、亚像似符号等不同的认知结构和认知特性，用以说明这些符号认知过程与具身心灵之间的关系。

四、符号认知与人类进化：从达代西奥到迪肯

达代西奥于1995年首次提出认知符号学这个学科名称时，就以儿童成长过程中的符号使用能力进化过程作为认知符号学的研究对象。在其专著《现代心灵之源：人类文化进化的三个阶段》（*Origins of the Modern Mind: Three Stages in the Evolution of Human Culture*）[①] 中，他提出人类的心灵是大脑和"无形的符号网"所共同组成的一种分布式认知网络结构。所谓无形的符号网，即人类文化中诸种符号及其意义的总集合。因而他才从文化的角度出发，着重说明人类文化的进化与表意模式的更替，给人类认知模式的演化所带来的广泛影响。

可以说，关注人类成长过程中——特别是儿童阶段——的符号认知发展过

[①] Merlin Donald, *Origins of the Modern Mind: Three Stages in the Evolution of Culture and Cognition*, Cambridge: Harvard University Press, 1991.

程，是认知符号学自创建以来就有的论题。心理学学者最早在此领域进行开掘，尤其以知名心理学家皮亚杰（J. Piaget）和维果斯基（Vygotsky）的研究为代表。皮亚杰试图通过儿童的具体案例，来探究模仿、想象等感知与认知活动与社会文化中的符号交际活动之间的关系。维果斯基则重在分析思维、认知符号载体和社会文化系统之间的连接关系。二者的研究，都为后来的认知符号学研究奠定了理论基础。

从认知符号学角度来看，身体成长、情感以及社会环境变迁都是影响心灵与语言发展之不可或缺的关键因素。在这一方面，最具代表性的研究是特里瓦森（Colwyn Trevarthen）与布拉坦恩（Stein Bråten）在儿童成长方面进行的长期跟踪研究。他们的系列研究——如《幼儿早期交际与合作：初级主体间性的描述》[1] 和《从婴儿主体间性和参与行为到文化常识的模仿和对话》[2]等——证明人类从婴儿时期开始在不同的发育阶段具有不同的交互主体能力，从而拥有不同的符号使用能力和意义认知能力。关于交互主体性的这一能力，也有学者受到克里斯蒂娃的启发，认为人类有一种"最原始的交互主体性"（primordial intersubjectivity）[3]，在出生之前就已具有，因此人类符号能力进化是一种具身性与情感标出性递减，而抽象性与指称性递增的过程。

也有学者从认知叙述学方面去探究儿童成长过程中"文化意义"（cultural meaning）的凸显过程。例如杰罗姆·布鲁纳（Jerome Bruner）通过叙述故事，探究儿童自我记忆以及自我概念的形成与发展过程。[4] 此外，相关学者也从具身性与文化的相互关系出发，认为具身性具有延伸性，也即我们身体本身

---

[1] Stein Bråten & Colwyn Trevarthen, Prologue: From Infant Intersubjectivity and Participant Movements to Simulation and Conversation in Cultural Common Sense, in Stein Bråten (ed.), *On Being Moved: From Mirror Neurons to Empathy*, Amsterdam: John Benjamins, 2007, pp. 21–34.

[2] Colwyn Trevarthen, Communication and Cooperation in Early Infancy. A Description of Primary Intersubjectivity, in M. Bullowa (ed.), *Before Speech: The Beginning of Human Communication*, London: Cambridge University Press, 1979, pp. 321–347.

[3] Ulrike Lüdtke, Relational Emotions in Semiotic and Linguistic Development: Towards an Intersubjective Theory of Language Learning and Language Therapy. in A. Foolen et al. (eds.), *Moving Ourselves, Moving Others: Motion and Emotion in Consciousness, Intersubjectivity and Language*, Amsterdam: Benjamins, 2012, pp. 303–346.

[4] Jerome Bruner, *Acts of Meaning. Four Lectures on Mind and Culture*, Cambridge: Harvard University Press, 1990.

就可以通过自我发展来适应文化。① 以上研究议题为认知符号学探究儿童符号能力发展奠定了基础。但当前的相关研究，依然以皮亚杰的经典心理发展理论为基础。因此，认知符号学能否发展出一条具备自身学科特性的整合路径，便成为当今学者需要努力的一个方向。②

认知符号学除了关注意识与意义等微观认知能力，它同样对个体与物种间的进化过程感兴趣，特别是在此过程中物种在符号能力方面的获得方式及其发展路径。这一路径与当今符号学界的"总体化转向"是分不开的。这一研究视域的一个典型，是蒂博（P. J. Thibault）通过探究大脑、心灵与表意身体之关系，对符号认知理论和生态社会理论进行综合拓展。③ 所谓生态社会符号学理论，是基于语言学、符号学、生物学、心理学等多学科理论成果应运而生的。蒂博采用了索绪尔及韩礼德语言学理论去研究社会系统及生物系统的互动表意过程，同时探讨了人类的身体属性、生物属性与社会文化属性之间的对话。蒂博认为，要想了解人们对环境的主观体验与人类心灵的内在感知，则需要在身体语境下搭建符号意义框架和话语意义框架。因此，他的研究为人类理解环境及环境对人类意义生成的影响提供了一个全新的视角。

而在人类文化与认知进化方面，从认知符号学与生物符号学的角度来说，物种进化不应当只存在于基因层面，也可以发展至个体与群体之关系层面。为此他们发展出一套所谓的"发展与进化的生物学"，认为"进化中所有重要的变化过程都应当被视为发展的一个选项"④。这意味着生物与文化之间是共同进化的。⑤ 换言之，文化也可以促进人类在生物层面的进化。

该领域学者主要从符号学与生物文化学方面出发，探寻人类心灵的起源。在此领域最具代表性的便是唐纳德（Merlin Donald）提出的人类文化进化的

---

① Patrizia Violi, How Our Bodies Become Us: Embodiment, Semiosis and Intersubjectivity. *Journal of Cognitive Semiotics*, 2012, 4 (1), pp. 57—75.

② Jordan Zlatev, The Mimesis Hierarchy of Semiotic Development: Five Stages of Intersubjectivity in Children, *Public Journal of Semiotics*, 2013, 4 (2), pp. 47—70.

③ Paul Thibault, *Brain, Mind and the Signifying Body: An Ecosocial Semiotic Theory*, London: Bloomsbury Academic, 2004.

④ Evan Thompson, *Mind in Life: Biology, Phenomenology and the Sciences of Mind*. London: Belkarp Press, 2007, p. 27.

⑤ Peter Richerson & Robert Boyd, *Not by Genes Alone: How Culture Transformed Human Evolution*, Chicago: University of Chicago Press, 2005.

三阶段理论，为我们提供了一个整合的生物文化与认知研究理论框架。这一理论的关键是支持：如技能学习、模仿、手势交流等最基本领域的能力，是建构在人类独有的认知与符号活动基础之上的："模仿技能或拟态能力，主要依靠意识的、自发的再现行为（representational acts），而非语言。"① 这一观点意味着，我们对客观世界的符号化能力，来自我们自发的符号行为过程，而这一过程不一定是语言过程。也有学者，如迈克尔·托马塞洛（Michael Tomasello），从认知与心理实验方向去探究人类认知②与交流③的文化源起。他通过实验数据分析，认为人类认知行为不应当被归纳为"理解之中的意向"（understanding intentions），而应当是一种联合行为。它主要把人的分享动因（如分享食物、意图、知识等）以及与其希望维持共同承诺（joint commitment）这种认知能力联合起来。这是对意识概念的一次创造性理解。

而上述领域最具代表性的成果则是迪肯所著的《符号物种：语言与大脑的共同进化》。④ 他凭借其人类学、符号学、神经科学与认知学科的跨学科背景，在该书中仔细地展示了作为规约符号系统的语言的起源和进化规律，并在此基础上探究语言与人脑如何共同进化而来。该书曾获人类学界久负盛名的"斯特利（Staley）奖"（2005年）；《生物符号学》杂志也于2012年推出专号"符号动物已进化形成"（The Symbolic Species Evolved），专论该书的核心思想。

迪肯认为人类是符号物种，其根本原因在于人的语言是一套特殊的符号系统。人类在进化过程中所获得的许多生理的、文化的特征，便是语言符号系统所突现的产物。迪肯借助皮尔斯的符号三分法，指出人类在由像似符、指示符与规约符所组成的语言符号学系统之中，对其进化起到根本作用的是对规约符的熟练使用。这是因为语言本质上是一个规约符号系统。因此语言习得和使用需要人类具备一种超强的规约符号运用能力。

要理解规约符，就需要在众多的符号指称关系中做出合适选择。它不像指

---

① Merlin Donald, *Origins of the Modern Mind: Three Stages in the Evolution of Culture and Cognition*. Cambridge: Harvard University Press, 1991.
② Michael Tomasello, *Cultural Origins of Human Cognition*. Cambridge: Harvard University Press, 1999.
③ Michael Tomasello, *Origins of Human Communication*. Cambridge: MIT Press, 2008.
④ Terrence Deacon, *The Symbolic Species: The Co-evolution of Language and Brain*. London: W. W. Norton & Company, 1997.

示符和像似符,仅需要在符号和对象之间做出反应。而人脑的额叶前部皮层为这种在不同刺激中做出选择的能力提供了主要的神经基础。为了适用人不断发展的对规约符使用的需求,额叶前部皮层在人脑进化中也在不断扩张。二者同时发生,相互促进。这种局部的扩大使得额叶前部皮层的神经连接和结构与其他物种相比更加复杂,进而影响到整个大脑神经结构和连接的变化。换言之,随着人类交往的复杂程度增加,对规约语言符号的依赖性越来越高,需要大脑不断提高认知水平,以适应对规约符的习得能力,这反过来也会促进人脑的进化。

迪肯将这种语言与大脑共同进化现象之根源,归结于"自然选择"。他不同意如乔姆斯基等语言学家的观点,即语言不是自然选择的结果,而是基因突变的产物。相反,他认为语言是一个复杂的适应系统,且具有独特的选择优势,这使其可以跟随人类所处环境变化而变化。同样,人类大脑的进化也越来越不取决于基因本身,而是取决于我们赖以生存且灵活多变的文化壁龛(cultural niches)。[1]

该问题具体可以从原始人生存的自然环境出发,来说明这种语言的选择优势。原始人生活在一个以采摘和狩猎为主要生存方式的自然环境中。这些活动需要原始人聚集在一定的群体中,相互交流,通力合作,才能共同生存下去。然而,像似符和指示符使用能力均难以满足社会化生存所带来的这种选择压力。这个时候,规约符的使用能力出现了。它能够很好地满足原始人群体扩大和社会关系复杂所提出的新型认知要求。最初的规约符号系统不会像现代语言这样复杂,但社会化生存和人脑进化共同发生,二者的共同进化为自然语言的不断完善提供了前提条件。因而,语言进化的选择优势主要是社会化生存所提出的新认知需求。

除了以上领域,认知符号学还在文学艺术等具体领域展开深入探索。例如,巴克兰(W. Buckland)的《电影认知符号学》(*The Cognitive Semiotics of Film*)[2],楚尔(E. Tsur)的《认知诗学》(*Toward a Theory of Cognitive*

---

[1] Terrence Deacon, Beyond the Symbolic Species, in T. Schilhab, F. Stjernfelt & T. Deacon (eds.), *The Symbolic Species Evolved*, Berlin: Springer, 2012, pp. 9–38.

[2] Warren Buckland, *The Cognitive Semiotics of Film*, New York: Cambridge University Press, 2000.

Poetics)①，以及赛米诺（E. Semino）等主编的《认知风格学》（*Cognitive Stylistics*)②，等等。

第三节 认知符号学的学科特性

符号意义的结构及其认知过程，实为多学科交叉探索的领域。相关学科如语言学、现象学、哲学、修辞学、叙述学、传播学、文化研究等，都在该领域进行深入开掘。这些学科的研究侧重点有所不同，例如认知叙述学主要从被叙述者的认知路径入手，探索叙述文本的生成结构；认知传播学主要关注被传播的符号文本，如何有效地被受众识别，进而理解和接受；认知符号学则期望于从整体层面探索一套研究人类意义认识机制的总方法论。现有认知研究需要从符号解释者的视域切入，主要讨论我们如何理解我们所经验的世界。

符号学的相关理论同时也关注符号发送者的表意输出结构，为认知学的研究提供了一种双向交流的视域。换言之，认知符号学提供了一种包含以上两个方面的总体理论框架，形成了一个从输出到输入的完整的意义传播结构，使得我们既可以从认知的视角分析意义的生成过程，也可以讨论意义的识别与传播过程。总体来看，当今认知符号学研究的范式在研究视域、研究方法与研究理论等方面，主要呈现出如下几个显著特征。

一、概念-经验之环

与经典符号学的哲学思辨传统不同，认知符号学认为所有的概念都应当建立在经验之上。因此，我们对如意义、符号使用、再现、语言以及交互主体等抽象概念的解释，应当遵循社会科学或自然科学所谓的"概念-经验之环"（conceptual-experience loop）。这些概念的经验研究将有助于推进认知符号学更清楚地阐释这些概念以及发现新的观点。这一个路径可以由图2-2来表述：

---

① Reuven Tsur, *Toward a Theory of Cognitive Poetics*, Sussex: Sussex Academic Press, 1983.

② Elena Semino & Jonathan Culpepper, *Cognitive Stylistics: Language and Cognition in Text Analysis*, London: John Benjamins Publishing Co., 2002.

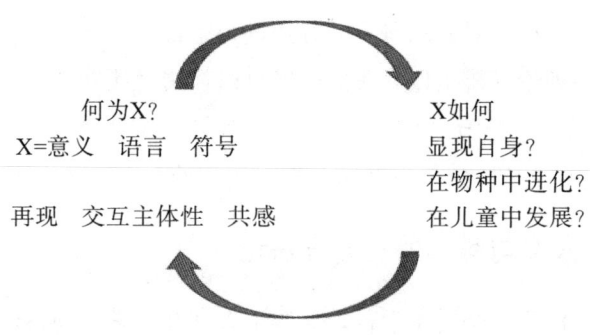

图 2-2　认知符号学的概念-经验之环①

从图 2-2 可以看出，相比于传统符号学的人文研究路径，认知符号学更加关注意义、认知与情感等这些核心概念在个体经验中的形成与发展过程。因此，他们认为，任何有助于推进理解研究现象之概念形成的个体经验或行为，都应当通过不同的科学方法收集起来，作为其研究的基础。例如，关于符号这一概念，传统符号学倾向于通过归纳、推理以及试推等逻辑思辨方式，形成"符号"这一普遍概念。而认知符号学则通过观察成人或儿童的知觉行为模式、符号使用方式等，着重分析个体经验"符号"的具体过程，并结合现象学、符号学等理论，对该过程进行概念化。

当然认知符号学所谓的这种经验方法，定义非常广泛，既包含了科学实验、人类学调查报告和数据统计，同时也包含现象学式的内省方法。这在北欧认知符号学者的研究中尤为突出。在北欧学者看来，现象学是一种对意识经验的描述方法，因此也属于经验方法的一种。该研究路径与心理学、认知学的实验研究路径不同。心理学实验研究也遵循概念-经验这一基本研究逻辑，但如兹拉特夫指出："它更习惯于把这些概念首先'操作化'，进而形成假设，然后通过实验得出结论。然而，它所得出的结论总是被包含在相同的几个核心概念（如意向、动机、符号）下。"② 这导致概念之间，即便有显著的差异特性，同样会被埋没在这样一种研究路数之中。

认知符号学则非常注意这种个体经验的差异性与相同性，并兼容人文学科

---

① Jordan Zlatev, Cognitive Semiotics, in Peter P. Trifonas (ed.), *International Handbook of Semiotics*, London & New York: Springer, 2015, p. 1058.

② Jordan Zlatev, Cognitive Semiotics, in Peter P. Trifonas (ed.), *International Handbook of Semiotics*, London & New York: Springer, 2015, p. 1058.

与认知科学两种学科,对概念研究的方法进行整合,且在此基础上开展经验研究、概念提炼与理论思辨工作。我们已经可以在诸多认知符号学者的相关研究中看到这一"概念-经验之环"。例如,达代西奥对儿童符号使用的研究①,汤普森对心理意向的研究②,以及布兰特对语言的交互主体性研究③,等等。

二、兼容人文与科学的三元方法论

认知符号学作为一个交叉学科,兼容了人文社会学科与自然科学的双重传统,这使其在研究意义诸问题时,在理论运用方面具有动态性与开放性。从方法论的角度来看,对感知、意识与意义活动的研究,既可以采用现象学的观察方式,也可以采用自然科学的实验方式,而认知符号学在结合这几种方法论方面具有先天的优势。

为了说明认知符号学的这一方法论特性,兹拉特夫提出了从研究视角(即第一人称、第二人称、第三人称)到研究方法的认知符号学方法论三元关系。他认为认知符号学应当根据研究现象的具体性质,来判断所需要采用的研究视角,进而匹配研究视角所对应的方法。这一方法论三元关系,如表2-2所示:

表2-2 依据视角分类的认知符号学方法论体系④

视角	方法	该方法所适用的研究
第一人称("主体")	概念分析 现象学方法 系统性的直觉	感知 精神想象 规范性意义
第二人称("主体间性")	共情 想象性的投射	他人以及"高等"动物 社会互动

---

① Thomas Daddesio, *On Minds and Symbols: The Relevance of Cognitive Science for Semiotics*, Berlin: Mouton de Gruyter, 1995.

② Evan Thompson, *Mind in Life: Biology, Phenomenology and the Sciences of Mind*. London: Belkarp Press, 2007.

③ Line Brandt, *The Communicative Mind: A Linguistic Exploration of Conceptual Integration and Meaning Construction*. Newcastle: Cambridge Scholars, 2013.

④ Jordan Zlatev, The Semiotic Hierarchy: Life, Consciousness, Signs and Language. *Cognitive Semiotics*, 2009 (4), pp. 169-200.

续表2-2

视角	方法	该方法所适用的研究
第三人称（"客体"）	试验 脑成像 计算机模型	孤立的行为（比如时空性的语言） 生物化学过程

该表较精确地分析了认知符号在方法论层面的运用方式及其特性。根据这一分类，研究主体意识需要第一人称方法，也即现象学式的内省方法。这说明，现象学是认知符号学的理论基础，也是它在理论层面区分于其他符号学范式的关键。

研究其他主体则需要第二人称方法，即通过主体间的互动交流等，用一个主体去理解另一个主体的意识。例如，在比较人类和其他动物时，若我们采用第一人称方法，显然是做不到的。这时我们可以采取第二人称方法。但我们要探究与人类差异较大的其他动物的意识活动，或者我们去探究人类幼年阶段的认知发展过程时，第三人称方法就是有效的。因此，只有将第一人称方法、第二人称方法与第三人称方法结合起来，才能全面比较人类和其他动物或者成年人与幼儿在符号使用能力方面的差异。

与此同时，作为一个超学科的研究范畴，认知符号学在方法论上的交叉性，为统合人文学科的思辨传统以及自然研究的实证研究找到了一个切入点。传统人文学科的思辨在很大程度上拒绝第三人称方法，认为人文学科的研究对象是人以及人类文化，而不应当把它们"客体化"。与此相反，社会科学与自然科学研究的基础是第三人称方法。因此，相关学者从第三人称方法得到了与第一人称方法不同的结论时，通常会否认第一人称经由内省所得出的结论。[①]而认知符号学把人文传统中的现象学方法以及社会科学和自然科学中的实验方法等，均视为经验研究方法，由此在方法论层面得到了统一。

当然，认知符号学所谓的这三层面的方法论并非相互独立的，而是一种整合的研究视角和方法论系统。为此，索内松从现象学"生活世界方法"（lifeword method）的角度对该方法论三元体系进行阐释。他指出，三种研究

---

① 约伦·索内松：《认知符号学：自然、文化与意义的现象学路径》，胡易容、梅林、董明来等译，北京：社会科学文献出版社，2019年，第36页。

视角代表了生物世界中三种可以明确区分的知识存在方式：第一种存在于主体中，第二种存在于与其他主体的互动之中，第三种则独立于任何主体而存在。因此：

> 似乎有三种"生活世界的操作"（lifeword operations），这卷入了关于你自己的知识、关于他人的知识，以及最终对客观现实的知识；这些都是被考量的科学方法之基础。因此，只有那些预先完成了生活世界的相应操作的人，才能通达后者。①

这三个层面的研究路径是共存于认知符号学之中的。它们既是认知符号学方法论特征，更是该范式的研究目的："充分结合三种研究视野中发展出来的方法，去探究特定的符号现象及其相互关系。"②

三、作为超学科的认知符号学

认知符号学是否属于一个独立的学科，是学界至今一直在争论的问题。事实上一旦进入该领域，我们就会发现：认知符号学作为一个广义的研究范式，其绝大部分的研究领域早已为众多学科所讨论。为此，国际认知符号学协会下了一个极为开放的定义，以便能包含当前相关学者正在做的工作：

> 认知符号学结合了认知科学与符号学的诸种方法与理论，其根本目的是在人类表意（signification）以及文化实践（cultural practices）方面，提供新的研究视野。③

该定义也反映了当今认知符号学在学科界定方面的困难，或者说该学说的学科特性："认知符号学，不像生物符号学、文化符号学、社会符号学那样，不是符号学的一个分支。它也不像视觉符号学、文学文本符号学那样，不是符号学的一个特定模式。更不像皮尔斯、索绪尔或格雷马斯学说那样，不属于符

---

① 约伦·索内松：《认知符号学：自然、文化与意义的现象学路径》，胡易容、梅林、董明来等译，北京：社会科学文献出版社，2019年，第36页。
② Jordan Zlatev, The Semiotic Hierarchy: Life, Consciousness, Signs and Language, *Cognitive Semiotics*, 2009 (4), pp. 169–200.
③ 请参见：www.cognitivesemiotics.com.

号学的一个基本流派。"①

那么,认知符号学仅仅是另一种时髦的学术用语?肯定不是,大量学者早已在 21 世纪初就投入相关的学术研究之中;若仅是一种流行,那么潮流早已过去。最后兹拉特夫给出自己的解答:这是因为许多符号学家,本身就在做认知符号学,却没有自称为"认知符号学者"。"回顾一下:实际上索绪尔、皮尔斯、艾柯、霍夫迈尔都是认知符号学者。"②

认知符号学学科边界的模糊,主要体现为一般符号学与认知符号学之间界限难以划清。符号学自身具有悠久的认知研究传统,许多学者早就在做所谓的认知符号学研究,只是他们没有宣称自己为"认知符号学者"。符号学被认为是一门研究意义的学科,而几乎所有的符号学者,如从符号学创始人皮尔斯、索绪尔,到雅各布森、格雷马斯、艾柯等学者的理论,都谈到了关于意义的认知问题。以皮尔斯符号学为例,其核心是意义的解释与交流过程。因此,符号使用者如何经由符号与认知对象建立意义关系,其核心在于符号意义的认知建构过程。因此,他们都可以被称为认知符号学研究者。而在以"认知"为中心的学科群中,认知符号学的研究领域又与其他相邻学科有着大量重叠的研究范围。例如,认知科学、认知语言学(特别是认知语义学)等,而这些学科从 20 世纪 50 年代开始,逐渐壮大,已发展为系统与成熟的理论。

不可否认的是,从已出版的以认知符号学为主题的论著来看,其科学特征已经凸显。这种特征可以用"超学科"③(transdisciplinary)来归纳。认知符号学作为"超学科",代表着符号学以及认知科学内部的两种理论转向:符号学的认知科学化,及认知科学的符号学转向,这样的学科渗透与融合,帮助认知符号学在真正意义上成为一门聚合多学科中认知理论,创造一个全新理论连续带。究其根本原因,是"意义"这一问题不单单存在于一个特定学科之中,而是存在于学科之间。

认知符号学并非学科与学科之间的简单交叉,也不是对两个学科间的重叠

---

① 苏晓军:《认知符号学与洛特曼文化符号学相容互补》,《中外文化与文论》,2015 年第 3 期,第 190—198 页。

② Jordan Zlatev, What is Cognitive Semiotics?, SemiotiX, 2011, Retrieved from http://semioticon.com/semiotix/2011/10/what-is-cognitive-semiotics/.

③ Jordan Zlatev, What is Cognitive Semiotics?, SemiotiX, 2011, Retrieved from http://semioticon.com/semiotix/2011/10/what-is-cognitive-semiotics/.

领域进行结合。它是超越两个学科之上的一种"超学科",是学科融合的最高层次。这意味着超学科倡导的是整体协同与合作,是两个或多个学科的元科学模式,也即在超学科的框架下统摄它所需要的几个基础学科。由此,超学科模式下的认知符号学,是在深度整合的知识架构下,从整体上为人类社会日益复杂多变的认知问题提供新的研究视野和新的解决方案。这就需要不同的学科贡献自己的基础知识,并形成深度整合的知识构架。认知符号学就是这种超学科动力推动下的学科新生长点,它具有自身的元结构和自洽性,具有强大的学科生命力。

具体来说,认知符号学的超学科框架主要由如下六大学科构成:符号学、语言学(认知语言学、认知语义学、认知语用学)、心理学(发展心理学与认知心理学)、生成认知科学(神经认知科学)、人类学(生物人类学、文化人类学)、哲学(现象学)(如图2-3)。

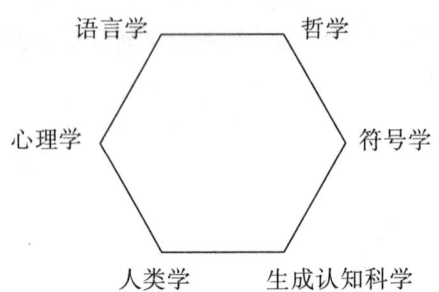

图2-3 认知符号学学科群关系图①

需要特别说明的是,尽管严格意义上语言学属于符号学,但语言学这一分支已发展得非常系统,并具有自己独立的理论流派;且相对于认知符号学,认知语言学率先独立发展成一套体系,进而为认知符号学的推进奠定了相应的理论基础。因此图2-3把语言学与符号学均单独列出,作为影响认知符号学知识谱系的两大学科。

图2-3中六个学科为认知符号学提供了动态、开放且融合的知识动力系统:每一个已经相对成熟的学科,在认知符号学的这个超学科统领下,都跨越

---

① Jordan Zlatev, What is Cognitive Semiotics?, SemiotiX, 2011, Retrieved from http://semioticon.com/semiotix/2011/10/what-is-cognitive-semiotics/.

学科的边界和壁垒，并通过知识整合的方式，形成一个合一的方法和知识谱系，进而形成一股共同的"向量"，力图解决符号生成与传播过程中的认知问题。认知符号学正是在上述这样一种学科间的互动与整合过程中得以确立的。它既从认知科学、信息学、神经科学等自然科学领域吸收到新的方法论，也从人类学、语言学、哲学、心理学这样的自然科学中更新自己的理论范式。更为重要的是，它自身在发展过程中通过整合各个学科而形成新范式、新方法，又反过来推进了其他相邻学科的发展，进一步推进了学科间的融合。

第三章　传播符号学

从全球范围来看，学界关于传媒文化的分析，最早兴起于 20 世纪初的美国，芝加哥学派的第一批学者，如詹姆斯、杜威、库利、米德等，就传播与城市社群、传播与符号互动展开了深入的讨论。第二次世界大战期间，人们发现传媒可以作为一种不容忽视的力量，对社会产生直接有效的影响。这是"传播学"（communication studies）作为一个独立科学在 20 世纪 30 年代兴起的直接原因。只是当时的传媒研究重心在于"传播效果"这一实际问题。

上述这一局面一直持续到 20 世纪 50 年代，有关传媒与社会文化的研究方向开始多元化。其中一个标志就是传播符号学开始兴起，并逐渐于 20 世纪 90 年代以后成为一个显学。相比以效果为中心的经典传播学研究模式，传媒与文化符号学更加关注大众媒介技术、媒介本文与社会文化的相互关系。换言之，该学科的核心是所有"媒介化的符号表意活动"（mediated semiosis），即文本是如何在媒介化的过程中被赋予特定的意义（或者说被"编码"），媒介接收者又是如何去解释、商议并传播意义，进而形成或建构特定的意义社群关系，即社群文化。

传播符号学形成一个学术集群，最早是从 20 世纪 50 年代的法国学者开始的。以巴尔特、鲍德里亚为典型，他们以索绪尔的结构主义符号学为基底，最早利用二元符号结构模式来解决大众传媒以及日常生活中的符号表意与传播问题。这是符号学文化与传媒研究的源起。他们的著作被翻译成英文后，在 60 年代的英语国家产生广泛影响。

新阶段的传播符号学在批判吸收巴尔特的理论遗产基础上，走向了纵深发展。这主要表现为如下三大方面：第一，在吸收后结构主义特别是皮尔斯三元符号论基础上，继续拓宽传媒与大众文化研究路径。第二，融入互联网新媒介、人工智能等新语境，转向对媒介表意问题的深入研究。第三，从对传媒、媒介现象的具体研究,转向对意义传播问题的综合思索,试图建构围绕意义传播问题为中心的传播哲学。

第一节 传播符号学的新发展

新阶段的传播符号学,已从对狭义的传媒文本研究,转向对受众、媒介技术与文化的综合性研究;同时它开始从本体论层面对传播现象的本质进行哲学深思。本节从传播符号学缘起开始,梳理当今传播符号学在研究对象、研究范式和研究方法等方面的演变轨迹。

一、巴尔特的影响

符号学进入传媒与社会文化领域,最早的成果是法国学者罗兰·巴尔特于1957年出版的《神话学》,这标志着"真正的传播符号学的开始"[①]。该书从方法论建构与应用层面,展示了媒介文本在神话建构方面的重要性,并由此获得众多传媒学者的认可,逐渐成为传媒研究之符号学路径的代表。特别是他在该书中所展示的,媒介和流行文化文本如何通过一种可以被称为"文本拼贴"(textual pastiche)的技巧得到混合,并在此基础上说明这些符号操作背后所携带的神话原型或形象。从研究路径来说,巴尔特主要吸收并改造索绪尔理论中的许多操作性概念,如能指/所指、二元对立、文本、符码、神话等,并将其引入传媒文化的分析中。

巴尔特建构这种神话分析法,主要目的是揭示当时大众传媒文化与意识形态之间的合谋,使媒介文本中所蕴含的意识形态和固有价值观以一种自然的且不易被察觉的方式被大众接受。在其影响下,通过搭建能指/所指的双重符号系统,去分析大众传媒的意识形态建构机制,成为传媒与文化符号学的一个重要路径。

20世纪70年代,继承巴尔特衣钵的是法国学者让·鲍德里亚(Jean Baudrillard),他的传播符号学理论关注媒介形象的制造及其"拟像效果"。大

---

① 马塞尔·丹尼西:《关于媒介和文化的符号学》,载保罗·科布利编:《劳特利奇符号学指南》,周劲松、赵毅衡译,南京:南京大学出版社,2013年,第157页。

众传媒构造"现实"的这种功能就是充分利用了符号的像似性机制。鲍德里亚把大众传媒的这种功能称为"拟像与仿真"（simulacra and simulation），通过传媒"拟像与仿真"的生产机制，社会呈现出了"超真实"的状态。他认为拟像是由四个阶段组成的：1. 它是对根本现实的反映；2. 它遮蔽和颠倒着根本现实；3. 它遮蔽着根本现实的缺席；4. 它与现实没有任何关系；它是它自身的影像。①

鲍德里亚把这一观点延伸到符号消费的讨论之中。在其最为知名的《消费社会》一书中，他犀利地指出当代社会中媒介再现不是为了满足需要，而是为了创造需要这一根本观点。当今社会的消费从物的消费转向符号消费，物的使用价值被符号价值取代。相应的，符号消费取代物质消费成为主要消费形式。因此当物质充裕时，人们对物的欲望降低，唯有通过大众传媒制造对符号的欲望，才能刺激消费。换言之，他把媒介文化看成一种"文化工业"，其目的就是推动快速消费而炮制流行文本，方式就同工厂大量生产产品一样。这一观点与法兰克福学派和许多马克思主义学者的思想不谋而合，并且在各传媒研究学派中享有广泛的知名度。

上述由巴尔特开创、由鲍德里亚继承并加以拓展的传播符号学理论，奠定的是传播符号学批评研究路径的基础。该路径主要以索绪尔的语言符号学为基础，对大众传媒现象的意识形态编码机制进行批判式的解读，对当今的传媒文化研究具有重要的影响力。这种影响力不仅在文化与传播符号学内部，还渗透到传媒学研究的其他学科，特别是当时以量化研究为中心的大众传播学。

首先是符码，早期美国的经验学派如拉扎斯菲尔德（Paul Lazarsfield）等人就曾讨论过，传媒所传递的整个系列景观都是被社会编码的，即其建构的目的是支持或强化现有的社会文化与伦理规范。例如在电影电视之中，犯罪解码的设计中对乖戾和暴力行为的过度再现，本意在于提醒人们对这些影响社会秩序的危险因素保持警惕，并激发他们的谴责之心，而不是认为这些行为是合理的。这些节目的副文本是尊重法律和秩序。文本再现本身构成了神圣的正义戏剧，而罪犯则最终为其罪行付出代价。

符码这一概念同样在文化研究中得到了广泛的应用。例如雷蒙·威廉斯

---

① 鲍德里亚：《生产之镜》，仰海峰译，北京：中央编译出版社，2005年，第192页。

(Rymond Williams) 高度重视这一概念，他认为媒介化了的景观是自我永生的，因为它们具有适应社会符码中诸多变化的能力。在威廉斯的著述中，符码与文化常常难以区分，而这是符码的重要特性：社群确定了文化的读法，这种读法便是符码规则。在上述基础上，威廉斯提出任何文化发展进行都存有三种过程或者符码规则，即残留符码（reserved code）、主导符码（dominant code）和新兴符码（emergent code）①。三者始终位于动态和辩证的关系之中。主导符码就是于任何时间点上在位的主流文化形式。它暂时处于霸权地位，而残留符码和新兴符码可能被主导符码收编，成为主导符码的一部分。同样，主导符码也可能逐渐边缘化，成为残留符码；新兴和残留符码均有可能击败主导符码，成为新一代主导符码。

"文本"这一概念，则被后来的传播符号学者进一步阐发，对媒介、文本与受众之间的相互关系展开详细的讨论。比如，霍尔所展开的媒介文本研究：人们不是被动地吸收媒介文本，而是使用三种方式来阅读它。"主导式阅读"是顺从文本制造者意图的那种阅读，"协商式阅读"是涉及文本意图的包含某种协商或妥协意义的受众阅读方式，同样也存在"对抗式阅读"，即与文本制造者意图迥异的阅读方式。

美国传播符号学者菲斯克（John Fiske）在巴尔特的基础上，提出"生产者式文本"这一概念，即大众传媒所产生的文本是"一种大众性的作者式文本"②，它既是通俗易懂的，又是开放性的。因此，费斯克进一步认为，利用现有大众文本的裂隙、矛盾之处，创造出对抗主流意识形态的意义，感受这样的力量和过程，必然给大众带来一种快感。这就是生产的快感，也是解读的快感。

而在传播符号学的研究中，还有一个关键概念，即"对立"（opposition）。这个概念最早可以追溯到符号学奠基人索绪尔那里。对立最初为结构主义的核心概念之一，意味着我们对待意义的差异，不该采用绝对的立场，而应持相对的立场。这个原理很简单，例如当我们想到白天，其对立项黑夜必然出现在我

---

① Raymond Williams, *Marxism and Literature*, Oxford & New York: Oxford University Press, 1977, pp. 121—127.
② 约翰·费斯克：《理解大众文化》，王晓珏、宋伟杰译，北京：中央编译出版社，2001年，第3—10页。

们的头脑之中。从本质上说,对立这个概念使得媒介分析者突显建构在文本中被遮蔽的意义。例如,以白和黑两色对立项为例,前者包含积极的价值(如牛仔片中,好人戴白帽子),后者则包含消极的价值(坏人戴黑帽子)。这一对立可以象征性地在所有媒介中再现出来。

巴尔特认为,我们深入到语义结构之中,就会发现,最能说明这种结构的,不是自由的结果,而是约束的结果。① 而后他把这种经典结构主义方法应用到《神话学》一书中,认为神话的对立面(如父亲对儿子,善对恶,男对女,年轻对年老,等等)都被建构到媒介文本和景观之中,从美式摔跤到轰动大片,不一而足。

这一分析方法至今依然是传媒学研究、传媒学教材的重要内容之一,主要是通过媒介再现的象征对立体系,去探索背后建构该对立的意识形态机制。只是各个学者因为研究路径不同,采取的对立研究方式有所不同。但是,如前文所述,对立作为结构主义符号学的核心概念,其根本思路是符号的意义生成于差异性,而差异性背后是系统性和结构性。这一观点很难不被挑战,例如关于男与女的对立,到底何者是标出项,何者是非标出项,实则是一个非常难以说清的问题。

正是在对系统和结构的质疑声中,法国符号学者从 20 世纪 60 年代中期逐渐转向后结构主义,包含巴尔特在内,如福柯、德里达等,都开始对结构这一概念进行反思。而引发这一场争论的核心,便是"对立"到底是"编码"了现实,还是建构了现实。按照德里达的看法,语言形式编码的是意识形态而绝非现实,因为所有符号系统都是自我指涉的。符号指涉其他符号,其他符号指涉另外的符号,如此持续无休。

从结构主义再到后结构主义,以巴尔特为首的法国符号学者们为当今传播符号学理论奠定了坚实的理论基础。尽管也有越来越多的学者认为,巴尔特以及后继者鲍德里亚的传媒符号理论,过于站在批评社会文化体制的角度,存在着政治批评倾向,认为传播符号学应当具有建设性的视角②,但如文本、符码、神话、对立结构等概念,依然被应用于当今的传媒文化研究中。

---

① 罗兰·巴特:《流行体系:符号学与服饰符码》,敖军译,上海:上海人民出版社,2006 年,第 184 页。

② Marcel Danesi, *Understanding Media Semiotics*, London:Arnold, 2002, pp. 34—35.

新阶段的传播符号学在批判吸收巴尔特的理论遗产基础上，已走向了纵深发展。以下，笔者将从传媒文化、媒介技术以及传播哲学三个方面，说明新阶段传播符号学的发展路径。

二、传媒文化

传媒文化问题一直是传播符号学研究的核心。新阶段的符号学者则从理论基础、方法论与研究对象等方面，拓宽了传媒文化研究的锋面。经典传播符号学研究的基础是索绪尔符号学，主要从二元对立的角度，说明大众传媒文本如何通过具体的符号筑以手段建构"神话"，进而影响大众文化与符号消费。需注意，这种研究路径始终是站在意义发送者角度，这与20世纪大众传媒具有强势地位密切相关。

新阶段的传播符号学，则将研究中心从意义发送者转向意义接收者。这主要指学者们在新阶段吸收皮尔斯的"三元传播"模式及其"解释项"理论。皮尔斯的开放模式，预设受众是符号的主要使用者；他们对传媒文本意义的创造性解释与传播，才是大众传媒文化形成的主导因素。如德尼西所述：当今的传播符号学者"普遍通过迂回的方式发现了皮尔斯的解释项概念"；这一概念意味着验证媒介研究中的经验性工作，必须是根据受众从文本中选择出他们希望从中得到的那种东西这种能力。[1] 由此，皮尔斯对于符号活动的研究方法成为当代传媒符号学的主导手段，界定了其当下的时代思潮。[2]

从学术史来看，新阶段的传播符号学研究回到皮尔斯，本质上是回到了"传播学研究"（communication studies）的原初含义。换言之，皮尔斯的符号传播思想与大众传播学的源头——美国芝加哥传播学派的兴起——紧密关联。芝加哥学派的核心是"符号互动论"以及"社群主义"传统，他们把传播、个体、社群视为解决现代社会危机，重建新型社群关系的突破口。传播是与下列观念紧密相连的：个人在社会中的作用，社群作为共享经验的重要性以及民主

---

[1] 马塞尔·丹尼西：《关于媒介和文化的符号学》，载保罗·科布利编：《劳特利奇符号学指南》，周劲松、赵毅衡译，南京：南京大学出版社，2013年，第165页。
[2] 马塞尔·丹尼西：《关于媒介和文化的符号学》，载保罗·科布利编：《劳特利奇符号学指南》，周劲松、赵毅衡译，南京：南京大学出版社，2013年，第165页。

方式的可能性。①

皮尔斯在其符号学中高度抽象地论述了社会个体如何通过符号互动来认识自己，并通过持续地互动形成意义社群。并且，他的这一传播符号学研究路径，通过对詹姆斯、杜威、米德等传播先驱的影响，实在地影响了芝加哥学派最早一批学者的研究风格。因此，一般把皮尔斯与上述三位学者一起称为传播学研究的四大先驱。②

不过，随后的大众传播学研究范畴从社群交往关系转向了大众传媒效果，传播学的符号互动维度逐渐式微。这一局面直到20世纪末才得以改观：新媒介技术强势兴盛，分众时代的人际互动传播取代大众传播时代的单向传播模式。由此，20世纪初以受众为中心的符号互动模式重回传播学研究的中心。③作为传播主体的人，因为媒介形态的发展，再次被赋予强大的能动力。皮尔斯模式正是在上述语境下再次得以重访，成为当今传播符号学研究的主导理论模式。

这一路径同时意味着，我们无法脱离媒介自身的表意特性，去讨论当今的传媒文化问题。为此，加拿大学者麦克卢汉的媒介理论也在本阶段逐渐融入传播符号学理论框架。如德尼西（Marcel Danesi）所述，麦克卢汉的理论可以被概括为"原初符号学模式"（proto-semiotics）。尽管他没有在自己的著述中直接使用符号学这一术语，但他在关于媒介技术和人类文化方面的观点在本质上则是符号学性质的。④麦克卢汉认为媒介是人的延伸，它不仅可以拓展人类在知识与社交方面的观点，而且特定时代的社会之中传播的主导媒介变化影响了被传播信息的内容。这一观点与皮尔斯所谓符号即媒介（medium）思想相一致，即符号是对感觉和知识操作的拓展。

在上述基础理论的扩充和融合基础上，新阶段的传播符号学者在媒介文化

---

① 汉诺·哈特：《传播学批判研究：美国的传播、历史和理论》，何道宽译，北京：北京大学出版社，2008年，第31页。

② 汉诺·哈特：《传播学批判研究：美国的传播、历史和理论》，何道宽译，北京：北京大学出版社，2008年，第31页。

③ 埃里克·麦格雷：《传播理论史：一种社会学的视角》，刘芳译，北京：中国传媒大学出版社，2009年，第13页。

④ Gérard Deledalle, *Charles S. Peirce's Philosophy of Signs*, Bloomington: Indianna University Press, 2000, pp. 186-201.

研究方面主要呈现出如下特征：首先是学术地缘性特性。美国、加拿大等北美传播符号学者的工作在本阶段做出了更多具有代表性的贡献。皮尔斯与麦克卢汉均来自本地区，因此对于二者传播符号学资源的整理，北美学者具有天然的地缘优势。其次，从研究路径来看，新一代的传播符号学者主要讨论受众对符号文本意义的能动生产能力，并着重探究个人与符号传播社群之间的互动关系。这与经典学者强调符号文本的编码系统对社会文化的控制这一批判视角具有较大差异。再者，新一代学者不仅将自己的研究定位为批判，还试图建构出研究范式，以期为当代文化产业的发展提出具有建设性的策略。

三、媒介技术与表意

传播符号学的学科发展与媒介技术之革新紧密关联。如前文所述，经典传播符号学研究路径形成于20世纪50年代末，以法国符号学家罗兰·巴尔特出版《神话学》一书为标志。这一时期正是大众传媒文化兴盛的时代，广播、报纸、电视等大众传播媒介承担着主要的社会意义生产与再生产功能。巴尔特正是在上述语境下介入传媒文化研究的。

进入21世纪，互联网新媒介催生新的一次传媒突变。特别是最近十年以来，因为智能手机、虚拟现实以及其他可穿戴设备的引入，人类社会已全面进入以智能媒介为主导的赛博时代。本阶段媒介发展的核心是互嵌与融合，人工智能的崛起加速了和人的融合进程，由此创造出的新的主体正成为一个终极的媒介。[①] 机器将不再是人的器官延伸，而成为人的智慧延伸。相应地，智能媒介时代的传播关系、社群关系也正在进行着相应转向。人类的数字化生存，从"离身性"转向"具身性"，数字化的人不再是仅漂浮在各种虚拟空间的账号，而是以"虚拟实体"的形式把虚拟主体与现实主体绑定在一起。[②]

赛博时代赋予社会新的关系意义，并以此建构新的意义共同体。该问题早已越出狭义的传播学研究领域，变成一个具有迫切性的社会现实问题。更重要的是，人类面对这个新的突变，对传媒产生了全新想法，全新的概念范畴制定全新的规则：人类从"使用符号的动物"，变成"符号学动物"，现在正在变成

---

① 孙玮：《赛博人：后人类时代的媒介融合》，《新闻记者》，2018年第6期，第4—11页。
② 彭兰：《智能时代人的数字化生存——可分离的"虚拟实体"、"数字化元件"与不会消失的"具身性"》，《新闻记者》，2019年第12期，第4—12页。

"符号元语言动物"。① 显然，以巴尔特模式为代表的经典传播符号学路径亟须更新与扩容，以解决赛博时代传媒研究的新问题与新局面。具体原因如下：

第一，经典传播符号学的基础是索绪尔二元符号学，核心是语言及其相关的文化符号活动。它无法有效处理赛博时代媒介研究的核心命题，即准人类（如人工智能、赛博格）或非人类（如机器）如何具有"心智"，并生成符号且能分享意义。

第二，赛博空间中，人自身就是媒介。符号意义的生成与传播早已溢出传统的"媒介文本"（如网页、电视节目等），直接指向人自身。意义传播从以文本为中介，逐渐转向以人和社会本身为中介。这迫使符号学须直接介入社会与文化问题。以文本分析为中心的经典传播符号学理论，恐怕无法有效解决这个问题。

第三，媒介技术的迅猛发展，使符号表意从文本转向媒介自身，媒介自身（包含人作为媒介）成为符号意义的主要生成者。以传媒内容或文本为中心的经典路径，也无法有效地处理"媒介自涉"诸问题。当然，这不是说经典传播符号学理论已全然失效，只是说我们需要一种新的视域赋予这些经典概念新的内涵。例如"拟像与仿真""符码""元语言"等概念，在分析智能媒介与传播诸议题时，依然有效。

传播符号学作为传播学与符号学二者融合的产物，在赛博时代的范式革新与两个母学科的发展更是紧密相关。在符号学学科内部，突破索绪尔二元符号符号学的运动早已从20世纪80年代开始，并在21世纪初基本完成了符号学基本模式的更替。新符号学运动的最明显特征是用皮尔斯开放的三元模式代替索绪尔二元结构模式，研究中心从文本转向创造文本的人与社会，以及具有符号活动能力的其他生命体。同时，新符号学运动更加紧密地与如认知学、信息论、生物学等自然科学研究成果结合起来，这使符号学在处理媒介技术与人工智能等前沿问题方面，有了进一步的理论准备。

面对媒介形式的革新，传播学也开始加快范式拓新与视域重构的步伐。智能媒介完全改变了信息生成与分享的方式，即从"信息匮乏"转向后真相时代

---

① 赵毅衡：《第三次突变：符号学必须拥抱新传媒时代》，《天津外国语大学学报》，2016年第1期，第67—68页。

"从过载的信息中寻找意义与真知"。这意味着传播学须以更开放的姿态从"信息到达"向"意义交流"转进。一方面,"传播"应回归于"交流"这一受传交互的意涵;另一方面,"信息—通达—行为"的过程结构论研究,应转向"意义的共享、认知与认同"。① 这在某种程度上是转向传播符号学研究的核心领域,即媒介符号意义的生产规律。

基于上述理论资源的积累,当今的传播符号学在最近十几年来已出现了明显的媒介研究转向。这一转向主要由除法国以外的欧洲传播符号学者推动,他们在研究对象、方法与基础理论方面具有一致性,一个以媒介表意研究为中心的传播符号学欧洲学派正在形成。具体表征如下:网络与智能媒介成为影响符号表意与传播的核心。在赛博时代这一新语境下,麦克卢汉所谓"媒介即信息"的新内涵正在被系统开掘;同时,从媒介的角度探讨媒介给社群文化与传播带来的影响。这与经典传播符号学从传媒文本的角度讨论大众文化迥然有别。

四、转向传播哲学

除了对当今媒介文化和媒介技术的关注,新阶段的传播符号学还逐渐呈现出本体论转向趋势,即通过探讨"传播"(communication)这一术语的本质内涵,建构以意义交流机制为核心的传播哲学。从本章第二、第三节的讨论我们将看到,无论是北美学派还是北欧学派,学者们都开始有意识地系统建构传播哲学路径。例如拉尼根的"交流学"以及布瑞尔的"赛博符号学"。二者的研究均超越媒介传播的具体现象,而从本体论层面深思究竟何为"传播"。

从学科发展史的角度来看,传播符号学的这一发展趋势,是传播学哲学转向的一个重要体现。其实,传播学的学科发展与传播学者对传播学这一学科本身的学理逻辑的反思是并行的。传播学这一学科自创立之初就具有"交叉学科"的属性②,它吸收了社会学、心理学、信息科学、符号学、文化研究等其他学科的诸多思想,这一方面使得传播学的研究视域开阔,研究成果丰富多

---

① 胡易容:《传播符号学的历史语境与中国路径》,《广西职业技术学院学报》,2019年第6期,第13—18页。

② 斯蒂芬·李特约翰:《人类传播理论》(第9版),史安斌译,北京:清华大学出版社,2009年,第6页。

样;另一方面则使其缺乏一个作为独立学科体系所应该具有的"基本理论架构与学科规模"①。正如梅琼林所言,传播学"作为一个学科……却没有解决具有理论意义的学科范式的建构问题;如果仅仅是一个研究主题,它就不是一个具有理论根基的学科了"②。

学者们普遍担忧的是,传播学的这一跨学科发展路径,将会丧失传播学本身的学科特性以及自有的学科发展逻辑。③ 蒋原伦曾直言不讳地指出:传播学……没有自己特有的理论基础和研究模型,它以社会现实问题为导引,将许多研究方法综合运用,成为迄今为止内容最为庞杂、研究方式最为多样的交叉学科。④ 他认为呈现这一发展趋向的传播学缺失了自己的学理逻辑,进而会影响传播学这一学科的长远发展。

传播学学科实际创立者施拉姆,曾在20世纪80年代即传播学研究得以广泛开展之时,表达过类似的担忧:传学(即传播学——笔者注)仍旧没有发展出一个有系统的中心理论,让传学研究者可以围绕着这个中心来思考,来组织,来建立起一门成熟完备的学问⑤;为此他一再感叹道,"传播研究这一领域与其说是一门有名有实的学科,还不如说是各路学者来去匆匆的一个集会场所"⑥。

传播学自身所具有的这一学科反思特性,源于它在学科建制以后,才开始反向建构自己的基础理论以及相应的学理逻辑,并且这一理论建构历程,是跟随传播实践的不断进步在不停地更新发展的。因此,传播学的发展是从对传播现象的研究到传播学整体理论的建构的一个渐进过程。

正如李特约翰所述,传播学这门学科在创立之后,就"一直在创建自己的

---

① 曹智频:《论传播哲学研究在中国的兴起》,《求索》,2010年第3期,第103—105页。
② 梅琼林:《走向传播哲学——提供一个传播学的学科反思视角》,《人文杂志》,2005年第2期,第139—144页。
③ 吴飞:《何处是家园?——传播研究的逻辑追问》,《新闻记者》,2014年第9期,第40—47页。
④ 蒋原伦:《传播学发展首在夯实学理基础》,《中国社会科学报》,2013年第449期,第A05版。
⑤ 转引自朱迪斯·拉扎尔:《传播学往何处去?》,徐达山译,《国际社会科学》(中文版),1989年第3期,第109—117页。
⑥ 宜伟伯,余也鲁:《传媒·教育·现代化:教育传播的理论与实践》,北京:高等教育出版社,1988年,第15页。

理论体系",它的发展经历着"从对其他的学科的依赖逐渐转向'学科自主'"①。李特约翰以自己所编著的《人类传播理论》(Human Communication Theory)一书的理论发展论述道:在第 1 版时,该书的理论大多都是借用其他学科的理论,而在第 9 版时,该书则呈现出来越来越多传播学原创性理论。②也正是因为这一反思特性的存在,传播学理论才能够随着社会传播现象的变迁不断调试自己的理论范式,并逐渐提升与深化自己的学理基础。

如陈卫星所言,传播学的这种理论建构特性,是因为"传播学的发展能够跟随社会实践的发展不断更新,在知识分化和知识统摄的知识坐标系上不断进行知识生产和知识再生产,反而充分体现了当代社会的信息特征"③。因此,是社会的发展,特别是信息技术的发展对传播学提出了要求:这使得传播学不断地反思与整合其理论立场与理论资源,并不断地吸收其他学科的理论资源,进而逐渐形成自己独有的理论基础。

由此,从传播现象的广泛研究,到传播理论的整合建构,实际上是传播学学科发展的内在逻辑与学理要求。而这一要求使得传播学在当代不得不回到传播学本体论层面,回到对传播学基本的问题思辨之中,为建构一个整合的、具有自身学理逻辑的传播理论奠定基础。

基于以上一系列的前提,传播学界越来越重视从传播哲学的角度出发来进行系统的理论整合工作。换言之,当代传播学要在高度跨学科的、研究对象泛化这一既有的学科特性基础上推进自身的学理建构与整合步伐,唯有放弃学派的争论,从传播哲学的视域出发,从传播本体论层面追问传播的本质,提炼传播学的学理浓度。21 世纪的传播学应当从"分支化与高度抽象化"两极发展:前者对应的是传播学研究对象的日益多元化,而后者是指从传播哲学的高度来保持传播学的理论张力。④

简单来说,所谓"传播哲学"(philosophy of communication),就是从哲学思辨的层面,去追问传播之本质、目的以及动力机制等根本性问题;并高度

---

① 斯蒂芬·李特约翰:《人类传播理论》(第 9 版),史安斌译,北京:清华大学出版社,2009 年,第 6 页。
② 斯蒂芬·李特约翰:《人类传播理论》(第 9 版),史安斌译,北京:清华大学出版社,2009 年,第 6—7 页。
③ 陈卫星:《传播的观念》,北京:人民出版社,2004 年,第 5 页。
④ 吴飞:《何处是家园?:传播研究的逻辑追问》,《新闻记者》,2014 年第 9 期,第 40—47 页。

抽象出传播的本质特性，以此涵盖广泛普遍的传播现象，从而加深传播学的理论普适性。这一抽象思辨过程，实际上是一个理论提纯的过程，是传播学在多个学科领域的实践过程中，将其研究成果进行综合性反思，并进行整体提升的必然过程。"传播研究更应该从事的，是要提炼多种论点，说明及解释社会文化究竟采取哪些形式，又被哪些因素决定等问题。"①

因此，传播哲学的意义就在于"它显示了深远的学科建构的潜在资源。传播哲学所提供的理论方法决定着传播学未来的发展方向"②。换言之，只有从本体论层面理清传播的本质，我们才能知道传播学自身的学术追求以及基本逻辑假设；由此，具备传播学自身特性的学科逻辑才得以建立。

从学术根源上来说，传播学界转向对传播本体论的哲学追问，主要出于如下三点原因：

第一，学界对经验研究之结论的必然性反思和合理怀疑。许多学者认为，传播学这一学科实际上是在经验主义研究的推动下形成的，因此它在主体范式上更加偏向经验主义的社会科学研究路径。这就使得传播学在某种程度上"仅仅注意到社会场域的文化存在的客观外在性因素"，而"放弃人文哲学终极性价值关注的基本立场"③。这在某种程度上导致研究结论并不导向理论思维的深入和理论体系的建构。尽管在这期间，具有人文思辨传统，且强调传播主体精神的法兰克福学派曾与美国经验学派有过对话，甚至出现激烈的交锋，但事实上这并未改变传播学长期以经验主义研究为主导范式的事实。

第二，传媒技术的持续发展，使得传播愈来愈在社会系统中突显出来，成为一个独立的社会现象，也愈来愈深刻而广泛地影响着整个社会系统，并随之启动了人类的哲学追问本能。"诸如传播日益广泛而深刻的个中原因是什么？动因是什么？众多传播模式中的终极性的传播模式是什么？这些问题将人们引向传播哲学的主题了。"④ 正如传播哲学研究者阿纳森（Pat Arneson）所言，

---

① 吴飞：《何处是家园？：传播研究的逻辑追问》，《新闻记者》，2014年第9期，第40—47页。
② 梅琼林：《走向传播哲学——提供一个传播学的学科反思视角》，《人文杂志》，2005年第2期，第139—144页。
③ 梅琼林：《走向传播哲学——提供一个传播学的学科反思视角》，《人文杂志》，2005年第2期，第139—144页。
④ 曹智频：《论传播哲学研究在中国的兴起》，《求索》，2010年第3期，第103—105页。

"传播哲学是指导我们在当代社会理解或从事传播活动的核心指南"①，因此他建议把传播哲学置于整个传播学理论的中心。

第三，从传播学与哲学之相互关系来说，发展传播哲学既是传播学理论发展的内在需求，也是哲学在当代发展的一个重要契机。美籍华人学者张正平（Briankle G. Chang）在与其同事布查特（Garnet C. Butchart）合著的《传播哲学》（*Philosophy of Communication*）一书的前言中道："从源头来说，哲学与传播本来就是黏合在一起的；因此发展传播哲学，实际上是哲学通过传播回到自身并巩固自己的基础。因此，把传播引入哲学研究是合理的。"②

进入21世纪，对传播本体论式的哲学讨论变得更加重要。最根本的原因在于，以经验学派为代表的传播主流范式在当代面临交往范式转向，开始进行策略性的反思。特别是近十年来，新媒体技术、虚拟数字技术、云数字处理技术强势发展，信息成为人类生活中如同"空气"一样所不可缺失的事物；人类生存的大环境变成媒介本身；整个文化实际上与传播、传媒紧密关联起来。同样，媒介形态的高度发展，逐渐酝酿出一种全新的人类社会传播形态："以人为中心、以连接了所有媒介形态的人类大环境为媒介而实现的无时不在、无处不在、无所不能的传播。"③ 由此，相对单向的媒介效果研究实际上已经逐渐失去了解释力；传播正逐渐向传播主体间的双向交流实践活动回归。

正如李思屈指出："经典的传播研究范式，如议程设置、使用与满足、知沟、扩散等，在面对上述丰富而复杂的传播现象时，早已缺乏足够的解释力和预见力。"④ 因此，如何依据当代社会所出现的新的传播特征，调适传播学现有的研究范式，已经成为最近几年来传播学理论界所面临的问题。所以，从传播哲学的路径重新梳理传播的本质、发生以及互动机制，可以从整体上提升当代传播学理论。应当说，对传播本质的哲学追问是传播学创立不久就已经存在

---

① Pat Arneson, *Perspectives on Philiosophy of Communication*, West Lafayette: Purdue University Press, 2007, p. 2.
② Brinkle Chang & Garnet Butchart, *Philosophy of Communication*, Cambridge: The MIT Press, 2012, p. 3.
③ 赵启正：《沉浸传播——新媒体时代的新概念》，载李沁：《沉浸传播——第三媒介时代的传播范式》，北京：清华大学出版社，2013年，第1页。
④ 李思屈，刘妍：《论传播符号学的学理逻辑与精神逻辑》，《新闻与传播研究》，2013年第8期，第29—37页。

的问题；只是在21世纪人类传播模式发生根本性变革，这一问题因为以大众传播效果为中心的经验主义传统研究范式受到挑战而变得更加突出。

第二节 传播符号学北美学派

在吸收皮尔斯与麦克卢汉的相关成果基础上，传播符号学北美学派现已颇具规模。该学派的研究重心是传媒文化，近年来又以互联网文化为主。不过，与以批判为主导的法国经典传播符号学模式不同，该学派强调受众对符号文本意义的能动生产能力，着重探究个人与符号传播社群之间的互动关系，并在此基础上探索拓展当今传媒文化产业的建设性策略。与此同时，该学派以现象学、皮尔斯符号学为基底所建构的"交流学"理论新体系，代表的是传播学的哲学转向。该学派的代表学者，在当今学界颇具影响力，包括"传播符号学"（semiotics of communication）这一术语的提出者菲斯克、国际符号学会刊《符号学》前任主编德尼西以及交流学理论的奠基者拉尼根等人。他们取得的理论成果，引人瞩目。

一、传播符号学体系的整合：菲斯克

美国学者约翰·菲斯克是20世纪晚期传媒文化符号学理论体系建构的集大成者。他是首位提出"传播符号学"（semiotics of communication）这一学科名称的学者，并从"过程"（process）和"意义"（meaning）两个方面区分了传播学的量化研究传统与符号学研究传统。他指出传播学的符号学派之核心，在于"符号文本与其生产/接受文化之间的互动"[1]。如此，该学派并不把传播意图意义与接受意义不对等视为"交流的失败"，而将其视为传播双方之间社会或文化的差异。而这种差异则是该学派关注的重点所在。菲斯克的这一总结，非常精确地指出了传播符号学作为方法论体系的特征。

除了从学理层面为传播符号学这一学科正名，菲斯克更为重要的贡献在于他融合传播符号学诸家学说，建构了一套适用于传播与传媒文化分析的符号学

---

[1] John Fiske, *Introduction to Communication Studies* (2nd Edition), London & New York: Routledge, 1990, p. 2.

理论体系。具体来说,在吸收结构主义传媒文化研究理论基础上,该理论体系也积极融合三元符号学模式,形成更加开放的传播符号学新范式。

(一) 对经典传播符号学关键概念的整合

在传播符号学的批判传统整合方面,菲斯克主要吸收了符码分析、巴尔特式的"神话"分析以及列维－斯特劳斯的"结构主义符号学"分析等理论。

首先,菲斯克对"符码"概念有非常清晰的认识,他认为,符码是社会成员按照大家一致同意的规则所组成的"符号系统";而社会成员会按照这种共同的规则,使用符号进行表意。因此,对符码的研究,可从社会或阐释社群的维度来研究符号表意机制以及所携带的文化特征。

菲斯克引入"广播符码"(broadcast codes)与"窄播符码"(narrowcast codes)两个概念。并且,他有效地归纳了不同的符码使用规则对符号文本生产与接受的影响。"广播符码"就是期望大众都能够共享其意义的符号组合,其目的是使符号意义得以广泛接受。因此,菲斯克认为这一类符号必须具备一定的包容性,要"适应一定程度的异质性"[1]。"窄播符码"则针对的是特定的符号使用群体,其目的是使符号意义有效地被这些符号使用者接收。因此菲斯克认为,这类符码规则的制定主要以这些使用者的符号使用偏好为依据。

其次,是巴尔特所谓的"神话"分析。菲斯克认为,所谓的"神话运作"实际上就是将"历史自然化",其目的是掩盖传播内容所反映出来的意识形态操作。因此,他认为传播符号学可利用神话分析来"揭露神话的社会政治作用"[2]。菲斯克还提及了符号修辞的诸种方式,来解析传播内容意指化或神话化的相关手段。

最后,菲斯克重点提及了以列维－斯特劳斯为代表的"结构主义符号学"[3]。菲斯克认为,采用列维－斯特劳斯式的"二元对立"结构分析,有助于我们从深层结构上理解我们的世界与文化。当然,他也客观指出结构主义符

---

[1] John Fiske, *Introduction to Communication Studies* (2nd Edition), London & New York: Routledge, 1990, p. 72.

[2] John Fiske, *Introduction to Communication Studies* (2nd Edition), London & New York: Routledge, 1990, p. 88.

[3] John Fiske, *Introduction to Communication Studies* (2nd Edition), London & New York: Routledge, 1990, p. 115.

号学的问题，即它实际上不能解决跨越二元、模糊二元对立界限的问题。

总体观之，菲斯克较为客观、清晰地展现了传播符号学的一种路径。从微观的符号构成与符号类型分析，到中观的符码分析，再到宏观的神话分析以及"二元对立"结构主义分析，体现的是符号学方法研究传播问题的深入性与切合性。并且，菲斯克始终注意融合各家之长，把符号学代表人物的相关观点进行对比并批判性地吸收，为建构一个更全面的传播符号学体系开辟了路径。

（二）对三元符号学的引入

菲斯克认为，皮尔斯的三元符号关系即"符号－解释项－对象"中，"对象"这一概念的提出使其符号学尤为关注"人们对个人经验以及周围世界的理解"。因此菲斯克指出，"皮尔斯的兴趣在于意义，并且他要通过符号、人和对象之间的关系来寻找意义"①。

菲斯克进一步指出，正是这种符号指涉方式的不同，导致了皮尔斯符号学与索绪尔符号学的根本差异。"他（索绪尔——笔者注）更关心符号与他符号相互联系的方式，而不是符号与皮尔斯所谓的'对象'的关联方式"②，因此索绪尔的符号学注重的是符号系统以及符型组合，而不是符号与人及其所生活之世界的意义连接形式。正是在这一意义上，菲斯克按照皮尔斯三元模式将传播符号学派的理论模式整合为下图（见图3－1）：

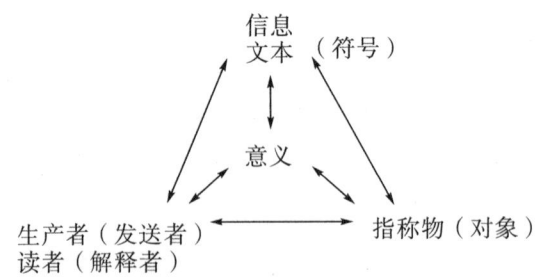

图3－1 菲斯克三元模式与皮尔斯三元模式对照③

---

① John Fiske, *Introduction to Communication Studies* (2nd Edition), London & New York: Routledge, 1990, p. 42.

② John Fiske, *Introduction to Communication Studies* (2nd Edition), London & New York: Routledge, 1990, p. 43.

③ 此图在约翰·菲斯克三元模式图的基础上修改而成。详见：John Fiske, *Introduction to Communication Studies* (2nd Edition), London & New York: Routledge, 1990, p. 3.

图 3-1 中用括号把皮尔斯术语与菲斯克术语对照起来可以发现，菲斯克所总结的传播符号学派三元传播模式与皮尔斯的三元模式在整体上有异曲同工之处。菲斯克对此图做了如下解释："信息并不是从 A 发送到 B 的那种事物，而是某种结构关系中的一个要素。这种结构关系还包含其他要素，如外在现实（external reality）和生产者（producer）以及读者（reader）等。"①

此处，菲斯克用另一套术语来表示皮尔斯符号学中的一系列术语。所谓"信息"或"文本"等同于皮尔斯所谓的"符号"；"生产者"与"读者"等同于皮尔斯所谓的"发送者"与"解释者"。而所谓"指称物"基本上等同于皮尔斯所谓的"对象"。只不过菲斯克是把对象完全视为一个外在的实体，也即"外在现实"；而皮尔斯则区分了符号过程之中的"直接对象"与外在于符号过程的"动力对象"。但是从上文的论述可以看出，皮尔斯对于传播的讨论更加侧重于对"动力对象"的作用，也即间接经验作用。因此，皮尔斯在传播过程中所强调的"对象"这一概念，与菲斯克所谓的"指称物"是一致的。

从传播主体的相互关系来看，菲斯克总结的三元模式与皮尔斯模式相一致。发送者与解释者在传播双方之中的地位是一致的，并且可以相互交互，此结论可直接从图 3-1 得出。这强调的是传播双方的双向交流特性："生产和解读（reading）文本被视为一种……并行的过程"；并且，"二者在结构关系中地位也相当"。② 对此前文一再提及，此处不再赘述。

皮尔斯三元传播模式中最重要的一个论述是，意义是传播双方在交际语境中共同协商而最终确定下来的"共同解释项"。而此论点也与菲斯克所总结的三元模式相一致。菲斯克认为，我们可以把意义结构总结为一种三元模式；而图中的双向箭头就表明了传播过程中的持续互动特性。因此他认为这种三元模式的"整个结构不是静止的，而是一种动态的实践过程"③。而三个顶点之间的互动最终都与"意义"连接起来，这说明意义就是这三元构建动态协商的最

---

① John Fiske, *Introduction to Communication Studies* (2nd Edition), London & New York: Routledge, 1990, p. 3.
② John Fiske, *Introduction to Communication Studies* (2nd Edition), London & New York: Routledge, 1990, pp. 3-4.
③ John Fiske, *Introduction to Communication Studies* (2nd Edition), London & New York: Routledge, 1990, p. 4.

终产物。因此，图中所示的"意义"，实际上即皮尔斯所谓的"共同解释项"。

在三元模式的影响下，菲斯克本人的研究也明显地呈现出从二元观到三元观过渡的特征。例如他在《解读大众文化》一书中用二元对立观来分析电视节目《新价格是对的》中男权意识的形态深层结构。节目以现场直播比赛的方式来让妇女展示家务能力，让男性来进行点评。节目中其他观众给女性喝彩，而男性观众的沉默则引起了菲斯克的深思："这种沉默是一种压制的方式，一种男性统治施加给女性的规范。"①

正是在此角度，菲斯克从结构主义的方式出发，归纳男性和女性二元对立的基本结构形式。男性："公共的、工作、挣得、生产、授予权利、自由"；女性："私人的、休闲、花费、消费、剥夺权利、奴役"；如此前后两两对应。菲斯克基于这种男性之于女性的全力压制关系，而发掘其中的狂欢精神。应当说，二元对立方式实际上常见于菲斯克有关大众文化的研究之中，特别是电视节目、杂志图片、电影等领域。

而后他在《传播学导论》一书中做出了改变："异常类别是一种不适合二元对立的分类，而是跨越二元、模糊二元对立界限的类别"②，并认为这种基于二元之间的第三项或曰中间项"足以挑战文化中基本意义结构的能力"③。为此，他的许多研究从纯粹的二元对立分析转向三元分析，特别是对中间项的分析。例如，他在《解读大众文化》一书中对沙滩上的人的肤色分析，关注的是棕褐色皮肤的符号意义："棕褐肤色是皮（人、文化）与毛（动物、自然）之间的一种异类……它意味着作为城市居民的着装者，已经到了大自然中，并会带回动物的身体性的健康以及自然给城市的矫揉造作的生活带来的与之相关的心理健康。"④

菲斯克的这一讨论，是对列维-斯特劳斯双项对立思维的质疑。如果以列维-斯特劳斯的角度来说肤色仅有黑色与白色两种对立项，并不存在过渡状态，那么其他肤色如棕褐色、黄色等在二元对立结构中处于何种地位？菲斯克

---

① John Fiske, *Introduction to Communication Studies* (2nd Edition), London & New York: Routledge, 1990, p. 117.

② John Fiske, *Introduction to Communication Studies* (2nd Edition), London & New York: Routledge, 1990, p. 117.

③ 约翰·菲斯克：《解读大众文化》，杨全强译，南京：南京大学出版社，2001年，第22页。

④ 约翰·菲斯克：《解读大众文化》，杨全强译，南京：南京大学出版社，2001年，第50—51页。

正是在这一层面上,推进了其社会文化符号学研究的深入。当然,菲斯克从二元到三元思想的过渡,从结构主义到后结构主义的过程,吸收的不仅仅是皮尔斯的思想,还包括巴赫金、克里斯蒂娃等人的"狂欢"理论、"互文性"理论。

综上,菲斯克作为当代极具影响力的大众文化研究者,以及传播符号学学科整合的开拓者,在批判吸收前人研究的基础上,整合出一套传播符号学理论体系;在大众文化分析特别是文本分析方面,有其独特的解释力。也正是在菲斯克的努力下,当今北美的传播学与符号学界的学者看到了符号学应用于传播现象分析的理论优势,并纷纷加入这一学科的建构与整合工作。

例如美国学者利兹－赫维茨(Leeds-Hurwitz)就基于菲斯克所提及的"符码"系统重新建构了一套传播符号学体系,在其专著《符号学与传播学:符号、符码、文化》(*Semiotics and Communicaton: Signs, Codes, Cultures*)[①]中就以此为中心,从食物、衣服以及物品等日常生活的角度,关注人如何在具体的行为中通过传播来为自己和他人建构与传达意义。

同样,另一位知名美国传播学理论家李特约翰在不断修订与完善的《人类传播理论》(*Theories of Human Communication*)中,也尤为重视符号学在传播学研究中的理论融合工作。他指出:"符号研究不仅仅是传播研究的方式之一,它也对传播学当中几乎所有的理论视角产生了极大的影响。"[②] 目前国内根据该书第5版与第9版推出了《人类传播理论》两个中译本,通过对比这两个版本的差异,就可以明显看出李特约翰所做的这种努力。

李特约翰在第5版的基础之上,明显加大了对符号学理论及其方法的介绍。相对于第5版按照流派与理论来安排章节的方式,第9版则按照传播学研究的核心内容来重新安排全书内容,如"传播者""信息""对话""群体""媒介"等,一个专题一个章节;并且,每个章节都基本单独增设了对这些主题的符号学阐述视野,以此来说明符号学视野在传媒与传播学研究诸领域中所呈现出的越来越重要的影响力。

---

① Wendy Leeds-Hurwitz, *Semiotics and Communicaton: Signs, Codes, Cultures*, Hove & London: Lawrence Erbaum Assoication, Inc, 1993.
② 斯蒂芬·李特约翰:《人类传播理论》(第9版),史安斌译,北京:清华大学出版社,第40页。

二、网络流行文化符号学：德尼西

（一）加拿大传播符号学研究概述

加拿大是北美符号学研究的另一个中心，更是国际符号学运动的主要推动国家之一。加拿大的符号学研究逐渐兴起于20世纪80年代，以1980年在多伦多大学发起的一年一度的"夏季国际结构－符号学研讨会"为标志。多伦多大学由此成为加拿大符号学的中心，至今依然引领当今加拿大符号学运动的方向。

由于地缘关系，加拿大的符号学受到美国符号学理论传统影响甚多，特别是皮尔斯与西比奥克的符号学理论；其次是法国符号学思想，主要是由加拿大法语区的学者引入。在传媒与文化研究方面，20世纪媒介文化研究的重要思想家麦克卢汉便是多伦多大学的教授。因此，加拿大符号学研究最大特色便是传媒与文化符号学。

第一代加拿大符号学者以多伦多大学法语系教授保罗·布伊萨克（Paul Bouisiac）为代表，他在马戏符号学（semiotics of circus）[①] 研究、街头表演（street performance）方面颇具特色，奠定了加拿大符号学的文化研究传统。布伊萨克在推动加拿大符号学发展方面亦不遗余力，他于1975年策划主办首届北美符号学研讨会，同时，他是年度夏季符号学研讨会的主要筹办人，也是国际符号学研究所（International Semiotics Institute）的主要创办人。

在布伊萨克的影响下，第一批加拿大符号学者在20世纪90年代，以多伦多大学为中心，逐渐汇聚成一个学术圈，并自称为"多伦多符号学学术圈"（Tronto semiotic circle）。这批学者包括多伦多大学的多列日，以文学符号学研究著称；以及布雷通（政治与文化符号学）、图梅尔（社会符号学）、欧奈伊（文化文本批评学），等等。此外，他们以该学术圈为名，出版"多伦多符号学学术圈"系列丛书，以及《加拿大符号学》[②]（Semiotics in Canada）文集，总结了该学派学者在文化符号学研究方面的贡献。

进入21世纪，在布伊萨克之后，多伦多大学人类学系教授马塞尔·德尼

[①] Paul Bouissac, *Semiotics at the Circus*. Berlin: Mouton de Gruyter, 2010.
[②] Paul Bouissac. *Semiotics in Canada*. New York: Springer, 1986.

西成为该学派的新领军人物。在他的领导下，多伦多符号学研究在传媒与文化方面的特色更加明显。前文已介绍德尼西是西比奥克的学生，也是总体符号学运动的领军人物。在其个人研究方面，他主攻传播符号学与青少年文化符号学研究，成果颇丰，在这些领域出版专著百余部。近年来，他开始开掘麦克卢汉思想中的符号学思想，认为麦氏是一位"无意而成"的符号学家[1]，充实了传媒与文化符号学的理论资源。

德尼西在全球范围内推动传媒文化符号学专业教育方面功不可没。他主持编辑出版全球第一本符号学-传媒学辞典[2]，出版符号学-传媒学研究教材[3]，组织出版"多伦多符号学与传播学研究"（Toronto Studies in Semiotics and Communication）[4]、"符号学与流行文化"（Semiotics and Popular Culture）[5]等书系；担任多伦多大学"符号学-传媒学项目"（program in semiotics and communication）主任，招收并培养传媒与文化符号学方向硕士、博士研究生。

应当说，在德尼西的引领下，多伦多大学现已成为北美乃至全球传播符号学研究最活跃的研究中心。从研究特色来看，多伦多传媒与文化符号学诸研究把大众传媒与流行文化紧密结合，以案例分析的形式对具体的文化文本展开分析，例如德尼西以"表情符号"[6]"青春期酷文化"[7]"香烟""高跟鞋"[8]为主题的符号学专著。而从理论特色来看，多伦多学者主要把麦克卢汉的媒介文化学、皮尔斯符号学与法国文化符号学传统结合起来，既关注媒介技术变迁给当今社会带来的文化影响，也关注当代文化如何模塑媒介的表意与传播系统。

（二）德尼西：对网络"表情符号"的传播符号学研究

如前文所述，多伦多传播符号学派的特色是高度关注青少年流行文化，其

---

[1] 马塞尔·德尼西：《马歇尔·麦克卢汉——无意而成的符号学家》（*Marshall McLuhan: The Unwitting Semiotician*），南京：南京师范大学出版社，2018年。

[2] Marcel Danesi (ed.), *Encyclopedic Dictionary of Semiotics, Media, and Communication*. Toronto: University of Toronto Press, 2000.

[3] Marcel Danesi, *Understanding Media Semiotics*, London: Arnold, 2002.

[4] 参见：https://www.degruyter.com/view/serial/470290.

[5] 参见：https://link.springer.com/bookseries/14487.

[6] Marcel Danesi, *The Semiotics of Emoji: The Rise of Visual Language in the Age of the Internet*, London: Bloomsbury Academic, 2016.

[7] *Cool: The Signs and Meanings of Adolescence*, Toronto: University of Toronto Press, 1994.

[8] Marcel Danesi, *Of Cigarettes, High heels, and Other Interesting Things: An Introduction to Semiotics*, Toronto: Palgrave Macmillan, 2008.

学术领域人物德尼西便曾带领其研究团队对诸如"酷文化""网络文化""流行亚文化"等领域进行研究。本章以德尼西最近的研究——对"表情符号"(emoji)[①] 这种青年网络流行文化之典型的研究——作为案例,分析多伦多学派如何把符号学应用于当今网络文化传播的分析。

表情符号源自日文"绘文字",意思是"图形文字"。最早出现的一批表情是由一名日本电信从业者栗田穰崇于1988年设计创作的。2010年,依据定义世界语言通用字符集的统一码标准6.0版本(the Unicode Standard Version 6.0)及相关的ISO/IEC 10646标准,上百个表情符号通过了标准化处理,表情符号的广泛应用因此成为现实。

现如今,随着智能手机的普及以及社交媒体的兴盛,表情符号早已走出日本,成为全球网络文化的重要组成部分。特别是"哭笑"表情符号( )被《牛津词典》选为2015年"年度词汇"(Word of the Year),成为表情符号影响当今文化的里程碑事件。《牛津词典》解释道,"该表情符号形象地代表了本年度的社会精神、情绪与关切","同时也说明表情符号在全球的广泛流行"。这已表明,网络文化正在改变着当今人类的交流方式甚至认知方式。

而在其中,最典型的影响便是以表情符号为代表的图像符号大量地渗入人类的书写系统中。这种渗入型的影响,存在于多个文化、多种语言交流之中;换言之,表情符号现在成为全球文化的一个共同表征,对全球的文字表意产生着一定影响。正是在上述语境下,德尼西展开了关于表情符号的符号学研究。他把表情符号视为一个符号系统,由此便可从符号学的角度去探究表情符号的意义构筑、传播,以及它在特定解释社群中所发挥的具体符号功能。

为了达成上述目的,德尼西及其研究团队从多伦多大学18—22岁学生群体中采集了共323份网络交流文本,并对这些学生进行了结构化访谈。[②] 根据上述方法,德尼西借助符号学对所搜集的资料进行了细致分析,并从表情符号使用与使用能力、表情符号符义学、表情符号语法学、表情符号符用学、表情符号学的变异与传播等几大方面,系统地对表情符号进行了思辨性研究。这也

[①] Marcel Danesi, *The Semiotics of Emoji: The Rise of Visual Language in the Age of the Internet*, London: Bloomsbury Academic, 2016.

[②] Marcel Danesi, *The Semiotics of Emoji: The Rise of Visual Language in the Age of the Internet*, London: Bloomsbury Academic, 2016, pp. 15-16.

是迄今第一本对网络表情符号及其网络文化进行专题研究的专著，具有显著的开拓性意义。

从表情符号功能分析出发，德尼西借用雅各布森符号六因素理论对表情符号的主要功能进行了详细分析。多伦多大学生的调查结果也支持了上述这一假设。通过调查发现，88%的文本中所使用的表情符号，在"接触性"（phatic function）表意方面具有主导优势，94%的表情符号存在着"情绪性"（emotional function）功能。[1] 这说明占领渠道以及表达观点、态度是表情符号在网络表意中的两个最主要的功能。

首先是"接触性"功能。当符号文本偏向媒介时，符号表意的目的是保持接触，保持交际通道畅通。德尼西以"微笑"符号为例，认为这类符号往往出现在朋友、家人间简短的网络交流开启之时，虽不表达任何具体的信息，却具有实际意义，即双方通过表情符号交流维持彼此的交际关系。在对话开始、结束以及避免沉默（silence avoidance）三个方面，交际双方对表情符号的使用最多，表现出典型的维持交际行为。特别是第三类情况：在日常面对面交谈时，交谈双方出现对话停顿时往往会搪塞一些无意义的话语以避免尴尬；而在网络交谈中，表情符号便自然而然地承担了上述功能。

其次是"情绪性"功能。当符号文本偏向发送者本身时，符号表意就呈现出强烈的情绪性，主要是表达发送者的意图和心理状态。在面对面交流中，人们通过感叹词、声调或者其他语言去强调某个单词或短语，以表达情绪。而在网络文本表意中，这种情绪表达功能则主要通过表情符号去实现。同样在网络表意中，表情符号的情绪性功能也可以分为两种亚类：（1）代替面对面交谈中的面部表达；（2）从视觉层面强调所传播内容的重点。[2]

从表情符号的语法层面来看，表情符号学也如语言一样，包含着特定的语法结构，它通常是与文字语言一起参与到网络语言表达的排列组合之中的。当然，与任何自然语言的语法体系一样，表情符号在发展过程中已经形成了自己的一套分布规则以及组合规则，只是这种规则不像自然语言那么复杂。

---

[1] Marcel Danesi, *The Semiotics of Emoji: The Rise of Visual Language in the Age of the Internet*, London: Bloomsbury Academic, 2016, p. 22.

[2] Marcel Danesi, *The Semiotics of Emoji: The Rise of Visual Language in the Age of the Internet*, London: Bloomsbury Academic, 2016, p. 22.

从语法层面来看，表情符号属于伴随性表意系统，往往与自然语言组合在一个言语系列中共同表意。所以当表情符号出现在自然语言的结尾或开头，辅助自然语言表意时，我们便能很轻松地理解其含义。换言之，表情符号学语法可以被视为"位置语法"，即在文本的特定位置中用表情代替文字。更为特殊的情况是某些抽象性或概念性的信息而非严格的语法规则决定了表情符号出现的位置，这也就是表情符号系统特有的"图像概念语法"。①

与自然语言相比，图像概念语法能使人们表意中的图像概念单位更加自由、灵活地表达出来。例如，在网络交流中，通过排列几个都意为笑脸的不同表情，我们不仅可以表现情感的程度，如非常开心，更可以同时表达多种表情；而在自然语言中，以英语为例，"happiness"无法通过复数形式表达出来。换言之，人类表意过程的根本特性是图式思维，而在某种程度上，表情符号能比语言文字更加直观地应用这种思维。

最后，从文化因素来看来，表情符号如其他任何社会表意符号一样，同时也会受到社群文化编码（cultural coding）的制约。② 不同文化语境下，人们会对同一个表情符号的意义产生不一样的解读。例如，最普通的"小黄脸"符号，也会被某些人解读出种族歧视的涵义。为此，emoji 最近几年推出的表情系统，均可以自由改变肤色，以解决这种意义冲突。当然，也有一些特定的符号，在不同文化中会被解读出完全相反的意思。例如，我们认为"竖大拇指"表示赞同或表扬，但在中亚文化社群中，这一举动则可能被解读成类似于"竖中指"这样具有冒犯性的涵义。

德尼西从上述跨文化符号交流层面解读表情符号，正是符号学的"用武之地"。任何符号表意均受到社群文化编码的影响，而如何更好地跨越这一差异，并在交流中达成共识，便成为"网络地球村"需要面对的新课题。

从研究方法上，可以看出多伦多学派的特色。首先，从研究对象来看，多伦多学派注重青少年流行符号的表意与传播。其次，从研究文本来看，多伦多学派承袭了北美传播学的实证研究传统，通过文本抽象以及半结构方法这种量

---

① Marcel Danesi, *The Semiotics of Emoji: The Rise of Visual Language in the Age of the Internet*, London: Bloomsbury Academic, 2016, pp. 87—88.

② Marcel Danesi, *The Semiotics of Emoji: The Rise of Visual Language in the Age of the Internet*, London: Bloomsbury Academic, 2016, pp. 30—31.

化和质化相结合的方法搜集文本,并在此基础上融合符号学的视角对文本进行分析。最后,该研究对象对访谈资料的重视,让符号学从传统的文本中心论中解放出来,转向从解释项的角度(即符号使用者)来谈符号的能动解释以及传播效果,进一步创新了传播符号学的研究范式。

三、从传播学到"交流学":拉尼根

在美国本土孕育的"交流学"(communicology),算是以符号学方法建构传播哲学的一个代表。交流学作为一门学科,正式成立于20世纪50年代,以于尔根·鲁斯克(Jürgen Ruesch)《人类关系的符号路径》(1953)和鲁斯克和贝特森(Gregory Bateson)的《交流:精神病学的社会矩阵》(1951)这两本专著的出版为标志。几乎同时,国际交流学会(International Communicology Association,ICA)在美国正式成立,由诺尔(Franklin H. Knower)和莫雷(Elwood Murray)创建。

美国交流学派现任领军人物是理查德·拉尼根(Richard Lanigen),他的导师则是莫雷的学生托马斯·佩斯(Thomas J. Pace)。拉尼根是美国南伊利诺伊大学(South Illinoi University)教授、国际交流学研究所(International Communicology Institute,Washington DC)主任,在此期间他培养了多位交流学硕士与博士。他曾担任国际符号学协会副主席、美国符号学协会主席,《美国符号学》(*The Journal of American Semiotics*)主编。在拉尼根的推动下,交流学这一融合符号学与现象学的传播学派,正在获得越来越高的关注度。不过,尽管作为一个学科已有近60年的历史,但其地位和性质在美国传播学界显得非常特殊。

首先,从命名来看,该学科学者选用"communicology"这个单词,以区别于传统意义上的"communication studies"(传播学)。因为他们认为当时以信息科学为主导的传统传播学研究,只是交流学的"子集"。在拉尼根等人看来,若把交流(communication)视为"人类意识的本质",即"我们对话语中意识的认知是一个交流过程",那么人文学科对于这一对象的研究最早可以追

溯到1922年胡塞尔的现象学研究。所以，这一科学至今也有近百年的历史。[①]

换言之，尽管当今以经验学派主导的传播学社会科学研究范式在20世纪30年代才确立，但人文学科界有关交流的研究很早已出现。交流学派学者们认为"communication"的论域比经验学派的更加广泛，因为后者仅包含以大众传媒为中介的意义交流行为。因此，"communication"这一术语，应当涵盖所有人类交流现象，起码包含如下四个主要层次：(1) 自我层次（或精神病学、美学领域），(2) 人际层次（或社会领域），(3) 群体层次（或文化领域），以及 (4) 跨群体层次（或跨文化领域）。而这也是交流学应当纳入的研究领域。

交流学还包含与交流相关的具体应用领域，如交流艺术学、临床交流学、媒介交流学以及交流哲学（philosophy of communicology）。而从交流学的现有研究成果来看，该学科目前主要还是集中在"交流哲学"这一分支，即从形而上学、逻辑学、现象学、符号学、艺术哲学等方面去探求意义交流的基本规律。

其次，从研究方法上说，交流学不属于北美主导的量化或经验研究传统，而是综合符号学与现象学传统的传播学理论学说。相关学者认为相对于传统传播学的社会科学背景，交流学是一个有关交流的"人文科学"（human science）。在此处，他们依据传统哲学对现象学方法论特性的描述，认为现象学方式是经验（empirical approach），因而属于一种科学。这一观点与胡塞尔和皮尔斯现象学传统一致。

关于此点，伊萨克·卡特（Issac E. Catt）等人在一篇有关交流学的介绍文章中道出了交流学（communicology）与传播学（communication studies）之间的命名差异。这也从本质上说明了在当今经验传播学繁荣发展的美国，为何还有必要发展出一条以现象学与符号学相融合的传播学研究之思辨哲学路径：

> 我们认为"交流学"（communicology）这一术语，尽管读起来有些绕口，但是与下面这些情况相比，这是一种改进：例如，与领域研究相关

[①] Richard L. Lanigan, Communicology: Approaching the Discipline's Centennial, *Semiotica Y Comunicologia*, 2010 (72), pp. 1—24.

的其他术语如"传播学"（communication studies），或者只把"交流"与技术和媒介研究连接起来等。传播学这一术语以及"交流"这个含混的词语，并非都具有具体以及合一的哲学基础。的确，交流学在许多核心的层面，都区别于主流的传播学理论与研究，即便它为那些充满哲学思辨的科学研究之进步，提供了一个伞形术语。不可否认的是，美国的传播学者们熟悉传播社会科学，却对传播学的人文学科并不了解，因为可能把它视为人文学科中无数中质化方法中的一种。人文学科广泛地影响了交流学，该学科并非要提出一种新方法，因为它就是基于现象学与符号学这种严格的、系统的理论的哲学。[①]

这段话听起来非常拗口，却说出了交流学、符号学与传播学之间的关系。交流学与传播学的研究对象一致，均为"communication"，但前者的目标集中在该词的本质即"交流"与"互动"这一意义上，而后者则主要讨论意义在大众媒介中的传播现象。因此，交流学作为传播学学科发展繁荣之后，逐渐延伸出一种新的路径，旨在把符号学与现象学作为指导理论，整合人文学科中有关交流的相关理论，进而从本体论层面解释探索人类文化社群之中的意义交流与互动现象。

交流学属于传播符号学的一种发展路径。或者说，交流学就是符号学，因为符号学的目标就是探究意义的表达、交流与互动。而交流学与传播学则均属于传播学研究，但前者更希望从哲学或意义理论层面，为其他具体的传播学研究提供理论指导：

> 作为人文学科一个学科分支的交流学，也把信息理论整合起来，使其成为交流理论的一个部分。目的不是用人文学科替代社会科学，而是要建构一种逻辑层次：人文学科应当先于社会科学，前者关注意义如何通过表达被赋予以及被感知，而后者则关注信息（information）与信息（message）的交换。这一研究兴趣的转向，同时也把交流研究的重心转向去探究我们把某物视为信息而所需的社会与文化条件。因此，我们必须

[①] Andrew Smith, Essac Catt & Igor Klykanov, Introduction: Communicology: What's in a Name? in Andrew Smith, Essac Catt and Igor Klykanov (eds.), *Communicology for the Human Science: Lanigan and philosophy of communication*, New York: Peter Lang, 2017, p. 3.

首先从传播哲学开始。哲学家的任务是从问询基本问题开始，而交流学家则必须从本体论、认识论、价值论以及逻辑论等方面去探求思维中的交流问题。[①]

于是我们可以看到，交流学致力总结人文学科领域中有关人类交流意识与行为的哲学思想，主要把胡塞尔现象学、卡西尔符号学、皮尔斯符号学作为基础理论，并从语言学家萨丕尔、雅各布森那里整合其理论模型框架，试图从传播哲学的高度去探究人类交流现象的本质。

作为当今美国传播符号学的一支，交流学为我们从符号哲学层面探究交流行为提供了一条路径。这一路径，也可以代表当今传播学界部分学者试图突破量化/质化、经验/批判传统二分范式的桎梏，致力建构整体传播学体系的决心与努力。

第三节 传播符号学欧洲学派

新阶段的传播符号学研究存在显著的媒介转向。这意味着随着媒介技术的高速发展，媒介自身逐渐取代媒介所携带的文本，成为符号表意与传播的中心。相较于北美学派学者对传媒与流行文化的关注，传播符号学欧洲学派学者在此领域的贡献更加突出。以梵·迪克、延森、诺特以及布瑞尔等学者为代表，该学派学者秉承欧陆哲学的思辨传统，不满足于媒介文本分析，致力于本体论意义上建构一套分析媒介符号表意的理论工具，进而推动当今传播符号学的媒介研究转向。

一、媒介话语分析：梵·迪克

荷兰知名学者梵·迪克是当今话语分析领域的代表学者。他认为话语分析是一门融合语言学（特别是语用学）、符号学、人类学、社会学、心理学以及传播学的融合学科[②]，旨在通过分析诸类文化文本背后的宏观与微观的话语建

[①] Andrew Smith, Essac Catt and Igor Klykanov, Introduction: Communicology: What's in a Name? in Andrew Smith, Essac Catt and Igor Klykanov (eds.), *Communicology for the Human Science: Lanigan and philosophy of communication*, New York: Peter Lang, 2017, p. 5.

[②] 托伊恩·A.梵·迪克：《作为话语的新闻》，曾庆香译，北京：华夏出版社，2003年，第18页。

构机制,厘清这一机制背后的社会文化结构、权利关系以及意识形态机制等问题:

> 话语分析的主要目的是对我们成为话语的这种语言语用单位进行清晰的、系统的描写。这种描写有主要的视角,我们简单地称为文本视角和语境视角。文本视角是对各个层次上的话语结构进行描述。语境视角则把对这些结构的描述与语境的各种特征如认知过程、再现、社会文化因素等关联起来加以考察。①

作为该领域代表人物,梵·迪克于推进话语分析在全球的发展功不可没。他先后创办了四种国际期刊:《诗学》(*Poetics*)、《文本》(*Text*)、《话语和社会》(*Discourse and Society*)以及《话语研究》(*Discourse Studies*)。这些期刊现已在人文社科领域具有重要影响力。

梵·迪克自20世纪80年代起主要在两大领域推进他的话语分析研究:一是对大众传媒特别是报界新闻报道的结构、制作和理论进行研究;二是对各种话语类型(如课本、新闻报告、谈话、法庭话语和公司话语)中具有民族偏见的措辞进行分析。该工作现已扩展到话语中权力和意识形态的角色和社会政治信仰的产生这一更具有普遍性的研究领域。

而从研究影响力来看,梵·迪克对新闻传媒话语的研究影响了新闻传播学领域,现已成为当今传媒研究的一个重要方法论。②他认为,"媒体从本质上说就不是一种中立的、懂常识的或者理性的社会事件的协调者,而是帮助重构预先制定的意识形态"③。因此,新闻话语分析的任务便是仔细探究新闻话语中所体现的意识形态机制及其特性。这奠定了话语分析的批判性研究立场。

梵·迪克指出,新闻话语分析作为一种意识形态的描写机制主要有两个视角,即文本视角和语境视角。文本视角是对各层次的话语结构归属进行描述,他认为,文本具有不同的结构层次,从宏观结构到微观结构无不体现作者的观点和意识形态。命题与命题之间按照一定规则组织起来。他提出了新闻话语分析的一个关键性概念:新闻图式(News Schema)。"话语的总体意义不仅有自

---

① 托伊恩·A. 梵·迪克:《作为话语的新闻》,曾庆香译,北京:华夏出版社,2003年,第27页。
② 丁和根:《梵·迪克新闻话语结构理论述评》,《江苏社会科学》,2003年第6期,第199—203页。
③ 托伊恩·A. 梵·迪克:《作为话语的新闻》,曾庆香译,北京:华夏出版社,2003年,第13页。

己的组织原则,还需要某种总体的句法来限定话题或主题在实际文本中插入或排列的可能形式。"①

图式即为"超结构"(super structure)②,是话语的综合性、全局性结构,以类似于故事图示的方式受到具体的超结构范畴和规则的制约。因此,图式作为具体话语在元语言结构层面的基本结构,既可以是一系列常规的叙事范畴或类型,也可以是一系列规定图式中叙事类型等级和顺序的叙述规则。更重要的是,图式中更存在一系列通过叙事类型的省略或常规顺序的变化等,把隐含的规范模式变成各种具体的叙事图式的转换规则。

显然,按照图式理论去分析新闻话语,具有启发意义。新闻报道中存在明显的话语结构,如导语、主题段、消息源引用、评论等。改变这些图式必要组成部件的前后顺序,或者删除其中一个部分,即便是对同一个事件的报道,也会展现出不同的话语意义。为此,梵·迪克总结出新闻图式中的五个基本范畴:

(1)总结,一般在报道的开头位置,可以由标题和导语两个部分组成。其作用是突出文本最重要的主旨或话题。(2)主要事件,该范畴紧接着导论之后呈现,负责安排促成被报道事件的一切信息。(3)背景,有关该事件发生的当下语境以及历史缘由,为此他又把背景分为"环境"和"以前事件"。不同报道根据报道目的、事件性质的不同,会对这两种背景的阐释有不同侧重。例如,对于以前事件的调用,会唤起读者对社会与文化认知的某种原型沉淀。(4)后果,即新闻事件所造成的行为或反应。这种反应可以是事件本身的结果,以及报道者或目击者对该事件发生后的言语反应,后者具有策略性意义。尽管报道者为了所谓"客观"的立场,而不对事件进行评价,但其口头表述对情节的取舍,可以反映其基本的价值立场。(5)评论,可以是人们对事件未来发展的预期,也可以是记者本人以评论报道形式对事件进行的评价。

在上述分类的基础上,梵·迪克用图3-2总结出理想情况下的新闻话语结构:

---

① 托伊恩·A. 梵·迪克:《作为话语的新闻》,曾庆香译,北京:华夏出版社,2003年,第50页。
② 托伊恩·A. 梵·迪克:《作为话语的新闻》,曾庆香译,北京:华夏出版社,2003年,第50页。

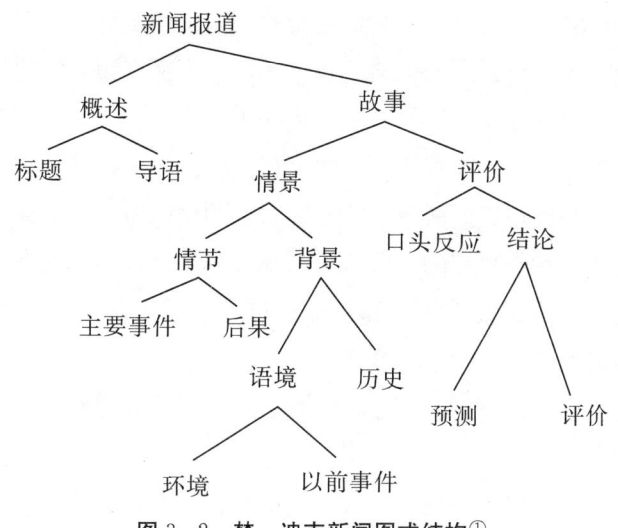

图 3-2　梵·迪克新闻图式结构①

针对这一图式结构，梵·迪克强调该格局图中包含着许多语义三角，它们按分级构造原则排列。该图的读法应该是自上而下、从左向右的。"它的基本策略就是顶向下或倒金字塔原则：先从左自（至）右地叙述每一范畴的高层次信息，然后才表述各范畴更低层次的信息。"② 但他同时指出，不同的新闻报道不一定完全按照这种顺序来安排文本结构。例如，记者有时候会把语义不那么重要的信息放在显著位置，例如在标题或导语中表现出来，或者通过其他非显性的策略，来改变范畴间的组成规则，进而把自身的价值取向编织进新闻话语之中。

梵·迪克所开创的新闻话语分析，既为话语分析学说建立了一个应用研究的分支，也为传媒话语研究提供了可借鉴的范式。相比于社会科学范式下的"内容分析"（content analysis），同样关注文本的"话语"分析为新闻传播学研究带来了不一样的研究视角。内容分析是对传播的明显内容进行客观系统的定量描述的研究方法，主要针对一定传播内容中的特定单词、短语或主题的出现频率加以统计。它是从特定的研究框架出发，对研究变量进行操作性定义，

---

① 托伊恩·A.梵·迪克：《作为话语的新闻》，曾庆香译，北京：华夏出版社，2003年，第57页。

② 托伊恩·A.梵·迪克：《作为话语的新闻》，曾庆香译，北京：华夏出版社，2003年，第58页。

遵循对资料进行编码、统计和分析的固定规则，采用实证方法对媒介信息进行定量、系统和宏观的分析。而话语分析更倾向于人文视角，它将一切传播活动归结为符号的问题，用符号和语言透视传播现象。

比之于内容分析的工具理性，话语分析更强调价值理性，它主要探究大众传播的影响中一些仅用定量研究方法不能解释的微妙特征、功能和结果。较之于内容分析把文本看作自律的，脱离于其他文本以及社会文化背景的做法，话语分析则把文本和话语置于历史和社会语境中，赋予研究情境中的特殊行动者、关系及其实践。

进入21世纪，梵·迪克又把研究重心转向网络社会中的符号互动机制。在其最新的专著《网络社会——新媒体的社会层面》中，梵·迪克主要关注通常被视为"受众"的网民在新媒体社会中的角色转变过程。他敏锐地指出，网络社会中的受众，"不仅能够参与传播过程，还能在其中发出自己的声音"[1]，这是因为"数字媒体比传播媒体更易于互动，它使得平衡向受众和需求面有所倾斜"[2]。在上述基础上，他对网络传播中的关键行为即"互动"（interaction）进行了重新考察，认为"互动"强弱取决于传播双方的主体"控制程度"。因此，除非被传播的一方获得的信息量超越他自己所控制的信息量，否则这种网络互动就是不成功的。

梵·迪克的上述洞见非常具有启发意义。这意味着网络互动研究的重点，已从内容的结构分析转向网络使用者间的意义关系分析。网络新媒介技术的日益壮大并没有导致受众的主体性减弱，反而增强了受众的主体能动性。这种能动性使得人与人的互动能力更加强大，让网络空间的社会属性增强。这表明，媒介技术与受众的主体能力成正比，而非反比。这一论述路径，挑战的是以媒介技术与效果为中心的传统传播学理。

---

[1] 简·梵·迪克：《网络社会——新媒体的社会层面》（第2版），蔡静译，北京：清华大学出版社，2014年，第7—8页。

[2] 简·梵·迪克：《网络社会——新媒体的社会层面》（第2版），蔡静译，北京：清华大学出版社，2014年，第7—8页。

二、元媒介与元传播：延森

传播符号学转向关注赛博空间中的媒介议题，需解决的是媒介的定义与特性问题。当前，传播符号学者主要采用"元媒介"（meta-media）这一概念来统摄网络与智能媒介。它是基于互联网与移动终端为一体的新传播平台，以计算机、智能手机、平板电脑、智能穿戴设备等智能终端为代表。[1] 这类元媒介平台的最大特征，就在于先前出现的所有媒介及其传播方式皆可以共存于此，或以模拟或虚拟的形式存在于其中。[2]

丹麦符号学者延森（Klause Jensen）在这一领域做出了主要的贡献。他是丹麦哥本哈根大学媒介、认知与传播学系教授，主要融合皮尔斯符号学与社会符号学理论，探讨新媒介语境中的符号表意及虚拟社群关系的建构问题。在《媒介融合：网络传播、大众传播和人际传播的三重维度》[3] 一书中，则以一种全新的角度论述了"媒介融合"这一命题。

他提出媒介融合的研究应当从"作为技术的媒介"，转向"作为实践的传播"。因此，所谓"媒介融合"不过是交流与传播实践跨越的不同的物质技术和社会机构的开放式迁移过程。这意味着我们不应当把媒介融合仅仅看作技术变迁的结果，更应该注意到人类交流行为模式的演变以及交流意愿的增强，推动了整个传播媒介变革的这一能动性本质。而探究这一本质的起点，便是"元媒介"与"元传播"这一对概念的互生关系。

（一）元媒介

元媒介并不是一个新概念，它在总体上只是指某种媒介包含其他媒介，或指涉自己或其他媒介的信息。我们可以简单把它理解为"媒介的媒介"。最早阐释这一术语内涵的是麦克卢汉，不过他并没有直接使用这一术语。他指出："任何媒介的'内容'始终是另外一种媒介。言语是文字的内容，正如文字是

---

[1] 赵星植：《论元媒介时代的符号传播及其特性》，《四川大学学报》（哲学社会科学版），2017年第3期，第82—88页。

[2] Klaus B. Jensen, How to Do Things with Data: Meta-data, Meta-media, and Meta-communication, *First Monday*, Vol. 18, No. 19, 2013, http://firstmonday.org/ojs/index.php/fm/issue/view/404.

[3] 此书已有中译本：克劳斯·布鲁恩·延森：《媒介融合：网络传播、大众传播和人际传播的三重维度》，刘君译，上海：复旦大学出版社，2012年。

印刷的内容,印刷又是电报的内容一样。"① 这意味着媒介不仅指涉内容,更指涉媒介本身。

与麦克卢汉同为媒介环境学派的尼尔·波兹曼(Neil Postman)首次使用了元媒介这一术语。不过,他用的是媒介这一英文单词的单数形式(meta-medium),因为他认为电视才是真正的元媒介。他论述道:"我们逐渐了解到电脑是未来的科技发展方向。于是我们开始担心自己的小孩若无'电脑素养',他们的人生会被拖累;不会电脑,我们将无法工作……"② 他说我们对电脑技术的担忧都是从电视中了解到的:"电视成为'元媒介'——它不仅引导着我们对世界的认知,还影响着我们的认知方式。"③ 可以看出,他是从认识论这个层面来理解"元媒介"的,即认为媒介可以作为一种根本的认知框架,决定我们对世界的看法。

麦克卢汉与波兹曼所处的正是电视媒介逐渐兴盛的年代,网络新媒介技术的影响要到20世纪末才逐渐显现出来。但两位学者从两个侧面说出了元媒介的特点。首先是媒介的共生性,在媒介交替的历史进程中,传统媒介不会消失,而是融入新媒介的形态。这意味着新的媒介将整合传统媒介,后者进而成为前者的元媒介。其次,元媒介的根本影响,不仅在于媒介形态的改变,更重要的是媒介形式决定着媒介使用者的思想对整个世界的映现与意义构筑方式。

随着数字媒介技术特别是智能媒介技术在21世纪的兴盛,越来越多的学者提出网络数字媒介更适合被命名为元媒介。网络媒介中的所有媒介类型都是原生于或寄生于元媒介家族的。例如,纸质媒体或者广播媒体现在寄生到元媒介中,而博客、微博以及社交网络这样的新媒体,本来就原生于元媒介之中。因此,元媒介既与现存媒介相平行,又不同于任何一类现有媒介。它作为媒介之媒介,既是传统媒介在新平台进行传播的新媒介,又是如社交网络这类新媒介平台的诞生之地。

应当说,从媒介技术发展的角度来看,每种媒介都蕴含着元媒介的品质。如麦克卢汉所述,新的媒介总是包含之前的媒介。电视依然具有元媒介的性

---

① Marshall McLuhan, *Understanding Media: The Extension of Man*, London/New York: The MIT Press, 1994, p. 19.
② Neil Postman, *Amusing Ourselves to Death*, London: Penguin, 2005, p. 79.
③ Neil Postman, *Amusing Ourselves to Death*, London: Penguin, 2005, pp. 79—80.

质，因为它总是指涉先前的媒介，如报纸、广播以及其他电视节目。但是电视与互联网媒介不同，它对先前媒介的整合是对其他媒介内容的再次媒介化。这意味着电视媒介要传播纸质媒介的内容，就必须把平面的文字内容转换成流动的视频或声频内容。即便他只播放文字信息，考虑到观众的接收效果，也要配上声频或者背景音乐播报。这正如电视新闻节目中全文播放报纸上的评论性文章，需要播音员的朗读。

在这个意义上，电视在本质上不属于原生性的元媒介，因为它在整合先前媒介的内容时，已改变了这些媒介的具体传播形态。网络媒介则不同，其技术特性使得它能以虚拟的形式承载先前的传播形态，保留其基本的媒介特征。同样是纸质媒体的内容，网络媒介可以采用超链接的形式，将文字媒介链接起来，而不改变其传播形态。

因此，网络媒介作为原生性的元媒介，从媒介技术的角度来看，其主要特征体现为其强大的媒介整合功能，以及统合现存所有传播模式的能力：首先，它不仅重新整合了文本、图像和声音，还吸纳了大众传播与人际传播中的所有体裁，如叙述、辩论、游戏等。其次，从传播模式来看，元媒介整合了一对一、一对多以及多对多的传播形态。①

（二）元传播

互联网新媒介作为原生性的元媒介，之所以具有革命性意义，关键在于新的符号传播方式的嵌入，由此带来意义社群的重构。它是统合次级媒介的上一层媒介，所以元媒介必然对传播方式及其传播主体关系进行重塑。这种重塑的根本后果是整个文化社群意义编码及其组织形式的变革。正是在上述意义上，延森引入了"元传播"（meta-communication）这一概念来剖析元媒介的本质特征。②

"元传播"最早由生物学家贝特森（Gregory Bateson）提出，延森则借用该概念来描述元媒介实践的符号传播特征。贝特森主要从言语交流层面指出元

---

① 克劳斯·布鲁恩·延森:《媒介融合：网络传播、大众传播和人际传播的三重维度》，刘君译，上海：复旦大学出版社，2012年，第96—98页。

② Klaus B. Jensen, How to Do Things with Data: Meta-data, Meta-media, and Meta-communication, *First Monday*, Vol. 18, No. 19, 2013, http://firstmonday.org/ojs/index.php/fm/issue/view/404.

传播问题:"人类的语言交流不仅能够,而且一直是在许多抽象的对比层次上进行",这实际上已经指出了语言符号交流的层控关系这一经典命题。他进一步认为,任何言语命题除用于指涉事物的实际状态,还在另外两个层面上展开。第一是把元语言信息(meta-linguistic information)引入传播活动之中,用于指明传播内容的解释规则。第二,交谈双方也通过元传播传递彼此之间的关系。这表明人们为了传播,不得不进行元传播活动,这不仅是为了使传播的信息更加准确,更重要的是为了在传播中建构内含人际关系的交往规则。因此,元传播解决的正是"在关系之中怎样讨论关系并由传递关系意义的元传播建立关系的问题"①。

贝特森的研究仅在于人际传播,并指出了元传播在人际交流层面的隐匿性,"绝大部分元语言和元传播的信息都是含蓄的",因而必须经由"语言"得以推断。然而,相较于人际传播与大众传播中元传播模式的"隐身",元传播诸问题则突显在元媒介传播活动之中。换言之,元媒介中的元传播活动,不仅是传播符号意义的内部编码规则,更是作为传播活动本身参与到具体的传播实践之中。

在厘清上述概念的基础上,延森基于自己创建的媒介三重维度理论,从媒介发展史的角度,分别讨论了元传播在人际传播、大众传播以及网络传播三个层面的存在形式、特征及其理论分析工具②:

第一,人际传播层面的元传播活动。延森认为这类元传播活动与贝特森所描述的特征一致,即在面对面的交流语境中,人们的言语交谈总会超越字面信息的交流,并通过这类元传播过程建立自己的交往关系。延森指出,在面对面交流过程中,人们擅长处理这种交流的复杂性。具体来说,我们可以依据表达、话语转换以及角色扮演的习惯建立并调整我们之间的交往关系。在这种过程中,我们通过元传播建立起心理学和社会学意义上的真实语境,也即贝特森所谓的"框架"(frames)。

而框架这一概念则被戈夫曼进一步拓展。他继续解释框架如何在社会交往

---

① 王金礼:《元传播:概念、意指与功能》,《新闻与传播研究》,2017年第2期,第118—125页。

② Klaus B. Jensen, Meta-media and Meta-communication: Revisiting the Concept of Genre in the Digital Media Environment. *Medie Kultur*, 2011, 27 (51), pp. 8—21.

中持续得到遵循或遭到破坏、修改和替代。而这种框架即人际交流中元传播存在的主要形式：我们不仅通过交流获取了信息，更重要的是，也通过交流维护或者修正了我们的文化认知框架，并在此基础上完善我们的社会人格。最后，延森指出，相对于戈夫曼，贝特森的框架理论则主要关注元传播两个方面——编码和交往，二者逐渐发展到大众传播与网络传播层面。这是因为技术和元技术不仅实现了文本的跨语境传播，还使框架跨越不同的社会语境。

第二，大众传播层面的活动。大众传播作为一种单向的传播形态，向着远距离的受众传递信息，但它同样在这类传播形式中承载着元传播功能。而这类元传播，则主要依托"体裁"（genre）。所谓体裁，指表达和体验特定主体时间的话语习俗，它构成了大众传播符号文本之解释和交流的框架。此处，延森借助雷蒙·威廉斯的体裁三原则来说明大众传播的元传播问题：（1）与众不同的主题，如新闻中的"公共"内容，小说中的"私人"内容；（2）形式构成，如文本表达是描述形式还是说教形式，是静止影像还是运动影像；（3）言说模式，如对于受众而言，一则广告或公共服务广播可预测的重要性。

由上可以发现，大众传播的体裁作为元传播的具体表现，具有社会功能的话语特性。它们既体现着传播内容的性质，也体现了所维系之社会关系的类别，而这两点则与贝特森元传播概念两个部分相互融合。在此意义上，延森将分析框架进一步拓展，认为符号学家雅各布森提出的符号六因素/六功能理论，能更加形象地说明文本的形式特征对所传达的信息所起到的规定作用。

雅各布森指出任何符号文本包含六个因素：发送者、文本、对象、媒介、符码与接收者。当其中一个因素成为文本的主导时，就会导向某种相应的特殊意义解释。特别是当符号侧重于符码时，符号出现较强的"元语言倾向"，也就是符号文本自身提供相关线索来进行自我解释。因此，所谓元媒介下的元传播活动，实为不同的元语言因素在元媒介符号文本中成为主导解释因素，进而形成的偏向元语言符码建构与解释规则的各类传播活动。相应地，元媒介使用者也会依据符号文本所显现的不同元语言因素类型，调动自身或解释社群的元语言集合，对符号文本进行解释与再传播。

第三，是网络传播层面的元传播活动，即元媒介层面的元传播活动。该层面的元传播，类似于罗兰·巴尔特在神话理论中所提出的二级涵指系统：一方面，内涵语言建构在语言之上，是其自身的第二级语言或者传播的载体。另一方面，元语言描述了语言：其本身并非语言，而是关于语言的语言。由此，内涵的编码得以强化；元要素（meta-constitutes）则塑造了传播者所融入的、与上述内容相关的社会关系。①

问题的关键是，元媒介语境下的元传播活动是如何进行的，又是如何影响到传播主体之间的具体传播实践的；并且，"元媒介"与"元传播"作为一对新的研究范畴，其研究路径和具体突破口在何处。为此，延森做了较为深刻的探讨。他的研究可以算作这一新兴课题的成果。他认为可根据元媒介系统与元媒介使用者对信息控制能力以及对信息内容和访问时间的选择，将元媒介中的元传播活动分为如下四种类型：

（1）审阅传播（processed communication），即系统通过个体使用者的媒介使用轨迹进行记录，为用户提供账单、系统维护、市场分析等。在审阅传播之中，最关键的一环在于元媒介用户的"注册"（registration）这一行为。注册使得传播者的元数据得以收集和整理，并成为下次传播活动进行的起点。

（2）推荐传播（recommended communication），即系统管理员根据对不同使用者群体传播行为的考察，确定最受欢迎的传播行为，或者该用户群体最受欢迎的传播内容，并由此推荐给使用者群体的内容。比如，亚马逊网站所推荐的购书清单，微信与微博中的推荐文章或者推送广告，等等。

（3）迭代传播（iterative communication），即使用者以异步或同步的方式，参与到针对彼此交往或传播活动的评论、转发当中，甚至可以参与传播内容的集体编辑或创作等。例如，知乎、维基百科、百度百科这样的开放编码平台的用户参与。这使得用户不仅将自身，而且将彼此进行了编码，并整合到不同的社会关系之中。

（4）第三方传播（third-party communication），即系统对用户在元媒介中留下的传播活动数据信息进行重新整合，并将其发布给如广告商、市场管理者或者政府单位等。与审阅传播相比，第三方传播的主动权为系统所操控。②

---

① 克劳斯·布鲁恩·延森：《媒介融合：网络传播、大众传播和人际传播的三重维度》，刘君译，上海：复旦大学出版社，2012年，第96—98页。

② Klaus B. Jensen, How to Do Things with Data: Meta-data, Meta-media, and Meta-communication, *First Monday*, vol. 18, no. 19, 2013, http://firstmonday.org/ojs/index.php/fm/issue/view/404.

在上述基础上，延森论述了元传播与元媒介之间相辅相成的关系问题。他认为，元媒介的本质特性在于传播主体对"元数据"（meta-data）所进行的一系列元传播活动。元数据是关于任意信息的来源、特征及其轨迹，如文本的标题、关键词、索引数据等，这得益于信息抓取与数据搜索技术的成熟。而元数据在元媒介中的普遍存在，使得传播者的能动作用大大增强。媒介使用者对于网页、图片的"标签""点赞""转发"等，都在实际地参与到元数据的编码工作中，进而参与的是传播文本的实际创造。而传播主体在元媒介语境下，对传播符号文本所进行的符码或传播语境的重塑，实际上是"元传播"（meta-communication）在元媒介语境中的显现。

因此，借用彼德斯（John Durham Peters）的名著《对空言说》（Speaking into the air）之标题，过去的元传播一般都消失得无影无踪（into the thin air）。但在新媒体语境下，媒体使用者则是对系统（system）言说。从时间戳（time stamps）到"emoji"表情，从搜索关键词再到社交媒体中的标签书写，在元媒介的交流与互动中，传播者时时刻刻都参与到元传播这种编码机制中来。更重要的是，位于上一层的元传播机制，在元媒介的传播实践层面，被实时记录下来。元传播以及符号意义建构规则，从面对面传播、大众传播时代的临时"缺场"变成了元媒介时代的时刻"在场"。这为我们从意义规则层面去探究元媒介语境下的传播规则提供了一条很好的路径。

位于上一层的元传播机制——如人际传播层面的"框架"、大众传播层面的"体裁"——均在元媒介的传播实践层面被实时记录下来。

三、媒介的自我指涉：诺特

元媒介与元传播是赛博时代智能媒介的技术与传播特征，"媒介的自我指涉"（self-reference）则是元媒介文本的符号表意特征，以及由此造成的文化后果。德国符号学者诺特（Winfried Nöth）曾写专著讨论这一现象，即媒介在符号传播过程中自己指称自己，"自我反映、自成目的"[①]。

[①] 温弗里德·诺特，宁娜·毕莎娜编：《媒介的自我指涉》，周劲松译，北京：社会科学文献出版社，2019年，第1页。

（一）自我指涉的定义

自我指涉在后现代社会与文化中非常普遍。新闻为我们报道的不是我们在社会生活中所经验到的事实，而是之前在媒介中已被看到过、听到过或报道过的东西；电影不是叙述故事本身，而是讲述叙述技巧，讲述电影制作者如何去拍电影；广告不再关注产品与服务，而是注重广告自身。

上述论述听上去非常抽象，但其实不难理解。大众传媒，如报纸、电视等，常被用于直接再现与描绘真实的世界。随着传媒技术的发展，互联网媒介成为元媒介，这意味着它的传播起点可以不再是真实的世界，而是已被次级媒体媒介化了的拟像世界。从百度搜索引擎或网络门户网站中搜索出来的新闻，是电视、报纸或其他网络平台已报道过的新闻事件；微信里传播的信息，是各种公众号已媒介化的信息；微博中传播的短视频，来自其他媒体所再现的视频。

皮尔斯的三元符号学可以有效帮助我们理解元媒介的这种自我指涉现象。首先，无论是元媒介还是其他媒介，媒介再现本身便是一种符号活动。皮尔斯甚至考虑用"媒介"（medium）这个术语代替"符号"这一概念："我的所有概念都太窄了。如果不用'符号'的话，我是不是该说出'媒介'？"[①] 这意味着媒介化就是符号化[②]，即把对象再现于媒介所携带的文本之中。皮尔斯认为任何符号活动都由符号、对象与解释项组成。符号作为媒介再现或指涉对象，并在解释者心中引起解释项，这便是意义。

更值得关注的是，皮尔斯对符号所指涉的"对象"的讨论，恐怕也是媒介自涉论的理论出发点。皮尔斯指出每个符号都具有两个对象，即直接对象与动力对象。直接对象是符号表意过程中的对象，它作为"占位符"一样存在。而动力对象才真正决定符号的意义，它是解释者在符号之前的对世界认知的"间接经验"或前经验。（CP 2.231）因此他指出"符号的对象是符号的起源，是它的父亲。动力对象是它的生父，而直接对象是它指认的父亲"[③]。

皮尔斯的两种对象理论说明，符号所再现的对象并非一定有外延，而且它

[①] 出自皮尔斯未出版手稿，手稿编号：MS 339；526。
[②] 唐小林：《符号媒介论》，《符号与传媒》，2015年第2期，第139—154页。
[③] 此段观点出自皮尔斯未出版手稿，编号：MS 499s。

根本不必有真实的世界，因为符号本身或者有关符号的理念，就可以是符号的对象。正如他的名言所言："所有的符号都来自其他的符号。"（Omne symbolum de symbolo）（CP 2.302）既然真正决定符号的是动力对象，而动力对象则是人们的前经验，那么，符号所指称的对象本身就可以是符号。因此媒介所再现的内容，也可以是媒介自身。

根据皮尔斯的这一逻辑，可以把元媒介平台的符号指涉与表意关系做进一步的厘清。媒介符号文本所指涉的对象，可以是其直接对象，即现实世界中所发生的事与物。媒介文本也可以超越其直接对象直接指向其动力对象，也即其他媒介对这些事件的再现，以及我们在其他媒介平台了解到此事件后产生的评价与看法。因此，相对于其他大众传播媒介，网络元媒介文本倾向于后者，它跳过了动力对象，而直接指向动力对象即媒介自身。

以微博的"热搜"为例，目前在微博热搜排行榜中，真实事件往往与虚拟事件混杂。电视剧中女主角与男主角离婚，能不加引号的且与其他真实发生的社会事件一起，排在每日微博热搜榜单的前十名。此时，微博作为元媒介，再现的不再是一个真实的社会事件，而是指向另一个媒介，即电视媒介或其他视频媒介播放的剧情。同时，微博用户们往往也把它当作真实事件，认真严肃地去讨论与传播该事件背后的社会伦理与道德价值。因此，如果说在传统媒介时代，传播文本的自我指涉是一种艺术手法与再现风格，那么元媒介平台中的自我指涉则是其最根本的传播特性。

本书第二章所提库尔的"四度自然"理论，可以很好地用来说明媒介的自我指涉现象。从媒介再现的角度来说，库尔所谓的"二度自然"就是次级媒介所再现的世界，例如，一个自媒体用户用摄像机拍摄一个新闻事件发布到微博上；或者报纸报道的文字与新闻。而"三度自然"则是元媒介"翻译"至次级媒介所再现的世界，它远离真正的自然。例如，拍客的视频、报纸报道的新闻，在微博元媒介平台中通过各种形式，被再次编辑、转发与传播。

（二）自我指涉的三个层次

元媒介的自我指涉现象可以在不同维度发生，当然在不同维度中其自我指涉的程度也不尽相同。这涉及的是所传播之符号信息量的大小。在媒介自我指涉过程中，所生产的信息量越大，这种元媒介的自我指涉程度就越高。在此，我们引入皮尔斯关于符号传播与信息生产的三分法，试着对这些自我指涉现象进行分类说明。

皮尔斯指出：符号除了具有呈现品格以及再现能力，还具有解释能力（CP 1.542）。这种能力可以使符号指导或者决定它的解释项，使它们把对象解释集中在某个特定的焦点之上。这个论述已经点明了符号自我指涉的本质：符号文本自身的构成与特性，可以引导符号的使用者在何种维度以及何种程度上去解释符号自身的意义。因此，皮尔斯的这一类三分法非常适合用于指导元媒介中的自我指涉现象。

基于上述逻辑，皮尔斯提出根据符号与解释项的相互关系，把符号分为三类，即呈符（rheme）、申符（dicent）和论符（argument）。以言语传播为例，呈符对应词语及命题中的一个项，是语言中词语或概念的层次。申符是命题，对应语言中句子和陈述的这一层次。论符主论证，是语言传播中更高级的层次，它涉及对命题与命题的连接、判断与辨析，并从中得出结论。皮尔斯认为，从呈符到论符是一种递进的信息生产行为，即后一类符号把前一类符号卷入更高一级的解释系统之中。这显然与元媒介的符号表意特征是一致的。

下面笔者将以微博为例，说明它如何卷入不同类型的媒介自我指涉行为。微博是典型的网络元媒介，它本身就兼容文字、图像、视频、音频等其他媒介形式。特别是它自带的话题、点赞、转发、评论、超链接等功能，使得微博媒介的自我指涉行为成为其符号传播的重要特征。应当说，除微博以外，如门户网站、微信等其他互联网应用软件，因为都是元媒介的主要形态，也都具备这样的一般特征。

首先，是呈符型的自我指涉，这在微博元媒介中表现为话题功能的广泛应用。在微博中，用户只需要在一个人名、词语、短语、句子的前后两端各添加一个"♯"符号，这个词语随即就变成一个具有超链接功能的话题。用户点击某条微博中的这个话题，便可直接进入微博中其他带有相同标签的文本。这说明在微博符号传播活动中，符号自我指涉行为普遍存在：它只需要以话题标签的形式就能完成对自身媒介内容的一次自我指涉。

皮尔斯指出，呈符引导解释项关注符号自身的品质特性，而非符号所可能具有的法则特性。（CP 4.538）"话题"正如语言传播中的项或概念，是微博媒介文本最基本的构成要素。"话题"的存在，引导着微博使用者主动关注微博媒介的自我指涉特性。首先，作为微博文本的接收者，用户习惯在阅读一条微博文本的同时，点击文本中带"♯"符号的话题内容。这意味着用户可以同时浏览微博中讨论相同话题的多条内容。其次，微博的自媒体性质，使文本的接收者也即刻转变成发送者。这意味着微博用户可以转发带话题标签的内容，也可以原创一条带有此话题的内容。

话题标签作为呈符，最显著的作用是向用户指明微博作为元媒介的基本品质，即本文一再强调的自我指涉性。这样的自我指涉最常见于微博广告营销。任何一个品牌商，在微博中推广产品时都会通过各种方式创造热点，提高广告文本的点击率和商品的搜索率。其中最基本的手段便是在推广文案中添加话题关键词，如品牌名称、代言明星的名字，或明星在广告中所述的广告用语。

这些在广告文本中加了"♯"符号的关键词作为一种呈符，所传递的只是其产品或代言人的名字。这些话题无需过多的评论，通过特定用户的转发，广告文本一次又一次指涉商品本身。因为一旦点击了这些话题，用户便可以看到商品的相关信息。这似乎是对潜在的使用者说，这个商品无需任何评论，因为它自己就能够为自己代言；或者说，这位代言人本身便能说明商品自身的"价值"。

呈符型的媒介自涉活动，也重新规训媒介使用者的符号表意与传播方式。微博是中国最重要的互联网公共表达平台之一，公众常通过微博参与到公共事件、公共议题讨论中，或者通过微博说明与自身利益相关的事情并希望引发更多人的关注。在微博这样的新媒介话语空间，把一人的话语转变成众人的话语，话题关键词起到了重要作用。一个用户的话题可以通过多人的转发与评论，成为"超话"，最后随着更多"大V"用户的卷入，进入"热门搜索"，其影响力便会溢出微博话语场，成为公共话语场的议程之一。在其中，我们可以看到，话语的每一次转发，都意味着这一文本又再一次自我指涉微博媒介中所再现的事件，卷入更加复杂的符号自涉性表意行为之中。

相比于呈符，微博中申符型符号表意活动的自我指涉程度更高。皮尔斯解释道，申符就是把呈符连接到一个更高的解释系统之中去，以此引导解释者去断言符号的某种品质是与某个对象相一致的。（CP 4.538）因此，从言语传播的角度来看，呈符是命题中的一个所指项，而申符就是命题本身。例如，将"约翰是人"这一命题作为申符，它的谓项（也即呈符）是"是人"。这一符号的解释就会指向符号意义与其指称的相互关系；首先，对象会拥有多少谓项所指示的那些品质；其次，把谓项归因到这些对象之中后，所指称对象的深度会扩大到什么程度。

根据上述逻辑，"超话"则是微博中非常典型的申符型媒介自涉文本。"超话"是超级话题的简称，具体是指拥有共同兴趣的人在微博中汇聚而成的圈子。超级话题实际上为网络粉丝文化的产物，是新浪微博为解决由于粉丝为明星"打榜"而造成整个微博生态失衡的问题，而对普通话题所进行的升级。因此，超级话题中心多以社会名流为主。当然，随着超话机制发展得越来越成熟，也有越来越多的其他兴趣社群加入。

它不同于普通的话题：普通话题用户在搜索之后就可以发布动态、表达观点等。超级话题却有着严格的规则，例如，超话里所发布的题目仅对已关注的成员可见，新成员若想加入超话则需要超话主持人的审批。因为，超话作为在微博中单独存在的兴趣社群具有相对的封闭性，它也会卷入更多有共同兴趣的用户参与其中，进行类似签到、发帖以及互动等行为。

相对于作为呈符的普遍话题，超级话题是申符性的媒介自涉行为。首先，超级话题可以包含普通话题，正如命题自然可以包含它所指的项一样。其次，超级话题作为申符，其作用是把普通话题所指的对象具体关联起来，进而产生更多的符号意义解释行为。正如在微博中发展最为兴盛的明星超级话题一样，话题成员所发表的关于这个明星的每一个信息，都指涉"超级话题"这个媒介，形成社群成员对该明星的看法、评价。使用超级话题的用户必然是兴趣社群中的一员，因此话题所涉及的任何一条微博，都会比普通话题卷入更多的共情因素，也会引发更深入的话题讨论。

从自我指涉的角度来看，超级话题符号传播行为也使得元媒介的自我指涉程度增加。因为超级话题是一个更加封闭的兴趣小组，这意味着在微博整个元媒介平台中所发布的文本，一旦有"超级话题"这一标签，便会直接指涉微博中的这一个超级话题小组。反过来，超级话题小组的成员想把自己的文章推广至更开放的微博普通话题讨论中，也会带上相应的标签，发动更多成员以及拥有更大影响力成员评论与转发。如此，该话题背后所携带的意义，便在微博元媒介的两种相互自涉行为中得到更加广泛的讨论和传播。

最后，则是论符型的媒介自涉表意。皮尔斯指出，论符与其他符号之间存在一种系统的、推论的或者法则式的联系。这意味着论符会让解释者去关注符号的推论形式，或者规则性的品格。（CP 4.538）再以言语传播来看，论证便是论符的主要类型，它通过命题（申符）的组合，去论证或推断出新的结论。从符号解释角度来看，这类符号是信息产出量最为丰富的符号。当然，论符也是自我指涉程度最高且最为复杂的符号，因为它可以以不同形式或者组合方式，提醒解释者注意它自己的解释规则与表意形式。

在微博中，论符型的符号传播活动以"热搜"排行为代表，因为它就是媒介自涉的产物。热搜的形成并不复杂，就是普通话题或超级话题在微博舆论场中发酵，并通过微博用户的大量转发、评论，成为影响整个公共话语场的议程。某些具有较高争议度的热搜话题，其影响力常常溢出微博，实在地影响着公众事物。因此，微博热搜榜单常常被视为公共讨论的"晴雨表"和"风向标"，发挥着重要的把关和议程设置作用。

出现在热搜榜单的话题，无限地自我指涉原初的话题本身。微博使用者点击热搜榜单，便会被直接引流到微博中与该话题相关的话题。这也是它为何是媒介自涉表意活动的产物的根本原因。此外，作为最高级的媒介自涉形式，它卷入的是多个层面的媒介自涉活动。首先是文本层面的自我指涉，例如2020年入秋后，"秋天的第一杯奶茶"这一话题一度成为热搜排名第一的话题，并引发微博用户的大量转发。该热搜话题还在现实生活中产生一定的带动效应，多地奶茶店大排长龙。与此同时，微博中的相关媒体账号开始反思为何"秋天的第一杯奶茶"能够成为热搜。例如《环球时报》微博发表带此话题的微博文章与用户互动："♯秋天的第一杯奶茶♯ 又上了热搜，你现在懂这是什么梗吗？"[①] 这便是典型的媒介文本层面的自我指涉，即文本自身去指涉自身。当然，随着更多用户在此条微博下方进行评论，该话题热度升温。

其次是微博媒介中不同文本之间的自我指涉。第一杯奶茶热搜发酵以后，各个蓝 V 媒体参与其中，纷纷从不同角度发布带此话题的相关讨论。例如《人民日报》微博发布图片信息说明奶茶的成分，呼吁公众关注饮食健康；"央广军事"微博则以此话题为由头，介绍解放军战士在野外执行任务时的饮品；

---

① 本书所引用《人民日报》《环球时报》以及"央广军事"的微博内容均来自微博"秋天的第一杯奶茶"热搜专栏，网页地址：https://s.weibo.com/weibo?q=%23%E7%A7%8B%E5%A4%A9%E7%9A%84%E7%AC%AC%E4%B8%80%E6%9D%AF%E5%A5%B6%E8%8C%B6%23，检索日期：2020年9月25日。

等等。这些微博的讨论最后都指向了微博之中这一话题本身。只是这一话题在传播过程中关联到更多的可能对象、可能意义,从而使符号文本的意义阐释更加多元与丰富。

综上,互联网作为一种原生型的元媒介平台,最根本的特征是其发生在不同维度的媒介自我指涉互动。这首先是由元媒介自己所携带的技术与功能决定。它能和谐地兼容所有的媒介形式,这使得在元媒介平台传播的符号文本,可以直接指向媒介本身,而非媒介所再现的内容。其次,从传播机制来说,元媒介符号传播文本的自我指涉现象可以在不同维度发生,例如在文本之间,在文本与媒介之间,又或在媒介自身的层面。并且,这些文本在传播过程中,又通过话题、超链接等链文本形式,使元媒介无限地指向自身,以此卷入更多的符号意义解释与传播行为。

四、赛博符号学:布瑞尔

当今的传播符号学研究,不单聚焦具体的传媒文化现象,更试图结合如现象学、控制论、信息论、生物学等共同关注"意义与传播"问题的交叉学科,建构具有普适意义的传播本体论,关注赛博空间中意义的多维度生成机制。

交流或传播(communication)是符号学关注的中心议题,因为它关涉符号、信息与意义的生成与交换过程。而在生物符号学领域,西比奥克将此议题置于该学科的中心,因为通过对物种间符号交流的研究,可以更好地了解人类交流的独特性。生物符号学致力探究动物以及其他生命体是如何被赋予用特定符号进行交流以生存的能力,以及人类符号活动与符号活动之间的区别与联系。因此,它将提炼物种间与物种内部的符号交流活动的共性,从整体性方面归纳与理解符号交流与现象。

生物符号学的这一符号传播与交流研究路径,在北欧学派得到发展。如前文所述,以霍夫迈尔为代表的第一代北欧学者,其理论特色就是把信息学、控制论等理论应用到对生物符号活动的探索之中。北欧生物符号学的这一路径在21世纪被丹麦学者索伦·布瑞尔继续拓展为"赛博符号学"(cybersemiotics)。他又把这一学科称为"赛博生物符号学"(cyberbiosemiotics),旨在把控制论、信息论的视角引入生物符号学范式。

这一关于信息、认知与传播学的超学科(transdiciplinary)框架,被称为赛博符号学。它试图利用皮尔斯式的生物符号学（Peircean biosemitoics）说明如何结合自然科学、生命科学、社会科学以及人文学科的相关成果，去探究意识的各个面向。[1]

毫无疑问，赛博符号学是高度跨学科的，这与21世纪符号学运动的跨学科特性是高度契合的。布瑞尔认为，信息、认知、传播、智能与意义是早已有之的哲学议题。随着维纳的控制论以及香农的信息论的提出，该议题逐渐汇聚在计算机、信息系统以及互联网这一跨学科语境下。但若纵观整个生命体界，无论人类、动物还是细胞之间的信息交流与传播现象，现有任何单一的学科都无法解决在各级传播活动中的信息认知与传播等问题：

> 认知与传播散布在社会之中，也体现在生物－物理领域与文化领域。存有一种传播与交流行为与生命实践融合，也把语言博弈与生命形式融合，还把交流能力与广义的社会文化能力融合。[2]

这也就是笔者将该学科"Cybersemiotics"翻译为"赛博符号学"的原因。互联网时代发展迅速，随之而来的是以赛博空间为背景的信息理论的兴盛。正是在这种背景下，赛博符号学应运而生。该学科关注的不仅仅是控制论（cybernetics），还试图把所有关涉"信息"与"传播"的相关内容融合到一个学科框架下。在其专著《赛博符号学：为何信息远远不够！》（*Cybersemiotics: Why Information Is Not Enough!*）一书中，布瑞尔进一步指出为何需要从超学科的视角去探索认识与信息问题：

> 把"认知"与"传播"概念化，使其能共存于科学与心理学之现象学层面的理论框架之中。并且，现有关于意义与传播的社会科学理论往往把这两个概念视为人类专有的能力。因此，该科学将致力把生物学以及处理

---

[1] Søren Brier, Cybersemiotics: Suggestion for a Transdisciplinary Framework Encompassing Natural, Life, and Social Sciences as well as Phenomenology and Humanities, *International Journal of Body, Mind and Culture*, 2014, 1 (1), pp. 3–53.

[2] Søren Brier, Cybersemiotics: A New Foundation for Transdisciplinary Theory of Information, Cognition, Meaningful Communication and the Interaction between Nature and Culture. *Integral Review*, 2013, 9 (2), pp. 220–263.

生命与认知关系的动物行为学置于中心。①

在上述语境下，赛博符号学的目标是建立一种"超学科"（transdisciplinary）框架，通过把广义符号学理论（主要是皮尔斯符号学）、生物符号学与信息论、系统论、认知语义学以及语言博弈论等学科融合成一个合一的理论框架②，处理信息、认知与传播之相互关系问题：

> 赛博符号学结合皮尔斯三元符号学与信息学中的控制论观点，试图建构一个全新的超学科框架……该理论框架提供一种超学科与多学科的合一理论方法，把"意义"视为首要原则，既用来把握控制论信息科学中自然与机器的发展行为，也用来指导符号学中有关生命体系之认知、传播与文化等行为。因此，赛博符号学作为一种合一的超学科哲学，使我们可以采用多学科（multidisciplinary）的研究方式，因为它关涉的已不仅是控制论与皮尔斯符号学，还有生物学、心理学与社会科学。③

认知、信息、传播等概念存在于信息科学、生物学、传播学、哲学、现象学、心理学等学科之中，但对上述概念的讨论因为学科壁垒造成内涵与外延的不同。同时，信息与符号交流广泛存在于生物、动物、人类乃至人工智能各个领域，因此当它作为一个跨物种的共同现象时，便需要建立一个超学科的框架，贯通上述所有领域，打通理论壁垒，对这类现象进行整体探究。为此，赛博符号学应运而生。

对于上述问题，布瑞尔总结道：主要有四个学科同时在处理认知、传播、意义与意识的相互关系问题。他们是（1）自然科学；（2）生命科学；（3）现象学－解释学为代表的"质性"科学；（4）社会话语与语言文化视角。这四个学科尽管有相同的研究对象，但是其研究的领域不尽相同。赛博符号学则选择中观的视角，探究具有符号与交流意识的生命系统如何在文化与生态环境中建

---

① Søren Brier, *Cybersemiotics: Why Information Is Not Enough!*, Toronto: University of Toronto Press, 2008, p. 5.

② Søren Brier, *Cybersemiotics: Why Information Is Not Enough!*, Toronto: University of Toronto Press, 2008, p. 4.

③ Søren Brier, Cybersemiotics: A New Foundation for Transdisciplinary Theory of Information, Cognition, Meaningful Communication and the Interaction between Nature and Culture. *Integral Review*, 2013, 9 (2), pp. 220–263.

构自身的知识。这意味着上述四个学科的相关理论对于赛博符号学的建构同等重要。

这一超学科理论主要建构在皮尔斯广义符号学体系之上，而这里所谓的"广义"是基于生物符号学视域的，即符号活动过程存在于所有物种之中。布瑞尔指出："皮尔斯符号学是唯一可以系统处理生命与自然中非意向性符号学的学说。它可以作为最主要的理论依据，使符号学可探索无机自然、生命系统、机器中的符号异同。"[1] 因此，他有时候又把控制符号学称为"皮尔斯式赛博符号学"(Peircean Cybersemiotics)。

基于皮尔斯符号学，该学说把控制论与系统论融合，探索宇宙空间不同层级中的符号心灵与信息交流行为。首先在生命体内部意识起源方面，布瑞尔认为可以将皮尔斯的符号心灵论作为基本出发点，即第一性的心灵作为一种实在的基本品质，会作为第二性存在于实在的物质层面，由此作为"物质的内在层面"(inner aspect of matter) 自我显现为动物的意识与经验，并最终显现为人的意识。在此基础上，他引入有关生命凸显(emergence)、自我组织、自我生成(qutopoiesis) 等广义系统理论，以及从生物符号学视角综合卢曼(Luhman) 关于交流的三重自我再生论，进而形成一种可以探究"有机体内部世界构成，以及第一人称如何产生的具体阐释理论"[2]。这一路径验证了在符号学理论框架下，控制论可有效地分析生命体的意义生成与解释机制。

其次，控制符号学也可通过多学科理论融合，去探索所谓"前符号/准符号"的事物，例如机器的意图性等。在该学科之前，所谓前符号或准符号这类术语通过对去编码方式的探索，识别自然操作与文化工作在系统上的差异性，但并不能有效了解二者之间是否存在有意义的符号活动。控制论的出现，使我们可以从信息层面去探索自然的动力与因果层面，即自然世界中以目标为导向的机器、模板构成、自组织过程，但这些都以维纳所谓的"泛信息论范式"为主导。我们无法知道具体说明所谓无生命的东西，如何具有自我组织、自我再

---

[1] Søren Brier, Cybersemiotics: A New Foundation for Transdisciplinary Theory of Information, Cognition, Meaningful Communication and the Interaction between Nature and Culture. *Integral Review*, 2013, 9 (2), pp. 220-263.

[2] Søren Brier, Biosemiotics, in *Encyclopedia of Language and Linguistics*. 2end Ed., 2006, Vol. 2, pp. 31-40.

生乃至自感知的能力。而赛博符号学把皮尔斯现象学三性原理引入控制论，便可以较为有效地处理上述问题：

> 第一性这一概念融混了心理的品质、物质之感觉质（quanlia）、生命之感觉以及习惯形成之倾向（tendency）。这是理解自然之自组织能力的关键，即我们通过此方式理解："死"物质（"dead" matter）如何通过进化的自我组织方式获得自我再生能力，并且充满认知/符号与感觉能力。[①]

在上述原则指导下，布瑞尔建构了赛博符号学这一超学科框架的五个层次[②]：

第一层次，是物理学所谓的"量子真空"（quantum vacuum）领域。传统观点认为该领域发生的因果关系（causality）是无生命的，也就是无意义的。控制符号学则把该领域视为第一性的主要部分，它包含感觉质（qualia）与纯感觉（pure feeling），乃其潜在意义的存储之地。

第二层次，是有具体效果的因果作用层面，也即皮尔斯所谓的第二性。这一领域在本体论上由动力学、热力学等经典物理学理论主导。但对于皮尔斯符号学来说，作为一种意义活动领域，它是思维之意志（willpower of mind）的展现。

第三层次，是正式的因果作用显现的层面，即规律性或第三性成为固定模式（pattern）之间互动的关键因素。这一层面在本体论上由化学科学所主导。而该层面在本体论特性上的差异，是区别物理学与化学之关键。

第四层次，是生命自我组织活动（self-organized）以及具体符号互动行为显现的领域。这一领域存在于多细胞组织内部即西比奥克所谓的"内符号活动"，也作为一种"符号博弈"（sign games）存在于生命体之间。这一框架基于生物符号学，即信息概念可以在化学分子层面得到分析。但生物符号学不能够详细分析生命系统如何作为一种交流的、动态的组织闭环而存在。赛博符号学将在这方面进行补足。

第五层次，是人类语言博弈活动、人类自我认知现象的层面，它伴随着理

---

① Søren Brier, Biosemiotics, in *Encyclopedia of Language and Linguistics*. 2end Ed., 2006, Vol. 2, pp. 31—40.

② Søren Brier, *Cybersemiotics: Why Information Is Not Enough!*, Toronto: University of Toronto Press, 2008, p. 400.

性、逻辑思维以及创造性推断力（智性）的产生。这一领域的关键，是符号表意与解释活动中的试推（abduction）能力。这意味着自然界中的任何事物都会形成一种解释习惯，被符号化。同时也表明人类心灵可以把自然界中的某种规律性与稳定性认知为某种具有固定价值的解释项。[1]

尽管赛博符号学目前还是一种正在进行中的理论框架，但它已展现出巨大的理论抱负——符号学试图打通自然科学与人文学科之内外壁垒，建构可以描述普遍信息与符号传播规律的超学科符号学。

---

[1] 关于这五个层面的详细论述，参见：Søren Brier, *Cybersemiotics: Why Information Is Not Enough!*, Toronto: University of Toronto Press, 2008, p. 34.

第四章 文化符号学

文化作为社会符号表意活动的总集合①，一直以来都是符号学重要的研究对象。而"文化符号学"作为一个学科术语，则有狭义和广义之分。狭义的文化符号学特指莫斯科-塔尔图学派奠基人洛特曼所开创的理论研究体系。他与该学派的其他人物，如乌斯宾斯基等人，试图通过对文化进行模式化建构，探明一条有关文化之一般符号机制的理论体系。在洛特曼宏大的文化符号学体系中，符号域、模塑系统、文化文本、文化记忆等概念成为其理论基石。这些概念同时对当今生物符号学、认知符号学等领域产生着重要影响。洛特曼文化符号学中的相关概念，笔者已在第一章关于新塔尔图学派的讨论中予以说明。

本章所关注的则是广义的文化符号学研究，即把社会生活中的某种具体文化现象视为一种符号或象征体系，并通过符号学理论方法对其进行把握的相关研究。新阶段符号学运动在文化研究方面的一个主要特征，是不要求对整体文化现象进行模式化解释，而是对具体的文化事件、现象或物质进行细致讨论，以提升我们对文化多样性的理解。在此意义上说，但凡在新阶段取得一定成就的应用或门类符号学诸领域，比如传媒文化符号学、性别符号学、音乐符号学、文学符号、电影与艺术符号学等，在本质上都属于文化符号学研究范畴。与此同时，符号学将触角延伸到当代文化的各个方面，也使其自身的理论范式在解决具体问题时得到突破。

本章所选取的三个流派，便是当今符号学运动在广义文化研究方面的典型。首先是英国伯明翰学派在20世纪七八十年代对大众文化特别是青少年亚文化和传媒文化所进行的符号学探索，他们所建构的文化研究范式，对当今的

---

① 赵毅衡：《文化：社会符号表意活动的集合》，《社会科学战线》，2016年第8期，第147—154页。

符号学研究有着重要影响力。其次是在格雷马斯影响下发展起来的"巴黎学派",他们通过对文学艺术作品进行语义和模态分析,建构出一套旨在探索主体存在与情感研究的激情符号学模式,独树一帜。最后是在艾柯影响下发展起来的意大利都灵文化学派,相关学者通过对文化遗产、宗教、旅游、饮食以及数字文化的分析,探索出一条有关文化创新与发展的符号学研究新路径。

第一节 伯明翰学派的符号学研究

英国的当代文化研究始于20世纪60年代兴起的伯明翰学派,以1964年伯明翰大学当代文化研究中心(Centre for Contemporary Cultural Studies,CCCS)正式成立为标志。尽管该研究中心于21世纪初在伯明翰大学解散,但其实际影响力早已不受机构或地域限制,对当今世界的人文社会科学仍有着重要影响力,被视为国际学界最有活力,最富于创造力的学术思潮之一[①]。

从学术理论特色来说,英国伯明翰学派在英国新左派学者的影响下,以马克思主义为理论框架,并广泛吸收结构主义、符号学、阿尔都塞的意识形态理论和葛兰西的霸权主义理论等,对以往被贬低的大众文化、亚文化、工人阶级文化、传媒文化等领域进行研究,希望通过研究,"重新介入社会现实"[②]。尽管该学派以"文化"作为关键词,但其研究理论包含当代社会中的多重领域。从学派历史发展来看,该学派自1964年成立,在20世纪七八十年代形成自己的核心研究特色,而从90年代起至今,该学派的影响力逐渐从英国开始走向世界,对当今人文学界的研究起到了重要的推动作用。

一、英国新左派与伯明翰学派:威廉斯、汤普森与霍加特

伯明翰学派的成立,与20世纪50年代的英国社会、知识分子状况和马克思主义理论发展紧密相关。从社会语境来说,英国社会在第二次世界大战以后,从长时间的动荡不安中稳定下来,开始全方位地调整,走向现代化,由此

[①] 罗钢:《文化研究读本·前言》,载罗钢、刘象愚编:《文化研究读本》,北京:中国社会科学出版社,2000年,第1页。

[②] 玛德琳·戴维斯:《英国新左派的马克思主义》,载张亮编:《英国新左派思想家》,南京:江苏人民出版社,2010年,第11页。

出现了福利国家。随着福利国家的发展，工人的生活水平得到很大改善，其曾拥有的激进革命意识却消退了，由此导致工人阶级身份在这个时候被弱化，以至于"人民逐渐把自己认同为工人"[①]。在这种情况下，社会主义革命受到了很大挑战，而这也是马克思主义面对的一个危机，因为在这里它的经济基础决定上层建筑的理论似乎失去了效用：剥削依然存在，但反抗似乎消退了。

而在社会文化方面，第二次世界大战以后的英国迎来的是一系列社会问题，如社会混乱和道德秩序失衡，特别是美国大众文化的全面"入侵"，英国本土文化面临严重危机，这必然引发人们尤其是有着深刻忧患意识和责任感的英国左派知识分子的深切关注。对他们来说，如何阐释上述社会与马克思主义的危机以及英国大众文化的兴起，变成了最紧要的问题。

正是在这种状况下，英国文化研究开始兴起，试图对社会现实进行积极干预，发挥知识分子的作用。而在社会实践上，一些进步的知识分子努力与工人阶级接近，这就是战后形成的成人教育（adult education）。正是通过参与这种教育活动，这些知识份子了解到许多工人依然对社会保持着积极的批判精神，从而为其批判社会现实提供了重要的现实资源。也是在这种形势下，一些知识分子，尤以雷蒙·威廉斯（Raymond Williams）、汤普森（E. P. Thompson）、霍加特（Richard Hoggart）为代表，逐渐聚集起来，开始为解决社会问题寻找对策，便形成了英国的"新左派"（New Left）。

本土化的马克思主义是英国新左派最为重要的理论追求，它把"源于马克思主义的思想整合进了英国的知识文化之中。这不仅仅是一个将外来传统输入或者直接嫁接到本土文化上的问题，更像是一个在与英国理论传统进行创造性对话的过程中引进、吸收马克思主义方法的意识形态'本土化'过程"[②]，因此新左派与马克思主义的结合是决定性的和变革性的。例如在历史领域，汤普森把历史唯物主义和本土激进思想谱系结合，创造出《英国工人阶级的形成》[③]。威廉斯则将马克思主义与文学文化批评结合起来，重塑了英国的文化

---

① Simo During (ed.), *The Cultural Studies Reader*, London: Routledge, 1993, p. 4.
② 玛德琳·戴维斯：《英国新左派的马克思主义》，载张亮编：《英国新左派思想家》，南京：江苏人民出版社，2010年，第11页。
③ Edward P. Thompson, *The Making of the English Working Class*, Harmondsworth: Peguin, 1963.

批评理论。

新左派的上述立场深刻影响了当时英国文化研究的兴起,他们写了一系列著作,如霍加特的《识字的用途》(The Use of Literacy,1957)、威廉斯的《文化与社会》(Culture and Society,1958)、《漫长的革命》(The Long Revolution,1977)、《马克思主义与文学》(Marxism and Literature,1977)以及汤普森的《英国工人阶级的形成》,等等。霍尔在伯明翰当代文化研究中心的第五份报告中指出,这三位作者的著作"展现、总结并试图超越战后英国社会的特殊'时刻'"[1];这一时刻即"从过去所继承的连续历史语境之中,以及价值与关系之结构中,逐渐发展并凸显的后工业社会和文化现状"[2]。它们代表的是新语境下英国社会与文化的现状。

正是基于上述理由,这几本著作被伯明翰学派学者视为该学派的奠基性作品。如伯明翰当代文化研究中心前主任安·格雷在回顾该中心历史时,开篇便提及上述作品,并指出"这些作品就是英国文化研究的'源起'(origins)与开端"[3]。

(一) 对文化的再定义

在新左派之前,英国文化主义传统,以阿诺德、利维斯所代表的文化精英主义立场为主,他们认为大众是没有文化、缺少教养的芸芸众生,因此需要对他们进行教育。但随着大众文化的兴起,这种立场逐渐被人民抛弃,而新左派的文化立场则以威廉斯的观点最为典型,他们提出文化是"整体的生活方式""文化是普通的"(culture is ordinary),从而把文化从少数人手里夺了回来,放在了普通大众的手中,进而摆脱了文化精英主义立场,形成了文化主义的一次转折。

威廉斯对文化的重新定义从批判对高雅文化的过度解读开始。威廉斯在《文化与社会》的第一部分中仔细分析了精英传统的三个代表人物,即阿诺德、

---

[1] CCCS Fifth Report 1668-9, p. 3. 转引自 Ann Gray et al. (eds), *CCCS Working Papers*, Vol. 1, London & New York: Routledge, 2007, p. 7.
[2] CCCS Fifth Report 1668-9, p. 2. 转引自 Ann Gray et al. (eds.), *CCCS Working Papers*, Vol. 1, London & New York: Routledge, 2007, p. 7.
[3] Ann Gray, Formations of Cultural Studies, in Ann Gray et al. (eds.), *CCCS Working Papers*, Vol. 1, London & New York: Routledge, 2007, p. 1.

艾略特与利维斯。他们的论述不同，但观点都相当一致，即只有少数精英阶层才能够引导社会发展，才有资格筛选与掌控文化和艺术的发展方向。而其他阶层，特别是工人阶层、大众阶层永远不会平等分享，更不会创造文化。这意味着文化具有高低之分：高雅文化是精英阶层的特权，更是社会文化的价值标杆和规范准则，其他社会阶层的文化意识只能比照这一尺度进行"改造"和趋同。

威廉斯认为，这些学者对所谓高雅文化的重视，实际上是工业时代社会阶层分化与对立的表征。关于这一问题，他在《论高雅文化与大众文化》一文中进行了仔细分析。从本质上看，高雅文化并没有特定的社会结构（social structure），它应当是不同社会阶层、不同历史阶段之事物的总集合（body of work）。[①] 并不是只有单独个体和社会阶层，如精英阶层，才能接受或享用这种文化。因此，前人所谓高雅文化是特定阶层对特定文化技艺、习俗、传统的筛选的这种看法是错误的，他们预设了只有特定的社会阶层才能对文化进行所谓的"筛选"。

威廉斯进一步论证，文化是某种或一系列专业结构（professional structure）。这些结构跨越阶层更跨越国别，存在着共同兴趣或共同价值。人们在这种结构之中传承或操练某些被公认为好的技能，并以此维持和传播这些技能所承载的事物。因此，所谓高雅文化，无非是这些专业社群传承他们所认同的所谓好的技艺。显然，这些专业结构存在于社会结构的所有层次之中，而非某种特定的阶层之中。基于上述意义，他将文化从个体性、阶层性改造成大众性、社会性。正是精英阶层过分强调阶层性和个人意志，才导致文化成为少数人的精神思想、狭隘的艺术作品的同义词。

威廉斯的目的就是把文化从少数人的变为多数人的；对个人创造文化的神话进行祛魅；扩充文化所谓的纯粹"精神性"的内涵以使其包含物质生活。他指出，"文化是一种物质、知识与精神构成的整个生活方式"[②]。它作为一种整体性概念，包含着所有阶层的共同经验。在这一概念之中，关键在于工人阶

---

① Raymond Williams, On High Culture and Popular Culture, *New Republic*, 1974, 171 (23), pp. 13—16.

② 雷蒙德·威廉斯：《文化与社会》，吴松江、张文定译，北京：北京大学出版社，1991年，第19页。

级、普通群众是否也能够成为文化的创造者与主导者,因为若不讨论这个问题,就无法说明文化是一种共通的整体生活方式。为此,威廉斯指出:"大众"(mass)是在工业革命以后形成的工人阶级群体,就好像每天生活在我们之中的亲戚朋友一样,而非经精英阶层所谓的暴民、流氓、乌合之众等群体。"实际上没有群众,有的只是把人看作群众的那种看法",而之所以如此看待,"是为了政治剥削或文化剥削的目的"。① 因此,"我们真正应该检验的是这个公式,而不是群众。如果我们记住我们自己也一直都被其他人聚集成群,将会有助于我们进行这种检验"②。所以,打破这种"公式"的目的就是把所有人都看成一体的,取消人与人之间的差别,进而形成一个文化的"共同体",这也就从根本上否定了所谓高雅文化和大众文化的区分。

威廉斯对文化的整体性定义,代表着后来伯明翰学派学者对文化这一概念的普遍看法。如霍尔所言,在威廉斯那里,"'文化'概念本身已被大众化和社会化了。它不再由那些'一直被认为和说成是最好'、被认为是文明高峰的东西构成……甚至连'艺术'——在早期理论框架中曾被委任以优越地位,并作为文明最高价值的试金石——现在也被重新限定为一般社会过程中的一种特殊方式:意义的给予和获取,'共通'意义的缓慢发展——这一特殊意义上的共通'文化'是'日常'文化"③。

伯明翰学者普遍认为:文化不是精英阶层的专利,任何社群都有自己的文化。它的内涵非常宽泛,可以说是整个社群的文化,或某个特定社群的文化,如工人阶级文化、亚文化、青年文化,等等。"从现代意义上,文化是社群之各种生活方式之全体,社群所生产的产品之集合,社群成员的思想以及他们所使用的语言、文字,所创造的物质等。"④ 这一定义将文化这一概念从所思、所说、所创造之最优秀的部分,扩展成社群中所有的思想、言语与创造活动。

---

① 雷蒙德·威廉斯:《文化与社会》,吴松江、张文定译,北京:北京大学出版社,1991年,第379页。
② 雷蒙德·威廉斯:《文化与社会》,吴松江、张文定译,北京:北京大学出版社,1991年,第379页。
③ 霍尔:《文化研究:两种范式》,载罗钢、刘象愚编:《文化研究读本》,北京:中国社会科学出版社,2000年,第53页。
④ Ann Gray et al. (eds.), *CCCS Working Papers*, Vol. 1, London & New York: Routledge, 2007, p. 48.

当然，文化概念在当代社会的拓展与延伸，有其复杂的历史根源。对于伯明翰学者来说，该现象与"民主"这一关键词紧密相关。这里所谓的民主并非指多数人赞同的即为真理，而是指任何人都能拥有文化的权利。换言之，知性且充满创造力的生活并只不属于某类人：他们天生拥有这些生活方式，或者受过专门的文化训练。与之相反，所有人都可拥有这样的生活，这是因为它由社群成员的知性与创造性构成。同样，也不存在有思想的、创造力的少数人与"惰性的"、机械的工人大众的这种对立。应当承认多种多样的生活方式，并且每种生活方式都有其核心的思想与观点，它们也都能产生独特的想法、产品、作品与活动。

伯明翰学者对文化这一定义，同样也拓展了当时人文学科研究的边界。经典人文学科通常认为，唯有那些少数有限的艺术与思想表达形式，如诗歌、戏剧、古典音乐、芭蕾、哲学经典等才能被列入文化研究领域。同时，也只有持精英主义立场的学者们才能够对上述领域的作品进行审美批评，最后筛选出所谓"最好"的文化作品。这意味着，除了上述领域，人类文化中所存在的其他大量表意活动，都被排除在文化研究的范围之外。而这恰恰是伯明翰学者们不能接受的。因此，他们提出要建构文化研究这一学科来扭转上述局面："我们认为，所有人的思想、言语、写作、行为以及物品都可以表达有趣的且值得我们深思的内心生活。有关该方面研究（它正探索推进到所有人类表达之存在之中），就叫做文化研究。"[①] 文化研究不仅要对那些所谓"好的"表意活动进行仔细研究，更会涉猎其他更多的表意活动。它作为一门阐释性学科，目标就是要理解人类社会之中所有表意活动所蕴含的表意机制以及内在和外在价值。

（二）伯明翰当代文化研究中心与伯明翰学派

伯明翰大学的当代文化研究中心，正是在新左派学者的影响下于1964年成立，最初隶属于伯明翰大学文学院的英语系（School of English in Faculty of Arts）。该中心的目标就是从根本上去理解那些曾被学界忽视的大众与流行文化的产生，以及当地文化及其社会和文化变迁的相互关系，为工人阶级的大众文化正名。该中心的创始主任便是前文提及的新左派学者霍加特。1963年，

---

① Ann Gray et al. (eds.), *CCCS Working Papers*, Vol. 1, London & New York: Routledge, 2007, p. 49.

作为该校英语系教授的霍加特发表题为《英语系与当代社会》("Schools of English and Contemporary Society")①的演讲，对即将成立的文化研究中心的研究范围和核心任务做了提纲挈领的说明。

在这篇演讲之中，霍加特认为英语系当代文化特别是当代"商业文化"（commercial culture），其目的是理解蓬勃发展的大众传媒所创造的新语言与新文化。他指出，当时流行的电视、杂志特别是广告，正在侵入"语言的生命"（life of language）②。如此多的语言不是用来探索，而是用来说服与控制。这些语言强调的并非社会的整体性，而是个体性，主要是那些"具有倾向性意见的特定群体——如公民，消费者，中产阶级的中年父母……选民或观众，具有品牌忠实度的车主，青少年或者红砖大学的教授们"③。霍加特指出，面对这些在语言层面出现的新现象，英语系的学者们依然把自己限制在经典的文学研究之中，而不关心他们周围的世界已发生剧烈的变化，特别是英语系的学生们就是新的大众文化语言的主要使用者。因此，英语系若要真正理解当代的语言与文化，就必须真正介入社会现实之中：

> 简言之，当代英语的变迁——例如政府报告话语，《每日镜报》话语，《观察者》话语，社会场合、公共场合甚至恋爱场合的语言都在改变——这些变迁并不是狭义的语言学议题，它们只能从社会、心理以及伦理层面才能被理解。④

霍加特提出要建构一种所谓"当代文化研究"的路径来推进对上述问题的理解；并且强调，这不只是英语系的任务，而是整个人文学者都应该面临的路径转向。他继续指出，当代文化研究需要集中关注如下三个主要领域：

第一，是"历史和哲学"，旨在说明当代文化与社会变迁问题，如文学与历史中有关大众社会和大众文化的争论；通过追溯这些文化观点的源头以及互

---

① 该演讲稿收录于 Richard Hoggart, Schools of English and Contemporary Society, in Ann Gray et al. (eds.), *CCCS Working Papers*, Vol. 1, London & New York: Routledge, 2007, pp. 17-24.

② Richard Hoggart, Schools of English and Contemporary Society, in Ann Gray et al. (eds.), *CCCS Working Papers*, Vol. 1, London & New York: Routledge, 2007, p. 19.

③ Richard Hoggart, Schools of English and Contemporary Society, in Ann Gray et al. (eds.), *CCCS Working Papers*, Vol. 1, London & New York: Routledge, 2007, p. 20.

④ Richard Hoggart, Schools of English and Contemporary Society, in Ann Gray et al. (eds.), *CCCS Working Papers*, Vol. 1, London & New York: Routledge, 2007, p. 20.

动情况，说明这些争论给当今社会所带来的影响。例如，该研究中心首批研究项目之一便是从奥威尔的著作入手，深入探讨20世纪30年代的文化概念。

第二，"文学与艺术社会学"，旨在关注所有类型文化生产的社会背景与重要意义，力图把文学批评、社会学、社会心理学与社会历史相结合。同时也关注艺术与文学作品之读者或观者的特性，探索他们与不同种类和不同层次的艺术之相互关系，以及传播活动对其所产生的具体影响。

第三，"批评的价值评判"（critical evaluative），也就是要形成恰当的批判语言，进而从根本上理解大众艺术、流行文化和大众媒介。"从根本上说，我们要试图理解大众艺术与大众文化如何实现其效果。"这一领域的研究对象是宽泛的，主要包括流行小说、传媒机构、电影电视、流行英语以及广告，等等。霍加特指出，对于该领域的理论研究必然会借助社会学与社会心理学的相关知识，其最终目的便是形成批评的价值评判，进而可以仔细探析这些表意形式所蕴含的意义和社会观点，以及其独特的美学与文化特征。如霍加特自己所述，该领域才是该中心的独特性所在，是对当代社会环境的恰当理解。

当代文化研究中心于1964年发布第一份工作报告[①]，标题便是"研究领域"（Scope of Research），主要围绕霍加特在上文演讲中阐述的三个领域，详细阐述当代文化中心的工作任务和研究目标。[②] 这份报告同时列出了该中心当时正在进行的课题题目，也与上述三个领域不谋而合："1. 奥威尔与20世纪30年代意见环境；2. 本地报业的成长与变迁；3. 流行音乐中的民歌与俗语；4. 虚构小说的层次及其在当代社会中的变迁；5. 本土艺术与国内的图像学；6. 流行音乐与青少年文化；7. 运动的意义及其再现。"[③] 这一报告可以视为该中心的成立宣言。后来的伯明翰学派代表学者，也大多沿着霍加特规划的这条路径展开研究，例如对亚文化的风格、媒介文化的编码/解码、大众文化与表征系统等的相关研究。

[①] 该中心从1964年至1988年坚持发布阶段性工作报告，总共发布19期。

[②] Centre for Contemporary Cultural Studies, Scope of Research: First Report (1964), in Ann Gray et al. (eds.), *CCCS Working Papers*, Vol. 1, London & New York: Routledge, 2007, pp. 23—24.

[③] Centre for Contemporary Cultural Studies, Scope of Research: First Report (1964), in Ann Gray et al. (eds.), *CCCS Working Papers*, Vol. 1, London & New York: Routledge, 2007, pp. 23—24.

该研究中心的学生与学者主要由如下四类人员组成：第一是全日制学生，第二是非全日制学生，第三是和其他学院联合培养的学生，第四是全职联合研究者和助理研究人员。最后一类是该中心学术研究的核心成员，他们主要是参与中心所设立的资助课题。上文所提及最初发布的 7 个课题，都是以这种方式进行的。中心的研究方式也颇具特色，主要是以研究小组的形式展开合作研究。每个小组人数在 2~12 个，中心也鼓励学者们同时参与多个不同类型的小组，展开跨学科研究。该中心前后成立了 30 多个研究小组，如文学与社会小组、媒介小组、亚文化小组、艺术与政治小组、马克思阅读小组、大众叙述小组、视觉快感小组、社会身份与表征小组、性别小组，等等。从小组命名便可以看出伯明翰学派注重当代文化与社会语境之间的关联形式，特别是亚文化群体的符号表意实践。

伯明翰研究学派与该中心的发展史紧密相关，这是因为后来被视为伯明翰学派代表学者的研究者，都是该中心的合作学者或者学生。换言之，这些代表学者都在上述研究小组中开展多种多样的研究，如霍尔属于媒介小组、赫伯迪格（Dich Hebdige）则属于亚文化小组等。成立之初，该中心只有霍尔一位专职研究员（research fellow）。霍加特担任第一任研究主任（1964—1973）。霍加特在任这十年间，通过与英国国内以及国外知名高校或科研机构合作，使得该中心获得世界性声誉，促进了伯明翰学派的初步发展。

霍尔自 1974 年起接替霍加特出任该中心主任，直到 1979 年他离开中心前往开放大学（The Open University）。这期间是该中心的繁荣发展时期，也是最能体现伯明翰学派学术研究特色的阶段。[①] 这首先体现在中心的体制化发展进程加快：它于 1974 年从英语系独立出来，成为直接隶属于人文学院的独立研究机构。更重要的是，该学派的研究理论和方法在本阶段走向成熟。在霍尔的推动下，中心各小组成员开始研究更复杂的社会现象，在理论范式上把结构主义、符号学、阿尔都塞的意识形态理论和葛兰西的霸权理论相结合，进而形成伯明翰学派独特的将文化研究与符号学相融合的批评研究路径。

正是从上述阶段开始，该中心具有代表性的学者频出，而后成为伯明翰学

---

① 肖寒，胡疆锋：《伯明翰学派和英国文化研究：黄卓教授访谈》，《中国图书评论》，2007 年第 4 期，第 111—112 页。

派的中坚力量。除了霍加特与霍尔,还有以赫伯迪格、科恩(Phil Cohen)、杰弗逊(Tony Jefferson)、克拉克(John Clark)等为代表的青年亚文化研究,以莫里(David Morley)、古雷维奇(Michael Gourevitch)等为代表的媒介研究,以默克罗比(Angela McRobbie)等为代表的女性研究,等等。其中的许多学者至今依然活跃在文化研究诸领域,同时也对当今的文化符号学理论产生着重要影响。

霍尔离开研究中心之后,在20世纪八九十年代相继由约翰逊(Richard Johnson)、拉伦(Jorge Larrain)、格林(Micheal Green)等学者担任主任,着重从意识形态批评等方面继续拓展伯明翰学派的研究锋面。与此同时,中心也开始面临资金和校方的体制压力。20世纪80年代末该中心与社会学系合并,成为一个独立的文化研究与社会学系(Department of Cultural Studies and Sociology,CSS),2002年突然关闭。至此,该中心作为实体的文化研究机构正式结束其四十多年的发展历程。

然而,作为学派的伯明翰文化研究并未因为研究中心的关闭而结束。与之相对,伯明翰学派的理论旅行正是从20世纪80年开始在全球范围内展开。在此阶段,文化研究扩散到了美国、加拿大、澳大利亚、法国、印度、拉丁美洲等国家和地区,并经由当地社会文化的传播与变异,成为本土化的文化研究理论。[①] 而本书下文所关注的,正是从20世纪80年代至今,伯明翰文化研究依然对当今文化符号学研究具有影响力的两种研究路径,即亚文化研究与媒介文化研究。

二、亚文化研究:赫伯迪格

亚文化研究是伯明翰学派学者关注的核心领域。该学派秉承传统,主要以小组探究和集体合作的形式开展研究。在研究方法方面,重视个案研究、民族志调查和文本分析。在理论方面,主要融合马克思主义、符号学、结构主义、后结构主义、人类学、女性主义等理论。从研究对象来看,该学派主要关注20世纪50年代以来几乎所有的工人阶级青年亚文化,如无赖青年(teddy boy)、光头仔(skinheads)、摩登派(mods)、朋克(punk)、嬉皮士

---

① 和磊:《伯明翰学派:文化研究的源流与方法》,北京:北京大学出版社,2017年,第36页。

（hippies）等。从20世纪70年代后期到90年代初，伯明翰学派陆续出版了《仪式抵抗》《学会劳动》《世俗文化》《亚文化：风格的意义》《监控危机》《帝国反击》《躲在亮处》《共同文化》《女性主义与青年亚文化》等十多部亚文化研究专著，其中大多已成为文化研究的经典。

其中，迪克·赫伯迪格（Dich Hebdige）是该学派亚文化研究领域的集大成者。他把该学派的一系列研究方法，特别是符号学分析，引入至亚文化研究之中，也因此被视为伯明翰学派符号学分析方法的代表人物。[①] 赫伯迪格的亚文化研究成果，主要集中在其代表作《亚文化：风格的意义》（*Subculture: The Meaning of Style*）[②] 一书之中。赫伯迪格的亚文化分析路径，主要从葛兰西领导权理论出发，提出亚文化具有对抗统治阶级文化的意义。同时，他也融合巴赫金理论，提出符号是社会意识形态的产物，因此必须从符号学角度来剖析文化中的意识形态问题。在这一认识基础上，赫伯迪格从一开始便明确将巴尔特、艾柯、列维-斯特劳斯、克里斯蒂娃与巴赫金等人的符号学思想作为基本理论工具。在上述理论指导下，他主要从"风格"（style）这一核心术语切入，探讨亚文化在符号风格层面的表意实践及其社会意义。

（一）亚文化与风格

"风格"是伯明翰学者们研究亚文化的关键词，更是该学派的理论研究特色。所谓风格，就是亚文化在符号文本或符号活动层面的表意特征。伯明翰学者把亚文化视为巨型的符号文本或"拟语言"，从而对该文本风格所展现的抵抗功能和收编命运展开解读。正如赫伯迪格指出：亚文化的颠覆意义正是通过风格得以体现："亚文化所代表的对霸权的挑战并不是直接由亚文化产生的，更确切地说，它是间接地表现在风格之中，即符号层面。"[③] 所以，"对风格的解读实际上就是对亚文化的解读"[④]。

在了解风格的定义之后，需进一步明晰风格的功能，即它究竟对青年亚文化的意义生成起到了何种具体的作用。赫伯迪格认为风格是一种"有意图的沟通"，其根本目的是展现对主导文化的抵抗。为说明此问题，他借用巴尔特的

[①] 吉姆·麦克盖根：《文化民粹主义》，桂万先译，南京：南京大学出版社，2001年，第109页。
[②] Dich Hebdige, *Subculture: The Meaning of Style*, London: Methuen, 1979.
[③] Dich Hebdige, *Subculture: The Meaning of Style*, London: Methuen, 1979, p. 3.
[④] Stuart Hall et al. *Reading through Ritual: Youth Subculture in Post-war Britain*, 1976, p. 52.

二元对立分析深刻说明这种对抗式的沟通如何在文本层面实现。巴尔特在《形象的修辞》中提出广告形象与新闻照片这一对关系，他认为新闻摄影看起来更加自然和透明，是因为新闻照片看上去没有如广告照片那样具有意图意义。他指出，任何符号都有意图意义，但意图意义越明显，这个形象显得越刻意，就与所谓的"自然"差别越大。

赫伯迪格认为，亚文化风格与所谓"正常"风格（即主流文化的风格）之间的差异，正如广告图像与新闻照片之间的差异。亚文化的整体风格，如服装、舞蹈、行话、音乐的组合，与主流文化风格（如正常的衣服、领带、运动装等）相比，显得非常刻意，强烈地展现出其对抗主流文化审美的意图。因此，这种风格的差异是结构性的、深层次的差异，代表的是两种不同的社会阶层的意识形态与伦理价值。

这种对立表意显而易见，赫伯迪格则进一步指出亚文化符号文本背后更加深刻的批判价值。他借用巴尔特的观点，认为任何符号文本都裹挟意识形态因素。主流文化比亚文化风格显得更加自然，是因为它善于把自己伪装成所谓"自然的"或"正常的"，"它往往倾向于把世界的现实转化为一种世界的形象，而这种形象，转而将自身表现得仿佛是根据'自然秩序的明显法则'建构而成"①。因此，亚文化看似违背了所谓正常的规律，但这正好揭露了主流文化掩盖自身意图意义的目的。具体来说：

> 它通过改变商品原因的位置与语境，通过颠覆它的传统用法，创造了新的用途，亚文化的风格揭穿了阿尔都塞说的"日常实践的明显的虚假性"，同时为物体的世界开创了新的暗地里的对立解读。②

换言之，任何一种文化形态都裹挟该文化社群的意识形态与伦理规则，没有所谓绝对的"自然"；所谓的自然，也只是一种伪装策略，即霸权文化通过树立自己的价值标准，去"压制"其他亚文化的发展。因此，对于伯明翰学派而言，风格作为一个符号表意实践，最主要的功能便是抵抗。赫伯迪格把亚文

---

① 迪克·赫伯迪格：《亚文化：风格的意义》，陆道夫、胡疆锋等译，北京：北京大学出版社，2009年，第127页。
② 迪克·赫伯迪格：《亚文化：风格的意义》，陆道夫、胡疆锋等译，北京：北京大学出版社，2009年，第128页。

化风格形象地描述成"噪音",因为它干扰了资本主义中霸权的顺利实现,破坏了资产阶级所建构的共识:

> 它干扰了从真实事件与现象到媒体中的再现的有序过程。我们不应低估引人注目的亚文化的表意力量,它不仅作为一种隐喻,象征着潜在的、虚构的无政府状态,同时还作为一种语意混乱的实际机制,再现系统中的一种暂时阻塞。①

因此,亚文化与主流文化在意识形态层面的争夺,正是通过风格这种符号文本展现出来。赫伯迪格后来把风格的这个功能进一步表述为亚文化社群的赋权活动(empowerment),表达其无权的事实,是对霸权文化的抵制与反叛。②

(二)拼贴与收编:亚文化风格的形成与消解

亚文化风格的形成过程,是赫伯迪格研究的重点。他在《亚文化:风格的形成》一书中用绝大部分篇幅来描述物体被赋予意义的过程,以及这些物体作为亚文化的风格被再次赋予意义的过程。③ 他逐条分析了作为拒绝、挪用、同构、拼贴的风格,风格与黑人、白人的关系,风格与媒体、摩登派、摇滚派、"垮掉的一代"的关系,等等。其中,最本质的亚文化符号行为便是他所谓的"拼贴"(bricolage)。

亚文化与主流文化的区别主要体现在其不同的符号文本构筑方式上。亚文化的文本风格是一种混合物,例如把怪异的服装、舞蹈、行话、音乐等组合在一个文本之中。这种混合物既来源于特定的社会阶层与文化,也来源于大众娱乐工业所提供的符号资源。亚文化在利用这些资源的时候,并不是原封不动地照搬过来,而是经过了重组和重构,从而把它们从原有的社会语境中剥离开来,以便重新赋予其对抗的意义。这一符号实践过程,就是"拼贴"。换言之,亚文化风格是指一系列与亚文化相关的"道具"被刻意组合起来而形成的符号系统。

"拼贴"最初是符号人类学家列维-斯特劳斯所使用的术语。在《野性的

---

① Dich Hebdige, *Subculture: The Meaning of Style*, London: Methuen, 1979, p. 90.
② Ken Gelder & Sarah Thornton (eds.), *The Subcultures Reader*, London: Routledge, 2005, pp. 373—374.
③ Dich Hebdige, *Subculture: The Meaning of Style*, London: Methuen, 1979, p. 3.

思维》一书中，列维－斯特劳斯用该术语来表述原始人的巫术活动。他指出这种创造性的活动主要是"就手边现成之物来进行的"①。这意味这些活动中所出现的符号元素，不是他们单独去搜集或创造的，而是从已有之物之中"即兴拼凑"而来的。并且，这些现成之物被拿来以后，原始人会根据他们对世界的认知规则，重新赋予这些物以新的意义。原始社会正以这种拼贴式的符号活动来建构他们对世界的认知，以此来解释世界。

根据列维－斯特劳斯的观点，赫伯迪格认为拼贴就是亚文化风格形成的主要方式。这种方式主要是指把同一个符号表意社群之中的符号－物放置于新的语境中，进而产生新的意义；或者将其挪移至另一个符号社群之中。由此，"一种新的话语形式就形成了，传递出一种不同的信息"②。在青年亚文化中，这种符号拼贴行为比比皆是，主要表现在把某些商品挪用到自己的文化之中，并将其重新组合到新的符号系统之中，进而颠覆其原来所携带的意义。例如，小型摩托车在主流文化中被视为轻便快捷的交通工具，青年亚文化将其重组到自己的符号实践之中，结果变成威胁社群团结的符号；又如他们把西装、领带、短发等商业精英的象征，挪移到自己的文化之中，将其意义转换成"盲目的"崇拜对象与物欲的标志。

所以，亚文化不是从空无中创造对象与意义，而是"把所给定的（或'借来的'）东西变革或重组进一个承载着新的意义的模塑之中，把它转移到另一个语境中，并改编它"③。这种拼贴行为的目的，就是颠覆这些早已被主流文化固化的意义，进而实现亚文化的反抗意义。④

此处，赫伯迪格借助艾柯的术语"符号游击战"，来说明由拼贴带来的颠覆性符号实践。所谓"游击战"是指青年亚文化灵活地挪用主流文化中的商品和符号资源，并且"各个击破"，将其重构、挪用到自己的符号系统之中。他们通过对符号－物之原本意义的改造与颠覆，来颠覆常识，瓦解普遍的逻辑范

---

① 列维－斯特劳斯：《野性的思维》，李幼蒸译，北京：商务印书馆，1987年，第22—42页。
② 迪克·赫伯迪格：《亚文化：风格的意义》，陆道夫、胡疆锋等译，北京：北京大学出版社，2009年，第129页。
③ Stuart Hall & Tony Jefferson (eds.), *Resistance Through Rituals*, London: Routledge, 2006, pp. 177—178.
④ 迪克·赫伯迪格：《亚文化：风格的意义》，陆道夫、胡疆锋等译，北京：北京大学出版社，2009年，第128页。

畴与对立；通过颂扬那些异常和禁忌的事物，来产生一种超现实感。① 这正如列东在《物体的危机》(*The Crisis of the Object*) 中所述："攻击日常生活句法，即攻击那些最世俗的物品的使用途径，将会煽动起一场物体的彻底革命。"②

在亚文化的风格产生过程中，主流文化和相关利益集团不可能坐视不管，它们会对亚文化进行不懈的遏制与收编（incorporation），进而消解亚文化的对抗意义。为此，赫伯迪格提出主要有两种基本的收编方式：

（1）亚文化符号（服装、音乐等）转化为大量生产的物品（即商品的形式）；

（2）统治集团（如警方、媒体、司法系统）对越轨行为进行"贴标签"和重新界定（即意识形态的方式）。③

首先，是商业收编，即把亚文化风格作为文化商品加以出售。例如朋克音乐被唱片公司买去版权，并对其进行重新包装与销售；亚文化服饰中所流行的铆钉装饰、破洞元素被主流时尚界利用，它们经过设计师的重新设计，变成大众服饰品牌中的热销产品。如此一来，亚文化与现代社会中的先锋艺术一样，同样未能摆脱被市场利润化甚至庸俗化的命运。正如赫伯迪格指出，当商品化的朋克服装的配件上写着"使人震惊就是时髦"时，"预示着亚文化步步逼近死亡"④。

其次，与商业收编紧密相连的是意识形态收编。它主要是试图通过国家意识形态机器驯服"他者"（即亚文化），让他者变得平凡琐碎，并转化为不具意义的新奇事物，一个"纯粹的客体，一种奇观，一个小丑"⑤，由此也就否定了亚文化反抗的积极意义和独特性。亚文化也就由此被整合－收编到了资本主

---

① 迪克·赫伯迪格：《亚文化：风格的意义》，陆道夫、胡疆锋等译，北京：北京大学出版社，2009 年，第 130—131 页。
② 转引自迪克·赫伯迪格：《亚文化：风格的意义》，陆道夫、胡疆锋等译，北京：北京大学出版社，2009 年，第 131 页。
③ 转引自迪克·赫伯迪格：《亚文化：风格的意义》，陆道夫、胡疆锋等译，北京：北京大学出版社，2009 年，第 177 页。
④ Dich Hebdige, *Subculture: The Meaning of Style*, London: Methuen, 1979, p. 96.
⑤ 转引自迪克·赫伯迪格：《亚文化：风格的意义》，陆道夫、胡疆锋等译，北京：北京大学出版社，2009 年，第 121 页。

义的法律制度之中。这两种收编方式的共同特征，是利用亚文化风格的原有能指，但废弃了所指，将空无所指的亚文化风格变成维护政治与经济合法性的工具。

三、媒介研究：霍尔

伯明翰当代文化研究中心的"媒介小组"是该中心历史最悠久的小组，而大众传媒与当代社会的关系，则一直是该学派关注的核心问题。伯明翰学派通过融合符号学、传媒学、马克思主义等学说，采用批评的视角对当代传媒文化的意识形态问题进行鞭辟入里的分析，成为当今媒介研究的一面旗帜。而其中，斯图亚特·霍尔的研究最具代表性。霍尔是该中心的第二位主任。在其带领下，伯明翰学派的影响力达到顶峰。

（一）伯明翰学派的媒介研究进路

伯明翰学派的媒介研究开创了当代传播学研究的新路径。霍尔曾在与同仁合作编撰的《文化、传媒与语言》（Cultural, Media and Languag）一书中写专文讨论该学派的媒介研究发展历程和理论研究特征。[①] 在伯明翰学派兴起之前，北美经验学派的量化研究路径一直在当时传播学研究中居主导地位，把大众传播媒介效果视为传播学研究中心。伯明翰学派认为经验学派的相关研究既忽视受众以及社会的文化维度，更忽视媒介与意识形态生产之间的互动关系；对于这些问题的研究，单靠问卷调查以及内容分析是无法解决的。这也就是伯明翰学派媒介研究的出发点。根据霍尔的总结，该学派的媒介研究主要从如下四个方面突破了当时的主流研究范式：

第一，关注媒介的意识形态建构问题。该学派学者把媒介视为文化与意识形态的主导力量（major force）；它在当代社会关系和政治问题中处于主导地位，更是以受众为主导的大众意识形态的生产者与传播者。从这个层面来说，媒介研究是伯明翰文化研究的重要组成部分，这是因为大众传媒早已渗透当今社会与文化的方方面面。因此，文化研究要处理大众意识与主导意识形态之间的博弈关系，就不得不对传媒问题进行仔细深入的研究。霍尔指出，关注媒介

---

① Stuart Hall et al (eds.), *Cultural, Media and Language*, London & New York: Routledge, 2005.

与意识形态之关系是伯明翰文化研究中心一直以来的核心目标之一;这类研究同时扭转了当时大众传播研究过度的"行为主义"倾向,即它们过分看重媒介直接的刺激效果,而忽略了受众的主观能动性。①

伯明翰学派上述媒介研究路径的形成,经历了一定的学术积累过程。在伯明翰文化研究中心成立之初,媒介小组的相关议题主要集中于批判大众媒介特别是电视媒介的暴力化以及由此带来的文化庸俗化等议题。② 例如,该中心的首个媒介研究项目就是探讨20世纪30年代至60年代间大众传媒与社会变迁的相互关系;而第二个项目便直接聚焦宣扬暴力文化的电视剧③;此外最初的研究还涉猎电视媒介中的女性议题;等等。从上述这些研究项目可以看出,当时的主流研究特别是经验研究的主题差别不大,都旨在强调作为大众娱乐工具的媒介对大众文化的形塑作用。

该学派转向对媒介的政治传播与意识形态功能的探讨,要到20世纪60年代末期。学者们从电视和报纸媒体对越南战争的报道中,发现媒介自身蕴含的"含义结构"(inferential structure)决定着传媒对战争的意识形态立场。用学派内部的术语来说,这种意识形态的表意结构会产生"传媒的危机"(crisis of media)。这主要表现在如下几个方面:(1)传媒在再现政治与社会事件时,受到广泛的质疑,例如可信度低,存在偏向性,甚至故意扭曲事件本身等;(2)传媒、政治与国家之间的互动关系问题被拿出来仔细检讨,特别是大众传媒机构在即将到来的电子社会之中,在文化权力的建构方面扮演着何种社会角色;(3)传媒在社会之中,以及它与权力阶层之间的纽结关系之中,究竟承担着何种意识形态功能;以此回应并讨论传媒所谓"相对自治权"是否成立。④ 自此,伯明翰学派的媒介研究完成了其批判研究路径的转向,把研究重心从大众传媒的娱乐功能转向意识形态的建构能力。

---

① Stuart Hall, Introduction to Media Studies at the Centre, in Stuart Hall et al (eds.), *Cultural, Media and Language*, London & New York: Routledge, 2005, pp. 104—105.

② Stuart Hall, Introduction to Media Studies at the Centre, in Stuart Hall et al (eds.), *Cultural, Media and Language*, London & New York: Routledge, 2005, pp. 104.

③ A. Shuttleworth et al. *Television Violence: Crime Drama and the Analysis of Content*, CCCS, 1975.

④ Stuart Hall, Introduction to Media Studies at the Centre, in Stuart Hall et al (eds.), *Cultural, Media and Language*, London & New York: Routledge, 2005, p. 106.

第二，强调符号学分析对媒介文本研究的重要性。伯明翰学派不赞同内容分析法（content analysis）把媒介文本视为意义之"透明"携带者，并认为这混淆了意义与信息之间的差异。他们认为媒介文本在传递信息的同时，也将意识形态诸因素编织进文本之中。因此，该学派研究强调大众传播的普遍意识形态结构以及媒介文本的符号构成方式。这两个方面研究最后"汇聚形成符号学分析的理论框架"，影响着伯明翰学派媒介研究方法的成形（formative impact）[1]。

符号学研究方法在该学派的发展初期，便融入传媒研究领域。例如该中心的第一个女性研究项目（1968—1969），便主要利用列维-斯特劳斯和巴尔特的符号学去分析女性杂志对女性气质、婚姻等议题的神话建构。当然，该学派对大众媒介意识形态功能的特别关注，也使得其理论分析自觉地走向符号学分析。例如上文所谓"含义结构"这一概念，与霍尔后来所谓的"再现"（representation）异曲同工。二者都强调媒介的符号结构对传媒意识形态建构起到了决定性作用。

如霍尔指出，伯明翰学派开始转向对媒介意识形态问题的关注，"主要得益于把符号学的方法引用到文本分析之中。特别是巴尔特的著作（如《符号学原理》和《神话学》），在当时具有极大影响力。他在书中对这些问题的关注，也汇聚成伯明翰文化研究的新中心；这些研究（在中心）具有持久的传统，成为相关研究新的突破点"[2]。巴尔特《符号学原理》英译版出版于1967年，而其传媒符号学研究《神话学》的英译版则于1972才出版。应当说，伯明翰学派是最早在英语地区推行法国传媒符号学研究方法的一批学者。

第三，强调受众的主体地位，开创受众研究的范式。该学派学者认为经典传媒研究范式往往忽视受众的积极性与主体性，得出的研究结论往往是受众无差别、无判断力，简单化了受众与媒介之间的复杂关系。为此，他们强调受众在传媒文化中的积极作用，认为受众对媒介文本的"阅读"与"解码"行为，均会影响媒介内容的"编码"。

---

① Stuart Hall, Introduction to Media Studies at the Centre, in Stuart Hall et al (eds.), *Cultural, Media and Language*, London & New York: Routledge, 2005, p. 105.

② Stuart Hall, Introduction to Media Studies at the Centre, in Stuart Hall et al (eds.), *Cultural, Media and Language*, London & New York: Routledge, 2005, p. 106.

这一范式的形成,与伯明翰学派早期注重电视受众的研究紧密相关。首先是莫利(Dave Morley)针对电视观众展开的大规模调查研究。在《重新定义观众》("Reconceptualizing the Audience")[①] 一文中,他强调不同观众因为所在社会阶层不同而存在不同的文化偏向,这导致他们采用不同方式对电视节目进行"解码"。该调查直接启发了霍尔写出《电视话语中的编码/解码》(Encoding/decoding in television discourse)[②],由此提出"编码/解码"的理论雏形。这两篇文章作为系列研究成果刊登在研究中心的油印版文集(CCCS Stenciled Papers)之中,对该学派后来的受众解码研究具有重要的奠基作用。这一路径表明,受众并非"乌合之众",他们具有自己的文化偏好和意识形态,能够对媒介内容做出创造性的解读。

第四,关于媒介与意识形态这一核心问题的讨论,核心是探寻媒介传播与维持主流意识形态及其再现这一根本问题。这一思路构成伯明翰学派独特的研究路径,它与经验学派"大众文化"理论模式形成对照,补足了传播学研究在媒介意识问题方面的缺失。

(二)再现、解码与编码

霍尔的媒介研究从符码这一基本概念切入,并在此基础上对媒介文化中的符码操控体系,即他所谓的"再现"(representation),进行深入探讨。在霍尔看来,文化就是一种过程,一种实践,就是一个社会成员之间的意义生产和交换。强调文化是一种实践,指的是文化参与者通过再现某事物的方法给予该事物特定的意义,我们能够运用词语再现某事物的意义,是因为该事物作为一个符号,在其与被再现的意义之间具有了符码化的意义机制。再现"并非被简单地编入我们体内的生物遗传程序,而是对我们来说具有意义和价值,需要他人富有意义的解释,或需要依赖意义才能有效运作"[③]。

因此,同一社会的成员共享大致相似的文化符码,它们是符号意义生产和

---

① Dave Morley, Reconceptualize The Audience, *CCCS Stencilled Paper*, No. 9. 油印版,未正式发行。
② Stuet Hall, Encoding/Decoding in Television Discourse, *CCCS Stencilled Paper*, No. 7. 油印版,未正式发行。
③ 斯图尔特·霍尔:《表征:文化表象与意指实践》,徐亮、陆兴华译,北京:商务印书馆,2003年,第3页。

实现的再现系统。符号意义的主要再现媒介是语言，语言通过再现产生意义的前提是存在有意义的符号。在文化实践中这些符号构成再现系统，意义是在再现系统中由符码建构和确定的。符码确定了符号和意义之间的关系，它是一种意义固定、转换和传播机制。

当然，霍尔并没有把对符码的讨论停留在符号意义编码的角度，而是强调受众在符号文本意义解码中所具有的积极作用。霍尔的"解码—编码"模式吸收了巴尔特有关符码的理论[1]，并首次明确地将他所谓的"含义结构"拉入传播模式的讨论之中，说明含义的动态性与多义性会对传播过程带来的具体影响。该模式实际上还暗含了社会符号学中有关"阐释社群"的理论基础，并且尤为强调接受者在意义决定之中的主导性。

该模式主要关心受众在大众传播过程中所扮演的具体角色及其积极作用。受众并不是只会消极地接收被传播的内容，他们可以积极主动地对传播符号的意义进行不同程度、不同方式的解码活动。而这种解码活动，会根据受众特定的意识形态或所在社群的共识，反向重构传播内容的意义。而在强调受众的解码能动性方面，霍尔同时接受了葛兰西的"霸权理论"以及马克思历史研究的影响。霍尔在《编码，解码》[2]一文中提出了受众解码文本的三种方式：

第一种是主导—霸权式解码（Hegemonic Decoding）。受众完全按照文本生产者的意图解读文本，没有自己的立场和观点；第二种是协商式解码（Negotiated Decoding），受众在与文本生产者的协商中共同建构文本意义；第三种是对抗式解码（Oppositional Decoding），受众完全不遵循文本生产者的意图，而从与之对立的立场解读文本意义。

在此意义上说，特定社群的意识形态以及文化认同，会对媒介所传播的信息及其意义起决定作用。因此，无论是霸权、对抗还是协商，受众多样化的解码行为都促进了媒介文本的意义生产，这也会反向建构该类文本意义的符码系统。显然，这一模式对于当时仅注重媒介效果的传播学经验学派来说，具有重

---

[1] 丹尼斯·麦奎尔，斯文·温德尔：《大众传播模式论》，祝建华、武伟译，上海：上海译文出版社，1987年，第129页。

[2] 《解码，编码》一文最初是1973年在伯明翰文化研究中心内部油印。后于1980年重印，并被收入多种文化研究的传播学文集之中。英文版可参见 Simon During（ed.），*The Cultural Studies Reader*，London：Roghtlege，1993。中文版参见罗钢、刘象愚编：《文化研究读本》，北京：中国社会科学出版社，2000年。

要的启发意义：符号意义的接收与解释具有复杂性，受众在此过程中不是被动的接受者，而是积极的参与者。

具体来说，在主导－霸权的立场中，传播是一种"完全明晰的传播"，新闻传播机构及其专业传播人员构成了一种"意识形态国家机器"，解码者并没有自己的主动性，只有接受。在协商立场中，"包含着相容因素与对抗因素的混合；它认可旨在形成宏大意义的（抽象的）霸权性界定的合法性，然而，在一个更有限的、情境的（定位的）层次上，它制定自己的基本规则——依据背离规则的例外运作"①。而在对抗立场中，"'意义的政治策略'——话语的斗争——加入了进来"②。

霍尔的这三种解码立场实际上形成了三种不同的主体位置，而受众则在这些不同的位置之间滑动，"因此，他们是位置性（positionabilities）而不是社会的实体（entities）"③。霍尔强调主体的位置性而不是主体的实体性，并不是否定人的实体性身份，而是意在强调人之主体的多样性，解码行为所反映出来的这三种解读立场，正是主体多样性的体现。

霍尔的这种"编码/解码"也招到了许多批评，如他把语言看作中立的，是单纯的信息载体，似乎是先有了信息，然后附着在语言上。而这一模式招致最大的批评是他所谓的"优先意义"（preferred meanings）和"优先阅读"（preferred reading）概念，原因就在于这种阅读行为优先于阅读的意义，限制了人的解读，从而也就限制了人的能动性。④

面对如上的批评，霍尔也有自己的解释。在后来的一次访谈中，霍尔就《编码，解码》的问题谈了自己的看法，也是在为自己辩护。霍尔指出，"优先意义"在编码一端，"优先解读"在解码一端，"我并不想要一种没有权力处于

---

① 霍尔：《解码、编码》，载罗钢、刘象愚编：《文化研究读本》，北京：中国社会科学出版社，2000年，第357页。

② 霍尔：《解码、编码》，载罗钢、刘象愚编：《文化研究读本》，北京：中国社会科学出版社，2000年，第358页。

③ Stuart Hall, Reflections upon the Encoding/Decoding Model: An Interview with Stuart Hall, in Jon Cruz and Justin Lewis (eds), *Viewing*, *Reading*, *Listening*, Boulder: Westview Press, 1994, p. 265.

④ 关于"解码/编码"的批评，可参见 Dennis Dworkin, *Cultural Marxism in Postwar Britain*, Durham & London: Duke University Press, 1997, pp. 172-173.

其中的循环模式","并不想要一种没有决定的模式"①,而权力与决定的存在,使得经过编码的信息不可能被任意解读,或被解读为任何意义。这也就是霍尔所说的:"我并不相信信息会拥有任何一种意义(has any one meaning)。因此我想在编码时刻获得一种权力与结构的观念。"②

在这里,霍尔一方面强调编码的优先意义,一方面又强调解码的可能意义,似乎是矛盾的。但对霍尔来说,他实际上是努力在结构和能动性之间获得一种平衡。换言之,人一方面必然处在结构的限制之中(阿尔都塞的结构主义观点),另一方面又必须以其自身的能动性进行反霸权的活动(葛兰西的霸权与反霸权)。而人实际上在这两者之间的斗争中不断地前行,忽视任何一方在霍尔看来都是片面的。③

也正因为如此,霍尔强调协商式的阅读:"协商解读可能是我们大部分人在大部分时间里所运用的一种解读方式。只有在我们形成完美有机的、有着革命性的主体时,你才会获得一种完全的对抗式的解读。"④ 由此,也就是在这种限定与能动之间,人的主体性不断地滑动,形成一种多主体的身份。

需要指出的是,霍尔的这种主体位置,更多的是一种符号学意义上的,而不是一种经验的研究。这正是他所说的是主体性而不是真正的主体或社会的实体。其同事大卫·莫里(David Morley)所著的《"全国"观众:结构与解码》(*The "Nationwide" Audience: Structure and Decoding*,1980)以及《家庭电视》(*Family Television: Cultural Power and Domestic Leisure*,1986)⑤,

---

① Stuart Hall, Reflections upon the Encoding/Decoding Model: An Interview with Stuart Hall, in Jon Cruz and Justin Lewis (eds.), *Viewing, Reading, Listening*, Boulder: Westview Press, 1994, p. 261.

② Stuart Hal, Reflections upon the Encoding/Decoding Model: An Interview with Stuart Hall, in Jon Cruz and Justin Lewis (eds), *Viewing, Reading, Listening*, Boulder: Westview Press, 1994, p. 263.

③ Stuart Hall, Reflections upon the Encoding/Decoding Model: An Interview with Stuart Hall, in Jon Cruz and Justin Lewis (eds), *Viewing, Reading, Listening*, Boulder: Westview Press, 1994, p. 262.

④ Stuart Hall, Reflections upon the Encoding/Decoding Model: An Interview with Stuart Hall, in Jon Cruz and Justin Lewis (eds), *Viewing, Reading, Listening*, Boulder: Westview Press, 1994, p. 265.

⑤ David Morley, *Family Television: Cultural Power and Domestic Leisure*, London: Comedia, 1986.

则以经验式的民族志方法，具体研究了不同主体对电视节目的不同解读方式，推进和发展了霍尔的解码/编码理论。与霍尔不同，莫里认为解码/编码过程，其实也会受到受众所接触的其他符码和话语的影响。因此，他指出"文本的意义必须放置在特定的环境考察"。这就是人的不同的主体位置。这就从一种"优先阅读"转向了更广阔的主体空间，并进行了具体的经验研究。[①]

总之，从《解码、编码》再到《"全国"观众：结构与解码》，我们可以看到伯明翰学派在媒介研究中的发展进程和基本立场。他们一方面强调媒介文本的意识形态建构机制，另一方面则在葛兰西霸权理论的影响下，强调受众的积极参与反应。而在其中，人的主体性成为研究的重点。通过个体不同的解读立场，我们看到了不同的主体位置，个体也正是在这些不同主体位置之间的滑动中，显示了能动力。但这种滑动不是任意的，而是有着某种限定，这也就造成了人在结构和能够之间摆动的两难问题。

第二节　巴黎学派

一、格雷马斯的影响与巴黎学派

法国曾是结构主义符号学的中心，相关研究一直以索绪尔语言符号学模式为主。不过，自20世纪60年代起，在格雷马斯（Algirdas Julien Greimas）及其后继者的开掘下，法国符号学的一个分支拓展结构主义模式，把研究对象从文学文本拓展为更广义的社会文化文本，进而形成独特的"巴黎学派"（Ecole de Paris）。

该学派以"法语研究学会"的成员为主，学会在1960年成立；格雷马斯于1962年加入该学会，并于1966年出版《结构语义学》，这标志该学派的正式成立。[②] 该学派走向成熟要到20世纪80年代以后，即学派成员有关语义学分析、模态分析、叙述分析、情感与主体分析研究的专著相继出版，学派理论体系成形。进入21世纪，该学派已发展成当今法国符号学的主流；并且，学

[①] 戴维·莫里：《电视，观众与文化研究》，冯建三译，台北：远流出版事业股份有限公司，1995年，第186页。

[②] 怀宇：《论法国符号学》，天津：南开大学出版社，2016年，第42页。

派独树一帜的"激情符号学"研究,已成为新符号学运动的一个重要展面,开辟了有关情感与主体的符号学研究新路径。

"巴黎学派"是该学派学者们的自我称呼,目的是把他们与那些采用结构主义符号学模式的其他法国学者区别开来。① 该目的也反映在他们对"符号学"这个学科的命名方式上。在学界,"sémiologie"特指索绪尔式的符号学或结构符号论;为了进行区分,该学派采用"sémiotique"这一术语来冠名自己的理论体系。② 不过,需指出的是,尽管"sémiotique"是英文单词"semiotic"的法译,但这并不是说该学派完全采用皮尔斯符号学来替换现有模式。根据符号学者张智庭的考据,巴黎学派之所以采用该词,是因为国际符号学会于1969年在巴黎成立时,就使用了这一术语。③

因此,巴黎学派所谓的"sémiotique"与一般意义上的"semiotics"存在着内涵与外延的不同,后者主要指洛克-皮尔斯一脉的符号学大传统。而巴黎学派的"sémiotique",尽管也引入皮尔斯的理论④,但其理论基础依然是索绪尔及继承者丹麦语言学家叶姆斯林等的结构主义理论。不过,这两个术语背后的逻辑是相通的,即拓宽符号学的既定范围,特别是把它从结构主义的框架之中解放出来。关于此问题,该学派学者弗洛什的论述较为典型,他指出符号学"这门学科(sémiotique)隐性地肯定了它依据的是索绪尔有关言语活动构想,即欧洲的思想,而不是美国皮尔斯的构想。但是同时,这门学科又表现出不标以结构符号论(sémiologie)的志向"⑤。这意味着,巴黎学派要做的,是在索绪尔理论模式上突破结构主义的思想囿限。

该学派理论与结构符号论之不同,主要反映在对符号学研究对象之界定上。他们指出符号学研究的中心应当是"意指"(signification),而非结构符号论所倚重的"符号"及其"系统"。所谓"意指",是符号活动过程之总体,

---

① 安娜·埃诺主编:《符号学问题》,怀宇译,北京:中国人民大学出版社,2019年,第64页。
② 安娜·埃诺主编:《符号学问题》,怀宇译,北京:中国人民大学出版社,2019年,第71页。
③ 怀宇:《论法国符号学》,天津:南开大学出版社,2016年,第41页。
④ 我们可以在该学派集大成的专著《符号学问题》中看到,学者们引入了诸多皮尔斯符号学内容,还对皮尔斯符号学的情感研究进行了开掘与整理工作。这显然与传统法国符号学研究有很大区别。具体参见:安娜·埃诺主编:《符号学问题》,怀宇译,北京:中国人民大学出版社,2019年。
⑤ 弗洛什:《普通符号学的一些基本概念》,载安娜·埃诺主编:《符号学问题》,怀宇译,北京:中国人民大学出版社,2019年,第70页。

包含意义的生成、解释与传达。根据该学派代表人物埃诺的解释，该概念主要是指"人们品味的和借助天生的解释性反应来享用的'讯息''信息'和'作品'"①。

这一核心概念首先强调符号意指系统的整体性和系统性，而非符号或符号文本所发挥的个体性作用。他们认为符号仅仅是言语活动所再现的一个单位，并且它只是一种历史的产物，是一种习惯现象；换言之，符号是已构成之物，无法通过它去分析符号活动在现实语境之中的运作机制；因此，"符号学（sémiotique）在不特别看重符号的情况下，便与 sémiologie 名下的符号学产生了距离"②。其次，埃诺强调"解释性"这一术语，也反映出该学派将其研究重心从符号文本之结构转向符号意义的动态生成过程。

同时，该学派借助意指概念把"文本"的概念拓展为"话语"，即包含语言、非语言、口头的、书面的等一切符号意指系统，因此需要"建构一种有关意指的理论，这种理论不仅可以阐释各种语言，还可以阐释所有的活动"③。例如，他们把建筑理解成一种意蕴对象，因此建筑符号学的任务就是阐释一座城市对于居住者与参观者等产生意义的方式。此外，巴黎学派学者还在文学与文化等多个领域进行开掘，如神话叙述、宗教话语、文学符号学、权力话语等。④

该学派在研究理论上也颇具特色，即主要立足于由格雷马斯所开创的符号－叙述分析模式。格雷马斯《结构语义学》一书详细论述了符号意指结构的基本内容和行为者模式及其行为转换模式，进而建构后人所称之的"格雷马斯符号方阵"（或符义矩阵）。在格雷马斯的启发之下，该学派认为任何符号活动都涉及一种陈述活动，即符号主体对意指系统所提供给他的各种潜在性进行运用。这正如任何产品都要涉及一种生产过程。

意指陈述活动又可以进一步分为三个层面：最表层是文本结构层面，是叙

---

① 安娜·埃诺：《索绪尔与言语活动理论》，载安娜·埃诺主编：《符号学问题》，怀宇译，北京：中国人民大学出版社，2019年，第41页。
② 弗洛什：《普通符号学的一些基本概念》，载安娜·埃诺主编：《符号学问题》，怀宇译，北京：中国人民大学出版社，2019年，第72页。
③ 弗洛什：《普通符号学的一些基本概念》，载安娜·埃诺主编：《符号学问题》，怀宇译，北京：中国人民大学出版社，2019年，第73页。
④ 张智庭：《巴黎符号学学派的产生与发展》，《符号与传媒》，2015年第2期，第180-188页。

述主体活动在文本层面的直接表现。在表面之下又可以进一步划分为两个层面，即符号-叙述结构与话语结构。这种潜在性包括分类（即对意义单位进行切分）与句法（即对各种意义单位进行连接）两大类。因此，所谓陈述的话语结构便是主体选择并安排这些潜在结构的整体过程；而符号-叙述结构则是主体承担并利用各种潜在性的过程。

进一步而言，符号-叙述结构是意指的潜在性结构，话语结构是陈述发送者实际所显现的结构，而文本则是意指得以实现的结构。因此符号方阵对文本的陈述特征进行分析，实质是剖析意指如何通过文本表达自身。该模式成为巴黎学派学者最基本的理论依据。格雷马斯之后，巴黎学派后继者的文化分析基本以格雷马斯符号方阵为分析工具。

在《结构语义学》出版后数十年间，格雷马斯开始拓展自己的研究领域，出版《论意义》第一卷和第二卷等代表性专著，探究了自然世界的符号学、叙述语法要素、价值对象及其模态理论。从1979年到1986年，他与库尔泰斯合著出版《符号学：言语活动的系统思考辞典》第一卷和第二卷，为巴黎学派学者的讨论提供了合一的术语和概念定义，进一步统合了巴黎学派的研究。自此以后，格雷马斯在其模态理论之上，开始拓展其"激情符号学"（Sémiotique des passions）研究，深入探究文学与文化中人的主体性与情感的符号学分析。

从20世纪80年代至今，激情符号学成为巴黎学派理论研究的主线。[①] 格雷马斯的后继者，如丰塔尼耶、科凯、埃诺等学者在20世纪90年代后，继续拓展格雷马斯的激情符号学研究理论；而格雷马斯弟子、芬兰符号学者、前任国际符号学协会主席埃罗·塔拉斯蒂（Eero Tarasti）则在21世纪将该模式拓展成系统的"存在符号学"（existential semiotics）。这都表明，"激情符号学"作为巴黎符号学派的理论传统，已在21世纪逐渐发展成独树一帜的研究范式。

二、激情符号学：丰塔尼耶与埃诺

所谓"激情符号学"具体是指通过符号学模态与语义分析等手段，对主体之情感、情绪、心灵状态及其认知方式进行研究。这是巴黎学派最主要的理论特色。尽管都关注符号使用主体的认知问题，巴黎学派的研究路径仍与认知学

[①] 张智庭：《激情符号学》，《符号与传媒》，2011年第2期，第3—19页。

派的"硬科学"完全不同,主要是对陈述活动所呈现的模态进行分析,以此说明影响主体判断并选择这些模态的情感因素。

与符号学的认知转向一致,巴黎符号学派的情感研究范式也是于20世纪80年代成形。这主要得益于在如下理论研究领域的突破:首先是本维尼斯特有关陈述活动和言语活动之研究主观性理论的突破。学者们通过对该理论的推进,确定了情感性、陈述活动与主体之价值判断和评价密不可分。其次是学者们对巴尔特《恋人絮语》一书中对"恋人话语"之结构和再现所进行的持续探讨。根据巴尔特的说法,恋人话语是一种强烈携带主观性、情感性乃至激情的语言,它主要采用第一人称,没有元语言,以"剧情"的方式戏剧性地展现恋爱的场面和奠定外在形象。因此,他们提出应当关注恋人话语的文本结构,而非对其进行心理分析。最后,则是该学派符号主体情感分析之核心理论的形成,即格雷马斯的"模态理论"方法。①

格雷马斯在《模态理论的建设》一文中最先把模态定义为"主语对于谓语的改变",然后分析出两个谓语形态,即"做"和"是"②,并在此基础上确定了两种基本陈述,即"作为陈述"和"状态陈述"。"作为陈述"的逻辑功能就是"转换"(transformation),"状态陈述"的逻辑功能就是"附连"(junction),亦即"合取"或"析取"关系。随后,他在对几种欧洲语言的描述基础上提出四种"临时"的"作为模态":想要、应该、能够和懂得。③

上述四种"临时"模态都可以与"做"和"是"进行组合,并借助"符号学矩阵"连接成多种模态存在方式。④ 在该文中,他还特别对"应该""想要"与"做"的结合做出了分析,指出各种"应该"构成"道义符号学",而各种"想要"构成"意愿符号学",因为这些都关涉主体在叙述中的情感状态。并且,上述这些模态的存在方式"可以帮助我们更好理解某些文化类型,特别是

---

① 丰塔尼耶:《激情符号学》,载安娜·埃诺主编:《符号学问题》,怀宇译,北京:中国人民大学出版社,2019年,第429—429页。
② A. J. 格雷马斯:《论意义》(下册),冯学俊、吴泓缈译,天津:百花文艺出版社,2005年,第66—67页。
③ A. J. 格雷马斯:《论意义》(下册),冯学俊、吴泓缈译,天津:百花文艺出版社,2005年,第78页。
④ A. J. 格雷马斯:《论意义》(下册),冯学俊、吴泓缈译,天津:百花文艺出版社,2005年,第84—86页。

关于个人对社会'态度'的描写"①。由此，模态便与主体关联了起来，奠定了情感与主体符号学的基础。

随后，格雷马斯发表《论存在的模态化》一文，进一步推进激情符号学的建构工作。该文开篇解释，为何我们可以并必须通过符号学矩阵来分析主体的情感问题："一种语义范畴借助于在符号学矩阵上投射情绪范畴可以具有价值，而情绪范畴的两个相反项便是/惬意/vs/不悦/。这可以说是一种本体感受范畴，人们就借助于这种范畴来非常概括地寻找生活在一种场合或属于一种场所的任何人赖以'自我感觉'或对其环境做出反应的方式。"② 因此，符号矩阵所列的四种对立义素及其相互之间的"转换"或"衔接"便具有了价值观的含义。

简言之，在价值的转换之中，除了需要在符号学矩阵上选择适合对象即价值的义素术语，还要选择情绪术语，也就是要"投身于连接主体与对象的关系之中"。于是，主体与对象的关系便具有一种"多余的意义"，即"情感性"意义，而主体的存在则被一种特殊方式模态化。因此，叙述主体模态与"对象"的合取与析取过程会产生丰富的情感表现。这也就是从叙述话语分析情感的根本出发点。而后，格雷马斯在与其弟子丰塔尼耶（Jacues Fontanille）合作的专著《激情符号学》（*Sémiotique des passions*）③ 中进一步完善了情感分析的理论体系，算是其情感符号学研究的一个总结。学者张智庭将该书的主要内容概括为五点：

（1）明确了激情主体；（2）确定了主体的存在模态；（3）确立了激情的"模态机制—模态安排—道德说教"的展示模式；（4）为法语文化中的一般激情表现总结出了术语表；（5）为一些激情表现做出了模态解释。第五个内容是情感模态的核心成果，格雷马斯借此对各种情感进行了很有意思的分析。例

---

① A. J. 格雷马斯：《论意义》（下册），冯学俊、吴泓缈译，天津：百花文艺出版社，2005年，第90页。

② A. J. 格雷马斯：《论意义》（下册），冯学俊、吴泓缈译，天津：百花文艺出版社，2005年，第94页。

③ 法文原版：A. J. Greimas et Jacues Fontanille, *Sémiotique des passions*, Paris: Seuil, 1991. 英译版：A. J. Geimas and Jacques Fontanille, *The Semiotics of Passion: From State of Affairs to State of Feelings*, Paul Perron (Trans.), Frank Colins, Minneapolis: University of Minnesota Press, 1993.

如,"冲动"表示的是"想要—做"与"能够—做"的某种结合;"固执"表示"想要—存在"与"不能—存在"和"懂得—不存在"的相互关系;"失望"表示"应该—存在""想要—存在"与"不能—存在"和"不懂得—存在"相结合的产物;等等。①

格雷马斯从叙述主体的情感模态转换与组合,探究主体在模态选择中的情感和价值意义,开启了符号学研究主体问题的新路径。在20世纪八九十年代,学派后继学者,如丰塔尼耶、埃诺(Anne Henault)、科凯等,主要沿着上述路径,开拓情感符号学研究范式。他们的研究主要在情感的"张力"和"感受"两个维度上进行拓展。

首先,是由丰塔尼耶领衔的情感"张力"研究。丰塔尼耶是巴黎学派主体与情感符号学研究的承前启后者。他与其老师格雷马斯合著《激情符号学》,廓清了符号学情感问题研究的基本论域。概而论之,情感话语是建立在"作为模态"和"存在模态"(即"做"与"是")相结合和相互作用之基础上的。在这两个模态基础上可以生成出与情感相关的各种情感义素(如"应该""必须""想要"等),进而组成符号矩阵。因此,作为主体的发送者在进行叙述时,便会在矩阵中通过转换和组合义素,形成模态。最重要的是,无论是哪一种模态,它们都脱离不开"价值对象"。因此,主体与价值对象之间的"接合"关系,便构成了"激情空间"或情绪的空间。

在上述理论框架的基础上,丰塔尼耶集中对情感表达的"张力"(tensivité)进行深入开掘。所谓张力,即情绪随着话语的发展而显示出一种变化程度。例如,我们每个人"喜悦"或"悲伤"的程度不尽相同,同一个人在一个时间段中也可能会经历不同程度的喜悦或悲伤过程。这种情感强度的变化过程,便可以用"张力度"来衡量。丰塔尼耶指出:情感张力存在于情感话语表达的全程,并且它和"模态"一样,都是描述主体情绪的重要组成部分。

而后,他在与贝尔伯格合作出版的《张力与意指》一书中,通过分析张力在聚合轴和组合轴的构成关系,又把张力具体划分为两大范畴:首先是属于组合轴的"强度"范畴,主要是情感的力量、能量、情感等要素;其次是属于聚

---

① 张智庭:《激情符号学》,《符号与传媒》,2011年第2期,第3—19页。

合轴的"幅度"范畴，主要由数量、展开、空间/时间与认知等要素构成。①这些范畴要素会相互组合，由此形成各种各样的情感表达模态，以此影响主体的情感与感受。例如在西文中，情绪（emotion）、激情（passion）、好感（inclination）和感觉（sentiment）等这类表达情感的词语，均在情感的强度和幅度方面有所区别。从情绪到感觉，可以看到时间幅度的增加，但情绪的强度在降低。再比如，对于"执念"这种情绪词汇，时间维度增加，也不会使其情感强度降低；在这里，时长恰恰变成了衡量其情感强烈的重要指标。

在"张力"这一概念指导下，激情的定义得以厘清。激情"首先是一种话语外形，它同时具有句法特征（话语的一个组合体）和它所汇集的多种构成成分（模态、体态、时间性等）"②。定义中所谓体态、时间性等维度便是主体情感的张力维度，它们与叙述结构一起决定着主体的情感表达。进一步说，所谓激情，就是包含一定数量的语义强度所产生的联系变化；这种数量可以是情感行为的数量，也可以是情感维持的时空幅度。③ 这些变化产生特定的情感张力梯度，进而连接成为情感的话语。

其次，在张力研究的基础上，对"感受"的研究是补足激情符号学研究框架的另一个重要维度。主导这一研究的是该学派在21世纪的领军学者安娜·埃诺。相关研究成果集中在其专著《能够就像是激情》（Le pouvoir comme passion）一书之中。在埃诺看来，激情符号学中更加细微的部分是主体的感受，它比张力更容易被忽略，却对主体情感之生成起着决定作用。因此，感受是"一种根本性意图"，是话语的激情维度；它可以不依赖于情感因素的言词化过程。因此，对激情的研究，可以是"在'感受'的内在颤动于语言学上出现的地方，标记这些颤动"④。

换言之，即便是一个包含情感词汇的话语，也存在着激情的因素，这就需

---

① 转引自丰塔尼耶：《激情符号学》，载安娜·埃诺主编：《符号学问题》，怀宇译，北京：中国人民大学出版社，2019年，第432页。

② Jacues Fontanille, *Sémiotique et literature*, Paris: PUF, 1999, pp. 67−80.

③ 丰塔尼耶：《激情符号学》，载安娜·埃诺主编：《符号学问题》，怀宇译，北京：中国人民大学出版社，2019年，第432页。

④ 转引自丰塔尼耶：《激情符号学》，载安娜·埃诺主编：《符号学问题》，怀宇译，北京：中国人民大学出版社，2019年，第432页。原书见：Anne Henault, *Le pouvoir comme passion*, Paris: Seuil, 1994, pp. 4−5.

要通过情感维度去展开研究。在这种情况下,主体的情感主要是通过前文所谓情感张力的强度变化,于情感倾向的波动之中体现出来。从生成逻辑过程来讲,感受可以先于激情范畴,是激情的最初浮现。为验证这一思路,埃诺提出了一个相对苛刻的文本研究方法:第一,必须选择那些表面上无情感表现,从感受上讲却是带有出现之香味的文本。第二,必须寻找那些"被感受对象"只能通过推理才能标记出来的文本。第三,必须汇集各种解读条件,以便使(被掩盖的、非暗语性的和个人独白式的)激情维度成为可观察得到的要素。[①]

在上述两种维度的基础上,激情符号学的理论框架已经逐渐清晰。符号话语的情感要素主要是通过两种互补的形式表现出来:一种是构成要素,一种是表露要素。构成要素便是格雷马斯提出的,能够在话语中被标记的几种模态,即想要、应该、懂得、能够和相信。不同类型的激情可以通过话语中的主要模态呈现出来,如义务激情的基础模态是"应该",认知激情的模态是"懂得",强力激情的模态是"能够",等等。

除了模态,主体激情自身在话语中还有特定的显露要素,这主要通过张力成分表现出来,如前文所提的激情张力的强度和幅度等。这些张力成分主要出现在模态链上,其作用是标记情感的模态构成要素,甚至可以决定哪些构成要素成为情感的主导因素。与此同时,对于那些无激情词汇的话语,也可以通过补足"感受"之文本显露,来分析话语主体情感因素。这主要是通过对比张力之强度与幅度的变动轨迹,获得主体情感变化的现象证据,即"情感趋向"。

三、存在符号学:塔拉斯蒂

进入 21 世纪,格雷马斯在芬兰的弟子塔拉斯蒂(Eero Tarasti)继续拓展符号学理论在主体问题上的讨论。塔拉斯蒂是芬兰赫尔辛基大学教授、符号学家、音乐学家、钢琴家,曾任国际符号学协会主席(2004—2014),在 21 世纪的符号学运动中具有广泛的影响力。在理论方法上,他试图走出其老师格雷马斯的结构主义框架[②],并广泛融合皮尔斯、克尔凯郭尔、海德格尔、雅思贝尔、让·瓦尔和萨特等人的理论,建构一种有关主体与存在的符号学理论新体

[①] Anne Henault, *Le pouvoir comme passion*, Paris: Seuil, 1994, pp. 7—19.
[②] 埃罗·塔拉斯蒂:《存在符号学》,魏全凤、颜小芳译,成都:四川教育出版社,2012 年,第 17 页。

系。他认为这正是21世纪"新符号学"（Neo-semiotics）需要完成的任务。①

在塔拉斯蒂看来，整个20世纪的符号学经历了三次重大发展。首先是索绪尔、皮尔斯的第一代经典符号学，其次是列维-斯特劳斯、格雷马斯的"第二代符号学"，再到艾柯、德里达、福柯的第三代符号学。但他认为符号学在结构主义之后，"尚无人敢创立新的理论"②：第二代符号学只是把经典符号学放到了知识背景之中，第三代符号学家则重在反映永久价值的条件性、信仰缺失、后现代人的内在冲突，而不关注结构本身。因此新一代符号学家的任务，便是要有担当地推进符号学新学说、新理论体系的建构。

基于上述理论抱负，塔拉斯蒂在重估"主体"概念基础上，从存在符号与主体之关系出发，建构了一套被他称为"存在符号学"（existential semiotics）的全新符号学理论体系。在这套新体系中，符号重新焕发生命，主体重新得到思考，全新的概念亦被带进了符号学理论，比如超越、元模态、自我/自身、自在/自为存在、自我/为我存在，以及前符号、后符号、生成符号、现象符号、内符号、外符号、类符号和超验符号等。③

认识论是建构主体符号学体系之基础，这也是塔拉斯蒂《存在符号学》一书开篇的主题。为此，他指出其理论体系是建立在以下观念基础之上的："主体生活在这个世界上，凝视并努力寻求超越，因为他/她体会到纯粹'此在'的存在是不充实的。因此，主体进行这两种类型的超越行动：否定和肯定。"④根据克尔凯郭尔的观点，人永远不能完全成为存在本身，只能以此为目标。

上述过程中，主体必须首先在客观符号中找到自身。简而言之，即此在。那里包含着客观符号学的一切正确的规则、语法、生成过程。但是接着主体认识到了他的存在周围的虚无。主体必须朝向"虚无"进行一次飞跃。为了更好地说明其理论，塔拉斯蒂用图4-1来解释主体的否定/肯定的两次超越之旅：

---

① 埃罗·塔拉斯蒂：《存在符号学》，魏全凤、颜小芳译，成都：四川教育出版社，2012年，第3页。
② 埃罗·塔拉斯蒂：《存在符号学》，魏全凤、颜小芳译，成都：四川教育出版社，2012年，第17页。
③ 埃罗·塔拉斯蒂：《存在符号学》，魏全凤、颜小芳译，成都：四川教育出版社，2012年，第19页。
④ 埃罗·塔拉斯蒂：《存在符号学》，魏全凤、颜小芳译，成都：四川教育出版社，2012年，第18页。

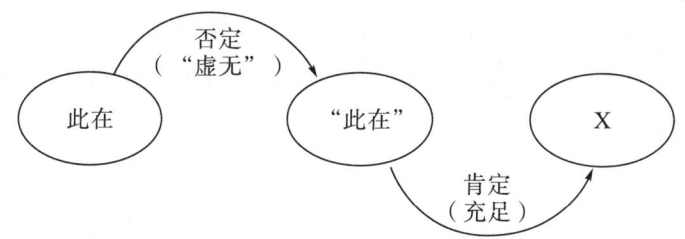

图4-1　经由肯定和否定的主体存在之旅①

通过图4-1可知，主体的第一种超越行为是"否定"，是朝向空虚的飞跃。在这次飞跃之后，主体回到他/她的世界，只是为了体验对象，那些对象失去了先前的一些意义。但是，主体不再处于遭遇空虚时引发的存在主义焦虑之中。确切地说，他/她走向另一种体验，这种体验具有一种与原初相反的本质。当主体第二次回到此在世界并创造符号时，这些符号便具有了存在意义，因为它们反映出了主体超越之旅的意义。

第二种超越行为是"肯定"。通过肯定，通过远距离扫描，了解它们穿越上一层的不足之处，好像它们是根据更深一层的参考框架做出的承诺。塔拉斯蒂在此借助法国哲学家瓦尔的术语，认为肯定阶段是一种"向上超越"（trans-descendance），而否定阶段则是"向下超越"（trans-descendance）。②在这个阶段中，"前符号"变成"行动符号"意味着抛弃前符号，通过否定前符号来支持行动符号。正是在这种分离与返回的过程中，符号转换为连续的运动；它们不再是一成不变的对象，而是以全新的方式自由塑形。

通过塔拉斯蒂描述的这两种超越模式，我们发现：符号不再是客观、冷漠的外在形式，而是与主体的存在如影相随，如同硬币的两面，成了解主体存在轨迹的重要手段。显然，塔拉斯蒂借用了克尔凯郭尔的存在是一种"待在"（becoming）的过程概念，又发展了萨特的存在之虚无的观念，使存在从否定（虚无）走向肯定，达到超越。

在解决了认识论问题以后，塔拉斯蒂便进入该理论体系的核心，即"主体问题"。为此，塔拉斯蒂追溯了黑格尔、康德、克尔凯郭尔、萨特的主体理论，

---

①　埃罗·塔拉斯蒂：《存在符号学》，魏全凤、颜小芳译，成都：四川教育出版社，2012年，第18页。

②　埃罗·塔拉斯蒂：《存在符号学》，魏全凤、颜小芳译，成都：四川教育出版社，2012年，第18页。

并运用巴黎学派丰塔尼耶的理论对主体论进行了现代推演,形成了关于主体之"自我"(Moi)和自身(Soi)的概念以及自在/自为存在和自我/为我存在之间的运动模式。①

塔拉斯蒂认为,"自我"是我们自身的某一部分,是在进行自我建构时自身所意指的内容。而"自身"则是我们自己的部分,是自我为了在行动中创造自己而突出自己的内容。从主体的角度来看,自我是作为个体实体的主体,而自身的概念必须包含主体的社会方面。在自我角度,主体作为感观的集合而出现;而在自身角度,主体作为被他者观察和被社会决定的事物出现。从相互关系来看,自我为自身提供刺激和抵抗,自身则可借此成为某物。

在上述意义上,主体的存在方式就是:作为内在动能的模态(自我),通过话语,形成在一定社会中的表述(自身),不过自我要冲破自身,才能实现超越。艺术历史的动力就是从自我到自身的变化过程,又是自我对团体、自身的常规世界不断反叛的过程。自身的领域形成了对自我存在的长期抵制。相应地,自我的存在阻止自我成为自身的纯粹领地。②

在引入身体符号学,将自我和自身区分开来之后,黑格尔的"自在存在"或"自为存在"就被推演为"自我存在"和"为我存在"。尽管塔拉斯蒂力图摆脱格雷马斯的框架,但在论述主体这一理论上,他还是采用了格雷马斯符号方阵和模态阐释:

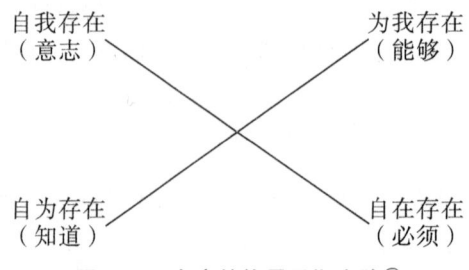

图4-2 存在的格雷马斯方阵③

---

① 埃罗·塔拉斯蒂:《存在符号学》,魏全凤、颜小芳译,成都:四川教育出版社,2012年,第84页。

② 埃罗·塔拉斯蒂:《存在符号学》,魏全凤、颜小芳译,成都:四川教育出版社,2012年,第84—88页。

③ 埃罗·塔拉斯蒂:《存在符号学》,魏全凤、颜小芳译,成都:四川教育出版社,2012年,第84页。

在图 4-2 这一方阵中，自在存在和自为存在属于社会他者，分别属于自身的潜在和显在范畴，而自我存在和为我存在属于自我的潜在动能和显在行动，他们通过身体连接起来。方阵中四个模态之间的动态运动，揭示了内在自我与反思自我、社会自我和超越自我之间相互牵制又相互影响的关系。

该方阵模式把个人与集体、自我与超越、主体与他者结合起来，从而使存在不仅仅是抽象的超越，也不单单是简单的欲望，而是主体从否定到肯定、从自我到他者达到超越的旅程。这一方阵运动模式既与先前的"待在"的存在模式相照应，同时运用格雷马斯的模态论又使之具有了存在的行动能力。而"自我存在"和"为我存在"这两个概念则成为塔拉斯蒂存在符号学主体论的核心内容，在《存在符号学》一书的后半部分塔拉斯蒂把它广泛地运用到传媒、艺术、社会、自然等各个领域的分析之中。

综上，塔拉斯蒂从经典哲学以及巴黎符号学学派处获得灵感，把符号运动过程与人的主体存在过程融合起来，让符号具有了跃进的生命。在后期现代性社会，用"存在符号"来代替无中心的符号游戏，无疑是重建主体的先锋尝试，为符号学研究翻开了新的一页。

与此同时，塔拉斯蒂的存在符号学体系，也展现出他所谓"新符号学"的理论特性及其抱负，即在跨理论、跨学科、跨领域之后，建构一个融合的理论新体系。因此，塔拉斯蒂的存在符号学，不仅在认识论、主体论等哲学范畴有所建树，同时也在美学、社会学、自然科学、后殖民文化、传播学、全球化等诸多研究领域率先抛出自己的符号学观点，验证这一理论作为广义符号学理论体系的有效性。

第三节　都灵文化符号学派

意大利都灵大学（University of Turin），是当今文化符号学研究的重镇。符号学家翁贝托·艾柯的学术生涯便始于都灵大学。在其导师、著名美学家和存在主义哲学家路易斯·帕莱松（Luigi Pareyson）的指导下，他完成了博士论文《托马斯·阿奎那的美学问题》（*The Aesthetics of Thomas Aquinas*）。艾柯在中世纪符号学、宗教符号学，特别是对当今一般符号学理论的建构方面功不可没。他的符号学理论自然成为都灵文化符号学派重要的理论基础。除了艾柯，著名意大利符号学家阿瓦莱（D'Arco Silvio Avalle）、卡普雷蒂尼（Gian Paolo Caprettini）等人也自 20 世纪 70 年代起开始在该校任教，并对电视电影等大众传媒符号学研究做出开拓性贡献。

该学派的活动中心具体在都灵大学哲学系（Department of Philosophy, University of Turin）。从 20 世纪 90 年代起，该系的符号学研究得到了快速发展。其中，马西莫·莱昂内（Massimo Leone）、瓦格·沃利（Ugo Volli）、圭多·费拉罗（Guido Ferraro），三位教授的研究尤为引人注目。除符号学一般理论的系统建构以外，他们主要在宗教符号学、数字面孔（digital face）符号学、饮食符号学、文化遗产、城市与旅游符号学、广告符号学、传播符号学等当今社会文化的具体领域进行了深入考察。研究视域兼顾批判与建构，颇具特色。

在理论建构方面，独立学派主要采取兼容并蓄的立场，吸收索绪尔、皮尔斯、洛特曼以及格雷马斯等诸家的理论成果；并在对具体问题的研究中推演出自己独立的理论观点，是在应用之中进行创新。这当然也是与艾柯的一般符号学理论的认识论和方法论基础。如前文所述，艾柯是 20 世纪后期推进符号学从结构符号论转向解释符号学的重要学者，在革新符号学范式方面起到了重要贡献。显然，都灵学派的文化符号学范式，在这一方面继承了艾柯的遗产。

进入 21 世纪，该学派飞速发展，并着重在文化与传播符号学的跨学科研究方面凝聚自己的研究特色。2002 年都灵大学哲学系牵头成立"传播跨学科研究中心"（Center for Interdisciplinary Research on Communication at the University of Turin，简写为"CIRCe"），该校社会学、政治学、心理学、历史学、信息科学、经济学等院系的相关学者均参与到该中心的研究工作中来。该中心主要以"文化符号学、传播社会学、传播历史学以及法律的跨学科研究为核心，通过促进人文学科与社会科学的跨学科研究，以此勾连跨学科研究团体、连接学界与社会大众（包含公共政策决策者与私人商业公司）"①。该中心的研究目标，反映的是都灵文化学派的研究特色：他们关注社会与历史语境中的文化符号意义建构与传播，所以文化遗产、城市旅游、饮食文化、数字社群等都是该学派研究的重要议题。同时，该学派尤为重视把理论研究与产业实践

---

① 请参见该中心英文官网简介：https://www.circe.unito.it/en/centre/story.

相结合，特别是通过与其他社会科学学者跨学科合作，对当今社会文化诸议题提出相关对策。

学派学者围绕该中心定期展开多种多样的学术活动，扩展了其国际学术影响力。他们定期举办名为"意义会议"（Meetings on Meaning）的研讨会，邀请欧洲以及全球符号学者介绍其符号学研究成果，与该中心学者，符号学博士后以及硕士、博士生展开对谈；出版基于同行盲审的半年刊 *Lexia*，该刊现已成为国际符号学界具有重要影响力的符号学专业期刊；同时也与欧洲其他大学合作举办"文化符号学暑期学校"；组织召开各种主题国际学术研讨会，如"作为文本的城市：城市书写与再写"（2008）；"行动的意义，意义的行动"（2009）；"中介性与直接性：宗教研究的符号学转向"（2016）；等等。此外该学派也重视培养符号学专业研究人才。例如，该中心在欧盟的资助下，招收符号学专业"欧洲博士"项目（An European doctorate in semiotics）的学生，即受该项目资助的博士生，需至少在欧洲两个国家的高校学习。该项目有效地推动了符号学研究的国际传播。

一、文化的符号学

"文化符号学"（semiotics of culture）这一术语发源于莫斯科-塔尔图学派，意大利都灵学派在文化符号学的建构上则具有自己的特点。相关学者试图在对宗教、传媒、城市文化以及新媒体数字文化等具体领域进行细致研究的基础上，重构当今文化符号学的研究范式。关于此，该学派的现任领军人物莱昂内曾经撰文详述都灵学派的文化符号学路径与发展规划。

在莱昂内看来，文化符号学作为符号学的一个分支，专门研究文化边界的出现、定义、演变和最终消失等问题，也就是说，它研究文化边界的生命。这一路径，实际上自20世纪符号学进入结构主义阶段，从语言转向其他非语言的文化文本时就已经开始了。

但是，20世纪中晚期结构主义危机出现。这种危机表现在对任何文化文本的研究都存在着结构主义"普遍化"（Universalism）的倾向。换言之，结构主义对社会文化中的意义问题的处理，似乎建基于一个相当牢固的理论的假设，即人类文化的意义具有同质性。

由格雷马斯援引乔姆斯基，为证明意义的同质性，寻求一套具有说服力的修辞性论证——这无非是给"人性同质化"的假说贴上一张符号-语言学的标签——不被人类文化无穷尽的特点所危及罢了。①

面对这种危机,莱昂内认为文化符号学逐渐延伸出如下四种不同的路径或主张。这四种路径或主张,也可以视为当今符号学运动的一种整体发展特征和学派间的差异性②:

第一种,乃所谓"硬碰硬"(going hard)的发展,即发展所谓"硬符号学"(hard semiotics)来回应这种意义分析同质性问题。所谓硬符号学,即把符号学引向自然科学,通过认知学、神经生理学、生物学等类文化假说,用生物学普遍主义原则代替文化普遍主义原则,找到了消除这种批评的方法。但他认为,若因循这一路径走太远,也会迎来危机。比如,文化异质性简化为生物学异质性所带来的意识形态上的危险。并且,人类关于神经生理学的知识无论发展到什么地步,都不应该排除这样一种可能,即从系统上讲,神经生理学都不足以解释诸如语言、意义和文化等社会现象;换言之,在人类神经生理上产生的那些社会现象十分复杂,已不再是仅仅靠其生理基础就能解释清楚的。

第二种,是多元文化符号学(semiotics of cultures),即此类符号学理论不会从共同的生理和认知机制的角度去分析文化,而会从某个具体文化或传统特殊性的角度去分析。这以格雷马斯的文化符号学分析为典型。他认为这是结构主义之后,符号学发展带来的一个困境。因为有不少学者认为,应当让结构主义符号学转向为一种文化的符号学,以便拯救、弥补和增强其解释力。但这并不意味着符号学就应该转向一个以"多元文化"为目标的学科。因为这样的"文化具体化"也会囚禁符号学,更确切地说,是让多元文化符号学陷入一个恶性循环:在这种情况下,文化,被作为一种(认识论的?结构的?本体论的?)分析对象,在是否前后一致上会存在问题,因为它同时既是研究的实践目标,又是研究的基础。

第三种,是单一的文化符号学转向,即洛特曼所期待建立的这种整合、统一的文化符号学理论模式。洛特曼并不满足于用符号学手段去分析俄罗斯的文

---

① 马西莫·莱昂:《从理论到分析:对文化符号学的深思》,钱亚旭译,《符号与传媒》,2013年第2期,第110—123页。

② 马西莫·莱昂:《从理论到分析:对文化符号学的深思》,钱亚旭译,《符号与传媒》,2013年第2期,第112页。

化语境，他也热衷于建立一个符号学模型。这个模型不仅有能解释俄罗斯具体文化的功能，还有能对整个文化都做出说明的功能。但这种模式也存在问题，因为它单纯强调理论模式的系统性和统一性，而忽略特定社群的文化特殊性。

第四种，是"文化的符号学"（cultural semiotics），这也是意大利学派学者们所选取的路径。他们有意在西文术语上区别于莫斯科－塔尔图的文化符号学（semiotics of culture）模式。在莱昂内看来，都灵学派所选取的路径融合了格雷马斯的多元文化符号学以及洛特曼的单一符号学模式。

这就意味着，符号学不必宣称自己有能力揭示所有文化的生理基础，也不用放弃它关于人类意义同质性的人文主义假说，但同时也需注意不要再次掉入"人类意义异质化"的假说之中。符号学应该意识到文化界限的意味。所以，文化符号学应当对文化"意义"建构问题同时采取普遍性视角与特殊性视角：前者强调人类文化间的同质性和可衡量性，后者强调人类文化间的异质性和不可衡量性，并在此基础上融合二者的认识论、方法论和分析维度。这也是当下都灵学派文化研究的主要理论特色所在。

二、文化创新与符号学

都灵学派的文化符号学尤为重视社会实践，重视将研究与当今文化和传播产业的发展结合起来。而其中的关键，便是文化符号学能够有效地处理文化创意与创新这一根本问题。"符号学介于硬科学与人文学科之间，介于社会学与心理学之间，它为创造与创新（creativity and innovation）过程提供了独特的理论视角。"[①] 因此，无论是建筑、旅游、饮食、宗教还是流行音乐、网络文化等，都是都灵学派关注的焦点，其核心问题便是，这些原本在社会历史语境中的文化意义，如何在当今社会被重新激活并得到创新性的运用与传播。总体来看，都灵学派学者认为，符号学能应用于文化创新的实践分析，主要有如下几点原因。

第一，符号学认为创新作为一种表意活动，可以被模塑，也可以通过教育而习得，当然可以根据一定的标准来衡量其创新的程度。符号学认为任何创新

[①] Massimo Leone, The Semiotics of Innovation, in Peter P. Trifonas (ed.), *International Handbook of Semiotics*, London & New York: Springer, 2015, p. 384.

之物都有其独特的表意结构。因此任何人造物，无论是博物馆的建筑、公园、手机还是广告，都是不同表意元素的构成品，因此它们可以产出不同的意义。符号学的作用便在于提出相应的理论框架、阐释方法以及分析工具，进而描述这些结构，模塑其表意功能，解释文化创新是如何通过结合表意元素进而行使表意功能的。

不止于此，符号学还可以对现有的文化产品创新提出进一步建议。例如，指出哪些潜在的符码组合还没有被开掘，对文化创新的潜在表意路径进行预测，并给出具体的策略帮助它从设想变成现实。换言之，符号学结构与组合的分析维度不仅帮我们更好地理解现有的人类文化产品，更可以帮我们创造与发明新的文化产品。

第二，符号学认为意义本质上来源于差异（difference），因而它提供一系列理论与方法论去描述这些差异。相应地，这些方法同时可以用来创造差异，而这也是文化创新的根本动力。所谓创新的文化产品，即此物或活动与其他事物相比，在表意结构上存在根本的差异。显然，上述两点是由都灵学派吸收结构符号论的相关理论发展而来的。

第三，符号学同时把创新活动理解为一种意义的双向交流形式，这为从接受者角度理解创新提供了极大便利。这是皮尔斯三元传播模式的核心，即符号意义的生产旨在解释、交流与传播。许多时候，诸多创新形式如新的文化活动的兴起、新媒介技术的运用，再比如新城市空间的开发与新市场营销策略的发明，都存在失败的风险。究其原因，主要是这些文化活动的设计者总是忽略受众意识。因此，符号学把创新视为意义的双向交流活动，意味着它既可以通过梳理文化创新的表意结构对创新的总体过程进行模塑，也可以通过受众的社会文化特征去说明这些创新能否被接受与再传播。

都灵学派在此处同时吸收莫斯科－塔尔图学派的文化符号学理论，认为后者的符号域理论更有效地说明文化创新的根本模式。在这一框架下，文化被视为动态的系统即符号域，其内部存在着不同层级的符号活动。这些符号活动在各自的中心与边缘持续互动，是文化这一总体符号学保持持久活力或创新性的根本动因。因此，文化符号学提出的分析方式可以有效地分析文化创新活动在不同社会文化语境（作为一个具体的符号域）中的接收与吸纳情况。例如，新的艺术展对中国观众所造成的影响；新的手机型号在印度市场的受欢迎程度；

新的建筑样态在巴西小镇的接受情况；等等。而文化符号学理论把这些新文化样态的解释与互动视为全球文化这一整体符号域的一部分，进而可以提供描述这些活动的语言。

第四，都灵学派坚持认为应当把符号学视为一种跨学科范式，而这种跨学科范式则是理解文化创新与传播的关键。他们认为符号学作为分析意义生成与交流的科学，必然会汇聚意义与传播理论相关的人文和社会科学知识，而这些知识的汇聚本身就是文化创新的一个重要体现。例如，对文化创意产业的符号分析，离不开受众调查，这就需要融合社会科学范式展开；对于网络流行文化的研究，也离不开传播学、媒介学的相关知识；同样，文化遗产与旅游符号学研究，也需要人文学、艺术学的相关知识；等等。而文化符号学对这些范式的融合，将提升对文化创新与创造活动的探究水平。

这几点原因，同时可以解释都灵学派如何吸收并创新符号学经典模式，并具体应用到文化产业的理论实践之中。下面将以都灵学派对欧洲文化遗产与旅游的分析为例[①]，具体说明该学派如何将他们有关文化创新的符号学研究范式应用其中。文化遗产旅游是欧洲许多国家的重要经济产业之一；许多欧洲城市是全球旅游者首选目的地。但随着全球经济格局的变化，近年来欧洲旅游产业也面临着游客减少的压力。在这一背景下，都灵学派提出或许可以采用上述文化创新的符号范式，探索一条欧洲文化遗产旅游产业的革新道路。

首先，任何文化遗产的界定，从本质上说都是具体社会文化语境中的一种符号叙述与协商过程。叙述使得文化遗产的价值与该城市的历史关联起来。因此，无论是中世纪的一个小镇还是一个艺术收藏品，无论是一瓶葡萄酒还是一首交响乐，它们之所以是文化遗产的一部分，是因为所指社群所共享的叙述认可其相应的文化品质。文化遗产旅游产业之提升，在于革新对该遗产的叙述方式，特别是需要考虑到当今语境下，新的社群成员对该遗产所认可的价值。而符号学的使命，便是提供具体的新的叙述框架和叙述方式，进而重新定义文化遗产的内涵与外延，以便被新一代的社群成员接受。

其次，如前文所述，文化与传播符号学的研究路径，尤为重视受众的符号

---

① Massimo Leone, The Semiotics of Innovation, in Peter P. Trifonas (ed.), *International Handbook of Semiotics*, London & New York: Springer, 2015, pp. 385-387.

使用能力与文化背景。这意味着提升文化旅游产业，需要重新考虑游客的旅游经验和观感。特别是亚洲、拉丁美洲等地区经济崛起，来自这些地区的游客逐渐成为欧洲地区文化旅游产业的主要服务对象。然而当地的旅游产业没有更新思维，依然按照西方国家的传统展开，限制了这些文化遗产的传播效果。例如，这些国家的游客存在着不同的宗教文化背景，这使他们很难理解甚至误解这些建筑、艺术品以及文化习俗背后的深层含义。符号学正可以在这方面发挥其特长：它擅长解析文化文本背后的编码系统，并且可以作为一种文化翻译策略，弥合游客与文化遗产之间的时空与文化距离。

最后，应当了解新一代游客自身的特性，以便有针对性地提升文化旅游品质。正如该学派学者莱昂内犀利指出的：我们应当更新对文化旅游的认识。当今的游客不再满足对旅游景点的建筑风貌进行简单了解，而更在乎自己亲自对当地的文化进行体验与感知，例如，漫步在小街感受、品尝当地小吃、亲身参与当地的节庆，等等。通过这些活动，他们获得对旅游城市的亲近感与归属感。因此，对文化旅游资源的开掘，需要从游客立场出发，提出更具创新性的发展策略；而符号学则可以从物质与精神文化产品的意义及其具身体验的相互关系角度，提出建设性意见。

综上，对文化符号的感知经验、跨文化翻译以及对符号使用者能力的重视，既是提升欧洲文化旅游产业的突破点，也是文化创新符号学（semiotics of innovation）研究的理论核心。都灵学派的这一理论实践，具体展示了符号学作为一种思维提升的综合工具，如何通过对具体文化产业的分析，来拓展其原创性的理论研究范式。

三、后物质时代的符号学研究：莱昂内

都灵学派不仅重视文化产业的符号学实践，也对当今文化现状，特别是对网络时代的人类符号生成有着自己独特的看法。本书以莱昂内 2019 年出版的著作《论无意味：后物质时代的意义消减》（*The Significance of Insignificance: The Decline of Meaning in the Post-Material Age*）为案例，说明都灵文化学派在此方面的研究重点、研究路径及其学术特色。莱昂内是当今意大利都灵学派的领军人物，他在宗教、数字文化以及面孔（facial semiotics）符号学研究方面独树一帜，其研究方法可谓都灵文化符号学派的典

型代表。

符号学是意义之学,主要探讨社会生活中符号之意义的生成、传播与解释过程。符号是用来表达意义的,没有不表达意义的符号。符号学关注符号的意义,也关注意义的符号。而"无意味的符号"作为一种符号类型,却很容易被符号学家忽视。因此,莱昂内的研究另辟蹊径,就把研究的视角延伸到我们日常生活过程广泛存在的"无意味"之物与事件。在他看来,"每件事物都可以从其表面的无意味中被唤醒,在崇高的意义世界中占有一席之地"[①]。因此,对"无意味"的关注,其本质是对符号在日常文化语境中的获义过程的再思考。

莱昂内敏锐地指出,"无意味"现象在当今社会愈加重要,但我们又极容易忽略。这在根本上是我们所处的后物质时代或数字时代的文化生存方式所造成的:

> 今天,大多数人的生活不仅缺乏创造性,而且也无意味。这种所谓的创造性,指存在于为了完成数字活动而每日消耗的时间与精力中,而这些活动则完全无视其在某方面所代表的意义以及指向的对象。[②]

身处后物质时代的我们,已习惯以数字媒体创造的大量符号事件、符号奇观作为依托。这些符号看似有意义,却是反复的无意义的人类行为。这导致日常生活被无意义包围,人生意义消减。因此,针对无意味的符号学研究,就是要探讨这些无意味行为是如何渗透到人们的日常生活文化之中,又是在何种程度上导致了各种不可思议的"迷狂"现象,以及人们该怎样抵制这些异化人类的效应。[③]

由上可知,对无意味的研究,从本质上为文化符号学模式开启了一个新的探究路径。无意味符号行为充斥于当今日常生活与文化的诸种领域,因为文化研究不仅要研究有意味之符号的社群解释规则,同样也应当关注无意义的符号

[①] 马西莫·莱昂内:《论无意味:后物质时代的意义消减》,陆正兰、李俊欣、黄蓝译,成都:四川大学出版社,2019年,第1页。

[②] 马西莫·莱昂内:《论无意味:后物质时代的意义消减》,陆正兰、李俊欣、黄蓝译,成都:四川大学出版社,2019年,第20—21页。

[③] 马西莫·莱昂内:《论无意味:后物质时代的意义消减》,陆正兰、李俊欣、黄蓝译,成都:四川大学出版社,2019年,第2页。

行为如何影响甚至主导文化。此外，莱昂内的研究视域是全球性的，并不局限在意大利。他的无意味符号案例，均来自他在全球各地访问时所进行的文化人类学考察。例如他对无意味的定义和对类型的探讨，其案例就来自他在日本乘坐地铁时，体验到作为一个外国游客面对不认识的日文以及无法理解的日本文化所进行的文化反思。这实际上为其文化符号学理论的普适性奠定了基础。

那么究竟何谓"无意味"？莱昂内指出，在日常生活与文化中大致有三种无意味符号：

首先是"不可破译"造成的无意味。一个符号因其语义内容而非语用功能被忽略而变得无意义。比如在日常环境中出现的某些符号，它们拒绝或者无法发送它们所承诺的意义。莱昂内以他在日本的旅行经历为例，对于大多数外国游客来说，日本巴士上的说明性文字便是无意义的，即便有些文字可能容易识别，但大多数时候则是无法明白其内涵或者实际所指。但这种无意义实际上是主观而非客观无意义的，是接收者的解释能力造成的暂时无意义。

其次是因为语用功能而非语义内容被忽略而造成的无意味。这类无意味符号，其内容（即语义层面）可以被接收者理解，其真正的内涵却难以被理解，这类似于俗语所谓的"此举无用"。例如，在日本，每当一个新的公交车司机轮班上岗，便会在乘客面前脱帽鞠躬，大多数外国人都懂这是表达尊重。但是自始至终，车上没有一个本国乘客会对此行为进行回应。这便是第二类无意味符号的含义：接收者不会无视这个符号，但不明白这个符号指向谁（比如，对谁鞠躬）。

最后是因为语义内容和语用功能都被忽略而无意味，但它并未失去作为有意义符号的可能性。这类符号通常具有所谓的"神秘性"，因为它既不可破译，也难以理解。例如在日本公交车上绑在栏杆上的麻绳串儿，是捆绑传单后留下的。但对于一个外国游客来说，当晚上乘车时，看到传单分发完而留下的麻绳，对这个符号就完全没有头绪，无法理解其含义。这并不表明它没有表意的潜力，解释者通过一段时间的观察（例如，外国乘客连续几天乘车时注意观察）便能把可能的意义和实际的意义连接起来。

在上述基础上，莱昂内借助皮尔斯的符号三分法，对这三种无意味形式做了进一步厘清。每一种符号类型都有特定的且居于主导地位的无意义范围。规约符（symbol）可在不可译层面上无意义，但几乎不会因为难以理解或者神秘而无意义。识别规约符意味着必须指向某人，尽管他代表的具体意义被忽略了。识别像似符（icon）暗示它必须代表某个东西，不过它具体指向被对象忽略了，因此它容易在语用层面无意义。最后，识别指示符（index）意味着必须对某人而言在某方面代表着某事物，不过它所代表的"某物"或"某人"有可能被忽略，这造成他在"神秘"层面无意义。[1]

上述三种无意味类型，清晰地描述了人类从完全不了解意义，到充分理解意义的语言和文化过程。该过程同时展示了该模式也有可能完全逆转，甚至背道而驰，并最终无情地退化成一种无意义的存在。而在莱昂内看来，后者这种拟转形态（即从有意味到无意味），才是后物质时代的文化发展之症结所在。为此，莱昂内从抽象理论层面回到数字时代的日常生活文化之中，以批判性的眼光去审视无意味行为是如何侵蚀我们的生活的。他所选取的案例包罗万象，却非常具有典型意义，如网络蛮喷、数字图像、购物、集会、饮食等。

此处以"网络蛮喷"（cyberbullying）为例。莱昂内指出，网络蛮喷作为一种语言暴力行为，试图通过破坏虚拟公共对话机制，来应对数字竞技场中失去的意味。具体来说，以下这些因素都对蛮喷行为的话语建构起到了重要作用：对无感话题的过度挑衅、无休止的玩笑，信息发送者和接收者的施虐层级、蛮喷与观众的双向匿名性、蛮喷"行为观察者"的应和角色、虚假矛盾的语义建构、论证逻辑的断裂以及信念和表达的直接不相关等。[2]

网络蛮喷切断了表达与内容、能指与所指、意图与沟通的联系，从而破坏了人类交流的伦理道德。然而，这种网络现象不应该被简单地污名化对待，而应把它视为社会生活数字化所带来的人类存在被扭曲的症状。随后，莱昂内综合社会符号学方法对网络蛮喷的具体案例进行网络田野观察，总结出舆论事件话语的分布形态、关系及其变化规律。在此基础上，他提出：当今数字对话中的大多数观点，都是由持相反意见者创造和捍卫的，这是他们逃避存在无意味的一种方式。他们与其说是在表达个人的、情绪化的声音，不如说是在机械地

---

[1] 马西莫·莱昂内：《论无意味：后物质时代的意义消减》，陆正兰、李俊欣、黄蓝译，成都：四川大学出版社，2019年，第11—12页。

[2] 马西莫·莱昂内：《论无意味：后物质时代的意义消减》，陆正兰、李俊欣、黄蓝译，成都：四川大学出版社，2019年，第23—32页。

对抗别人的声音,并不在乎说的内容是什么。①

同样,在数字无意味的语境下,也会产生一些新的社会与文化的迷狂现象,如购物、集会和饮食等。人们在这些日常活动中,努力去回复物质世界的意义,然而这种憧憬却被数字时代的营销控制并货币化,因此它只能是一种空洞的拟像。

在批判性地分析各种异化迷狂现象,并确证后物质时代带来的意义消减之后,莱昂内则采取了建构的方式,阐述了符号学在数字时代的职能,即对无意味活动的批判是为了积极的建构,并重新发现意味的方向。他指出,通过交谈、妥协并达成协议,这种有意味的协商方法是语言符号学为当今社会减少混乱所能做出的不可替代的贡献。"符号学能提供一种话语证据,证明语言领域的问题,不能用技术来解决,不管这种技术有多先进。"②

当今数字社会建立了各种新的公共空间。公共话语的非物质化,导致了观点碎片化、机械化。符号学应该为这种全新的虚拟化数字竞技场,建立起新的"共识",创建一个解释社群,从而发挥出分享和解释的意味。这也许就是数字时代的符号学应当肩负起的重要理论与实践任务。

通过上文分析,可以发现,以莱昂内代表的都灵文化学派,以当下数字时代、后物质时代的社会文化现状为中心,同时采取普遍性与特殊性两种视角:前者强调人类文化的共同性,例如各个文化社群在数字时代所共同面对的意义消减问题,后者则强调文化社群间的异质性,比如讨论在无意味时代"符号文明的冲突",特别是西方主导意义文化与其他文化社群之间的冲突,并同时结合批评与建构的立场,针对当今社会文化发展的症结,开出符号学式的"良方"。

---

① 马西莫·莱昂内:《论无意味:后物质时代的意义消减》,陆正兰、李俊欣、黄蓝译,成都:四川大学出版社,2019年,第35—57页。
② 马西莫·莱昂内:《论无意味:后物质时代的意义消减》,陆正兰、李俊欣、黄蓝译,成都:四川大学出版社,2019年,第4页。

第五章　社会符号学

"社会符号学"（social semiotics 或 sociosemiotics）作为一个"伞形术语"，其覆盖的领域非常广泛，因而较难有个非常清晰的定义和学科边界。正如知名社会符号学者梵·勒文（Theo van Leeuwen）所述："社会符号学不是'纯理论'，也不是一个独立的领域。当具体的案例和问题需要应用它时，它便会出现；因此它还广泛涉及符号学以外的其他理论"，"因此社会符号学作为一种探究形式，不会给你提供现成答案，却会为你提供一种提出探究问题的方式，以及解决问题的方法。"[①]

梵·勒文的上述论断，精妙地点明了社会符号学的发展特点：社会符号学与其他符号学流派或范式不同，它是先对社会文化领域的具体问题进行仔细、广泛的案例分析，然后才逐渐总结出理论形成风格，继而形成流派。从这个角度说，任何对社会文化领域中的表意问题所进行的符号学研究，都属于社会符号学的领域。因此，如巴尔特、列维－斯特劳斯、鲍德里亚等学者，都被该领域的学者视为社会符号学的早期开拓者。

社会符号学还有一个狭义的定义，专指由系统功能语言学创始人、社会语言学家所开创的"社会符号学"体系。它主要分析语言符号或多模态语篇的话语结构与组合方式，探讨符号文本背后的意识形态机制。这一学说后来发展成社会符号学的主要流派即英国－澳大利亚学派，对社会符号学基础理论的建构与发展具有重要的影响力。

概而论之，社会符号学既是一种研究范式又是一种研究视角，它提倡采用符号学与社会学、人类学、马克思主义等结合的跨学科研究方法，以批判的眼

[①] Theo Van Leeuwen, *Introducing social semiotics*, London & New York: Routledge, 2004, p. 1.

光审视社会文化表意中的意识形态建构问题。本章着重探讨社会符号学的主要发展脉络，并梳理其理论基础及其研究范式。

第一节 作为伞形术语的"社会符号学"

一、社会语境、符号与话语

社会符号学，是指探究社会文化领域中的符号表意互动的学科。具体来说，它既关心社会对符号意义建构与解释的影响，也会反过来探讨符号表意对社会意识形态建构的重要作用。"社会"一词，在这里作广义理解：社会符号学关注符号文本与文本外部现实世界之相互关系。而符号学能否超越文本层面，对具体社会符号表意实践进行探究，关涉的一个重要问题，便是符号学如何看待符号与社会语境之间的关系。

霍尔曾指出，符号学不同于话语分析，根本原因是符号学不能处理"符号的各种实践在各种具体的历史境遇中，在现实的实践活动中的运作方式"①。这句话有失偏颇，话语分析属于社会符号学，是其最重要的方法论之一。霍尔在这里是把索绪尔式的符号学视为符号学体系的全部。如社会符号学代表人物霍奇（Robert Hodge）与克雷斯（Gunther Kress）所述，是否承认语境是影响符号表意的核心因素，是当代符号学与索绪尔符号学的根本决裂之处。②

索绪尔符号学重视"语言"（langue），社会符号学则注重"言语"（parole）。前者追求符号文本内部的结构性与系统性，后者关注文本在具体语境中的每一次实践、每一次具体使用。在此意义上，社会符号学对语境问题的重视，在很大程度上得益于符用学（pragmatics）这一分支在符号学中广泛推进："在过去约二十年里，大量理论家开始向这个方向推进，常常把注意力集中到符号行为语境的方方面面，均注意到符号语境的重要性。"③

---

① 斯图尔特·霍尔：《表征：文化表征与意指实践》，徐亮译，北京：商务印书馆，2013年，第6页。
② 罗伯特·霍奇，冈瑟·克雷斯：《社会符号学》，周劲松、张碧译，成都：四川教育出版社，2012年，第39页。
③ 保罗·科布利编：《劳特利奇符号学指南》，周劲松、赵毅衡译，南京：南京大学出版社，2013年，第114页。

第五章 社会符号学

符号学家莫里斯继承并拓展皮尔斯的符号三分的观点，把符号学分为符形学、符义学以及符用学。这一分类被当代符号学沿用至今。而符用学这一分支的提出，使当代符号学重新拓展了一片新的疆域。"符用学"，按照莫里斯的定义，则是研究符号与使用者之间的关系，研究使用者在什么样的条件下会得到这种意义，如何使用这种意义。这就把符号的意义问题推进到了人使用符号的具体语境之中：一旦牵涉符号使用者，就成为符用学的问题。①

符号学家利奇曾指出，只要对应了如下四条中的任意一条，符号学的研究就进入了符用学的研究范围："是否考虑发送者与接收者？是否考虑发送者的意图，与接收者的解释？是否考虑使用符号而施行行为？"② 符号使用者使用符号，必然是在具体语境中使用符号，其目的就在于在具体语境中传达不同的意义。而意义一旦与语境相连接就会变化无穷；由此，几乎人类活动的各个领域，包括社会、文化、个体生活都是符用学的考虑范围。

莫里斯所提出的符用学这一学科影响巨大，它直接导致了当代符号学的符用学转向，广泛地拓展了符号学的应用范围。正如赵毅衡所述，"符用学成为了当今符号学的重要领域"；它"拓展了符号学的天地"。③ 人从事社会交往活动，实际上就是运用符号进行交流，分享意义，并由此建立意义的共同体。"意义"，必然是使用的意义：无论是大众传媒时代中掌握传播话语权的报纸、广播、电视等大众传播机构，还是众声喧哗的新媒体时代中可以独自发声的网络公民；无论是利用符号进行宣传或商业传播活动，还是利用符号为自己发声，都关注符号意义在传播语境中的实际使用。因此，符号意义的传播与交流，实际上就是在具体的语境中利用符号进行意义生产与交换。

新阶段的符号学研究正在越来越多地转向符用领域，通过探究符号与语境之间的相互关系，成为解决当今社会中越来越突显的意义冲突、意义规则重建等多重问题的突破口。正如李特约翰所述，"尤其是对理解和误解这类问题时，符用学提供了有力的解释力"④。这是因为在符用学框架下，当今符号学者普

---

① 赵毅衡：《符号学：原理与推演》，南京：南京大学出版社，2016年，第173页。
② Geoffrey Leech, *Semantics*, Harmondsworth: Penguin, 1974, p. 2.
③ 赵毅衡：《符号学：原理与推演》，南京：南京大学出版社，2016年，第174页。
④ 斯蒂芬·李特约翰：《人类传播理论》，史安斌译，北京：清华大学出版社，2008年，第42页。

遍承认，语境本身在符号过程中被组织进符号文本之中，这也意味着符号使用者与其关系范畴均在此过程中被赋予了意义。①

符号学的这一社会研究路径，与话语分析通过分析具体话语实践探究其话语背后意义的社会权力与意识形态冲突等问题，别无二致。例如，范·迪克以新闻文本生产所做的研究，费尔克拉夫通过对日常生活中的语言符号的话语分析来探讨语言、传播与社会变迁之关系等。他们的这些研究为新闻生产分析、传播文本分析等带来了全新的启示②。符号学与话语分析这种强调意义生产的语境，与符号使用者互动所带来的文本建构意义，从整体上说已经落入了符用学的范围。

正是在这一背景下，被誉为法兰克福学派第二代领军人物的哈贝马斯，于奥斯汀"以言行事"的启发下，在晚年转向了他所谓的"普遍语用学"（universal pragmatics）研究；他所关注的实际上就是人如何以符号为媒介，如何通过对话来达到相互理解的一般交往行为；由此他把"生活世界、话语伦理以及行为规范"视为社会批判理论的核心问题。③ 同样，在新媒介语境下，新媒介技术以其终端开放性、人际交互性等特点为传播环境提供了真正的互动性和多元性，迅速带领人们进入新的意义交流与传播的时代，而新时代的最大特征就是作为符号使用者的受众掌握了极大的主动权。这一方面为公众提供了能及时沟通意见的公共平台，另一方面尤为话语或符号冲突提供了机会。

由此，符号意义在具体社会语境或社会交流中的使用与变异，便成为当代符号学研究的重点问题。特别是近十年来，当代符号学以英-澳社会符号学派、欧洲马克思主义符号学派、意大利符号伦理学派为代表，主张恢复符号学的社会批判传统，把符号学广泛运用于人类社会文化分析中。前者主张通过融合皮尔斯符号学、巴赫金和沃洛辛诺夫的对话理论，把符号学广泛用于以意识形态批判为主要目的的社会分析之中，对此下文将仔细分析。后者则首先选择将符号学与马克思主义相结合，特别是吸收亚当·沙夫（Adam Schaff）等人的理论资源，回到马克思主义意义上的经济分析，评估当今消费社会与高科技

---

① Gunther Kress, *Multimodality: A Social Semiotic Approach to Contemporary Communication*, London & New York: Routledge, 2009, pp. 20—35.
② 丁和根：《论大众传播研究的符号学方法》，《新闻大学》，2002年第4期，第10—15页。
③ 哈贝马斯：《交往与社会进化》，张博树译，重庆：重庆出版社，1989年，第11页。

时代的商品消费及其社会文化意义。其次，沿着西比奥克的总体符号学路径，把皮尔斯符号学范式与对话理论相融合，呼吁作为"符号动物"的人对整个生命界的责任，进而展开"符号伦理学"（semioethics）研究。以上也是社会符号学模式兴起的学术语境。

二、社会符号学理论的整合：科布利

现任国际符号学会主席、《社会符号学》（*Social Semiotics*）期刊主编保罗·科布利是当今社会符号学范式的主要推动者之一。他对社会学的定义和理论来源的阐释非常具有启发性。他认为一般情况下，社会符号学"是不加定义的"，因为它作为一种伞形术语，关注符号在"各种社会意义塑造活动中所采取的具体策略"。[①] 社会符号学者戈特蒂涅与拉格普罗则更为直接地把社会符号学定义为"对日常生活中意识形态的唯物主义分析"[②]。由此可见，对社会文化现象所采取的批判维度，是社会符号学研究的一个主要传统。社会符号学研究的主要任务，是剖析符号表意中的意识形态建构策略。

社会符号学同样是一门不断吸收其他相邻人文社科领域成果的开放学科。据科布利的论述，社会符号学的力量主要来源于如下几个学科：以索绪尔为代表的结构主义语言学、由莫斯科－塔尔图学派领衔的"文化符号学"、文化人类学、语用学、马克思主义传统等。[③]

从符号学基础理论来看，社会符号学范式主要围绕索绪尔语言符号学范式中心。这是因为20世纪50年代，最早利用符号学对社会进行批判研究的学者主要来自欧洲，如巴尔特、列维－斯特劳斯、鲍德里亚等人。社会符号学常用的术语，如转换、对立、结构、能指/所指、语法、风格、腔调等，都有索绪尔符号学的影子。当然，近年来随着皮尔斯符号学在学界的推进，该理论范式也逐渐融入了社会符号学理论范式之中。特别是皮尔斯的符号学"面向解释社群的、动态开放的三元模式，能够使得符号学有效地进入社会与文化分析诸领

[①] 保罗·科布利编：《劳特利奇符号学指南》，周劲松、赵毅衡译，南京：南京大学出版社，2013年，第132页。

[②] 转引自保罗·科布利编：《劳特利奇符号学指南》，周劲松、赵毅衡译，南京：南京大学出版社，2013年，第133页。

[③] 保罗·科布利编：《劳特利奇符号学指南》，周劲松、赵毅衡译，南京：南京大学出版社，2013年，第133-148页。

域。符号的无限衍义与面向社群真相特征，表意符号活动与社会意识形态、权力之间存在着密不可分之关系，也使得当代符号学能够超越文本与系统之外，从社会交流与传播的角度探讨符号社会意义的动态生产过程"[①]。总体来看，当今的社会符号学模式主要吸收了如下几个学科的理论成果：

一是文化人类学。社会文化系统是一种反映系统，在文化特性中被揭示出来的公开行为依赖于认知结构导向的隐蔽行为，譬如意向图示、价值观念、行为模式等。于是，理解文化的目的便一直是将文化描述成一种知识系统、诸符号学间的符号系统以及反映系统。按照符号人类学家古德诺（Ward Goodenough）的看法，文化能够给被看作由决定标准、知识形式、认知模式、关联模式、阐释模式所构成的系列。对于一个统一的文化人类学，这些认知结构会汇入社会文化系统，进而与符号学的研究范式产生关联。

在文化人类学范畴，对社会符号学乃至整个符号学范式影响最大的就是"礼物馈赠"研究这一路径。马塞尔·莫斯于1924年出版了第一本有关礼物的研究专著《礼物：古式社会中交换的形式与理由》，由此确立了该领域研究的中心范式，并持续影响着接下来一批当代重要人文学者对礼物交换现象的研究与讨论，且由此获得启发，建立自己的学术思想及其脉络。于是我们看到，在莫斯之后，从列维-斯特劳斯到布尔迪厄、鲍德里亚对礼物交换以及社会交换的文化符号维度的研究，从葛兰言（Marcel Granet）到巴塔耶（Georges Bataille）对礼物习俗和仪式与献祭意义的深入发掘，从古尔德纳（Alvin Guldner）到萨林斯（Marshall Sahlins）、韦德（Annette Weiner）对莫斯"礼物之灵"的再阐释，从马利翁（Jean-Luc Marion）到德里达对"礼物现象学"与"解构礼物"的纯哲学思辨，这一路径所开创的符号交换、符号资本的研究路径，至今仍是社会符号学研究的主流范式。

二是社会学、社会科学与社会心理学。一方面，社会符号学意味着社会性，但是必须同时包括对符号研究在符用方面的参考，这使符号学朝着社会科学方向发展。另一方面，符号学的社会性表明，它能够描绘出任何社会文化现象和符号系统研究的边界。在这一意义上，社会符号学起着一种元学科的作用。由此，符号学与社会科学结合得最紧密的例证是符号学与传播学、媒介研

---

① 赵星植：《论话语分析与符号学研究》，《符号与传媒》，2017年第2期，第56—70页。

究的融合发展。媒介中的符号活动及其传播模式,皆为二者的主要研究范式,传播学的社会科学路径正在越来越多地吸收符号学意义研究的方法论模式。社会心理学、认知科学与符号学的结合,转向目前的认知符号学、主体符号学模式。以上的融合,说明社会科学与符号学在当代进入了相互借鉴、相互转化的新阶段。

三是马克思主义。如同符号学一样,马克思主义是当代文化的另一重要支柱理论。马克思主义对社会符号学启发甚大:意识形态与文化之间存在着一种强韧的关系,即便这种关系与它第一眼看起来的样子极为不同。马克思主义对社会符号学的另一个主要遗产就是:所有符号系统,无论以何种方式,都是物质性的。列维-斯特劳斯对居住空间、社会结构、烹饪和世界观的类同性所做的研究,即意识形态和文化关系以及符号系统物质性的早期案例。在一定程度上,这类理论探索功能结构主义和马克思主义意义上符号话语研究之间的关系,使得符号学与马克思主义理论逐渐走向融合。在当今符号学研究中,马克思主义符号学作为社会符号学的一个重要流派已经崛起,本书将在本章第三节对此进行详细阐释。

第二节 社会符号学英-澳学派

一、作为社会符号的语言:韩礼德的影响

社会符号学在当代发展的一个重要分支,便是学界所公认的社会符号学英-澳学派(The British-Australian School of social semiotics)。[①] 该学派研究主要是以澳大利亚系统功能语言学家韩礼德(M. K. Halliday)的社会符号学理论为基础,并融合了巴尔特的传媒符号学理论、福柯的话语与权力理论以及其他传播学研究中的批判理论模式。该学派在当今取得了极大影响力,尤其是开辟了批评性话语分析(critical discourse analysis)这一领域,成为符号学分析的一个重要理论工具。这一方法论发展到当前,显然已经超越了地域或学派的限

---

① 保罗·科布利编:《劳特利奇符号学指南》,周劲松、赵毅衡译,南京:南京大学出版社,2013年,第134页。

制,变成社会符号学范式的最基本范式。

从学术渊源来看,"社会符号学"如此命名,缘于该学派奠基人韩礼德的名著《作为社会符号的语言:从社会角度诠释语言与意义》(*Language as social semiotic: The social interpretation of language and meaning*,1978)。该书作为韩礼德系统功能语言学的开山之作,开篇便承认"语言是社会符号"①(Language as social semiotic),是社会文化的产物和组成部分,是在一定的社会文化背景中表达一定意义的符号系统。所以,我们"要在社会语境中解释语言,在此过程中文化本身用符号学术语来说,被解释为一个信息系统","人们在他们日常的语言交换过程中,实现社会结构,肯定自己的地位和角色,建立和传递共享的价值系统和知识系统"。②

这表明语言既表达意义,也积极将社会结构和系统符号化。语言的这种双重功能使意义的表达方式多种多样,"从后院的闲言碎语到叙述体小说到史诗般的诗歌"③。与此同时,社会结构(包含语境、家庭等级以及社会等级三种)决定了话语的意义,同时这些结构又通过对话语意义的控制来稳定相应的社会关系。这为后来的话语分析讨论话语与社会语境、社会结构之相互关系提供了最重要的理论框架。④

基于上述理由,韩礼德认为:语言符号就不应当停留在索绪尔意义上的语言,而是具体社会语境中的语篇(text)或曰话语(discourse)。⑤ 他同样在《作为社会符号的语言》一书中提出,"话语分析是一种社会分析方法,揭示人类如何理解彼此的话语"⑥,并认为话语及其意义形成均受到语境、系统、语域、社会结构、符码规则等影响。这些社会因素的影响,使得话语或符号文本

---

① M. A. K. Halliday, *Language as Social Semiotic: The Social Interpretation of Language and Meaning*, London: Edward Arnold, 1978, p. 1.

② M. A. K. Halliday, *Language as Social Semiotic: The Social Interpretation of Language and Meaning*, London: Edward Arnold, 1978, pp. 108—110.

③ M. A. K. Halliday, *Language as Social Semiotic: The Social Interpretation of Language and Meaning*, London: Edward Arnold, 1978, p. 110.

④ Gunther Kress, Sociolinguistics and Social Semiotics, in Paul Cobley (ed.). *Routledge Companion to Semiotics and Linguistics*. London and New York: Routledge, p. 69.

⑤ M. A. K. Halliday, *Language as Social Semiotic: The Social Interpretation of Language and Meaning*, London: Edward Arnold, 1978, pp. 1—2.

⑥ M. A. K. Halliday, *Language as Social Semiotic: The Social Interpretation of Language and Meaning*, London: Edward Arnold, 1978, p. 5.

具有了三大元功能,即概念功能、交际功能以及语篇功能。因此,我们可以在特定的社会语境下,通过分析话语功能,进而推导话语的语义结构,这也就是著名的系统功能语言学理论。韩礼德的社会符号学理论,开启了以"话语"或"言语"为中心的分析模式,逐渐成为英-澳学派最主要的分析工具。社会符号学方法在许多场合又被视为"话语分析法"(discursive analysis),正是因为该学派对话语由来已久的研究兴趣。

所谓"话语"(discourse),从狭义上理解,即大于句子或从句的语言单位,如口头对话或书面语篇。社会符号学者使用"话语",而非"语言",主要是强调语言在社会语境下的具体使用,即"自然发生"的话语。如哈里斯所述,"语言不是零散的词或句子中发生的,而是在连贯的话语中"①。再如梵·迪克②所言,话语分析是一种社会分析方法,它把话语视为一种过程中的语言,揭示人类如何理解彼此的话语。

关于话语与语言,索绪尔在《语言学教程》中已经用"语言"和"言语"这两个术语区分得非常清楚。索绪尔称语言系统规则为"语言"(langue),而语言系统的任何一次出现形态即"言语"(parole)。索绪尔的贡献在于从系统和结构层面,发展出一套共时语言学体系。这套体系成为现代符号学的雏形,它聚焦于语言而排斥言语的基本原则,其基本取向无疑是"反话语的"。

而对索绪尔二元理论的反驳,恰恰成为英-澳学派的理论出发点。英-澳学派的后继者、英国符号学家冈瑟·克雷斯(Guther Kresss)在上述这一区分性问题上做出了根本性阐述。他认为,话语是由"处于社会中的说话者和作者产生的"③,但参与话语产生者并不总是平等的,因此他提倡话语分析应当分析话语与社会权力之关系,拓展话语分析的社会批评维度。

这一重话语轻语言、重历时轻共时的研究范式,恰恰与索绪尔模式相反。因此,社会符号学话语研究的兴起,从描写转向阐释,从文本转向分析使用,对整个语言研究来说,无疑是意义深远的"话语转向"(discursive turn)。应

---

① Z. S. Harris, Z. S., Discourse Analysis, *Language*, 1952, 28, pp. 1—30.
② T. A., Van Dijk, *Macrostructures: An Interdisciplinary Study of Global Structures in Discourse*. Hill, N. J: Erlbaum, 1980, pp. 83—101.
③ 罗伯特·霍奇,冈瑟·克雷斯:《社会符号学》,周劲松、张碧译,成都:四川教育出版社,2012年,第260页。

当指出，话语转向不是韩礼德一个人的贡献，更不是一个流派独自努力的结构，而是与整个语言学、符号学的符用学转向紧密相关。特别是奥斯汀（J. L. Austin）、塞尔（J. R. Searle）等人在20世纪六七十年代所开启的"言语行为"（Speech Act）理论以及实践，以及利奇（G. N. Leech）和格莱斯（H. P. Grice）等人所开启的基于言语行为所展开的语用学分析。关注符号使用中的意义，成为20世纪中叶以后整个人文学科的基本任务。

英-澳社会符号学派便是在这一学术语境中发展起来的。该学派的后继者，韩礼德的弟子、英国学者克雷斯以及霍奇在澳大利亚科技大学工作的荷兰籍学者梵·勒文等，在韩礼德理论基础上融合广义符号学理论，"以索绪尔为反导向"，即以被结构主义符号学悬置讨论的部分为研究出发点，继续推进社会符号学理论的发展。

二、从语言到话语分析：霍奇与克雷斯

在韩礼德的影响下，英国学者霍奇与克雷斯把研究对象从语言推进到话语层面，开启了话语分析的新阶段。二位指出：从学科定位来说，社会符号学主要研究人类所有的符号活动与符号体系。[①] 他们认为这些符号活动是一种社会现象，在条件和内容方面具有本质的社会属性。因而他们和社会意义相关，而社会意义就是通过整个系统、系列的符号形式，通过符号文本和符号实践，在人类历史所有阶段的所有社会建构起来。因此，社会符号学的基本任务，就是探究这些社会符号活动过程中，各类符号使用者所使用的、所有符号形式中的意义生产和再生产、接受和传播的操作与效果。

从社会符号系统的构成要素来看，该学派认为主要有如下几个：（1）符号现象，它具有社会和指涉两个维度，因此必须用模仿层和社会活动层进行描述。（2）模仿层是作为可能指涉对象的某种/某些现实样式。（3）符号活动层则表示把生产者和接受者以及能指/所指连接成一种重要关系的某种/某些符号事件。符号活动层是模仿层所需要的语境，而模仿层则是符号活动层的组成部分。（4）信息（message）即能够拥有独立物质存在的意义最小单位。（5）信

[①] 罗伯特·霍奇，冈瑟·克雷斯：《社会符号学》，周劲松、张碧译，成都：四川教育出版社，2012年，第260页。

息必须拥有一种物质性存在,其中至少有两个意义单位,即符号。(6)信息体系的结构同指涉对象的结构通过符码(code)得以联系。(7)元符号表示符号活动层面的不同方面,它的符号活动条件决定了信息的存在方式。

所以社会符号学的讨论,也必然会包含如下几个相互对应的重要部分:(1)符号学内部固有的变化、社会和政治;(2)伴随口头语言和其他符号学体系;(3)言语、言说行为以及其他符码形式进行的具体表意实践;(4)符号与话语历时性、时间、历史、过程如何变化;(5)表意实践与操作,表意体系与指涉结构直接的相互交流;(6)所指结构;(7)符号的物质性。[①]

基于此,社会符号学主要就是分析上述符号系统中各个构成要素之间的连接、融合、交流及其冲突方式。为此,该学派又提出一系列工具,对社会符号系统及其构成进行描述与分析:

一是符号构成部分的关系分析。该学派认为符号结构可以用连贯(融合/分离,相同/不同)和秩序(水平和垂直)关系进行描述。两种重要的秩序分别是从属和并列。而不同的结构层次需要进行不同的描述,因此,它们又将社会符号结构分为宏观结构、中观结构和微观结构。这是社会符号学整体的分析架构及其切入方式。

二是文本。社会符号学将文本界定为被赋予符号活动整体性的一连串的信息;而文本常常包含由不止一个生产者所发出的信息,不止使用一种符号,同时也包含模仿内容和一系列元符号活动,它们共同投射出文本的一种现实和一种符号活动状况。因此,社会符号学对文本的分析,主要从符码构成、模仿以及元符号活动等方面展开。

三是话语。他们认为话语是分析符号活动层面的重要工具,话语具体是指符号活动操作方式而不是其产品(即文本)。话语综述通过文本得以实现,并且与之不可分割。由于话语是任何文本的主要所指,因此社会符号学中,文本的符号活动分析必须要遵从话语分析(discursive analysis)的相关原则。这是它与其他符号学范式的一个重要区别。

四是模态。这是社会符号学分析的另一个关键分析工具。模态具体是指被

[①] 罗伯特·霍奇,冈瑟·克雷斯:《社会符号学》,周劲松、张碧译,成都:四川教育出版社,2012年,第18页。

符号再现的内容与在现实世界中所指称之对象的关联程度。模态的高低决定着符号再现信息的效果与质量。因此，社会符号学认为可以通过模态标记法，对符号文本所显现出来的信息重要性程度进行评估。

通过上述基本概念与分析工具，该学派把符号意义的建构与传达视为一种操作方式；因此意义的生产和再生产，是在特定社会条件下通过特定的物质形式和使用者达成的。社会符号文本分析的本质目的，就是找出建构这种文本意义的社会结构、社会力量、权力关系以及其他复杂的意识形态操作关系，进而形成了一种独特的符号学分析范式。

可以看到，相关学者承袭了韩礼德的社会符号学理论，强调符号以及话语实践所承担的不同功能。他们论著中诸如对社会结构、口头语言、符码、话语与话语结构的历时性讨论，皆是沿用韩礼德本人的论述。符号从属于各种社会理论，或曰社会中的符号。也即，符号是个人、社会、符号系统和社会文化现实的综合体。[1]

这一学派近年来把这种以话语为主导的社会符号学模式，进一步推进到非言语符号领域，比如图像、视频、音乐等，实现话语分析的"多模态转向"[2]。"多模态"这一术语，同样从韩礼德的系统功能语言学发展而来。以克雷斯和勒温等人为代表，认为话语作为被话语使用者所选出的社会符号学资源，从本质上说是多模态性的。它不仅是语言，还可以是视觉、听觉、姿态等其他非语言符号。[3]

换言之，其他非语言符号的多模态话语，在社会话语实践的具体活动过程中，通过组合、衔接、修辞等手段，同样承担着重要的社会功能。[4] 由此，在他们的带领下，社会符号学从单一模态（即言语符号）转向多模态话语分析。社会符号学则以广义符号学为基础，把话语作为符号资源，从多模态（multimodality）代替传统话语这一概念，拓展了话语分析的应用范围，成为话语分析突破对话分析模式，转向广义符号分析的重要突破口。

---

[1] 保罗·科布利编：《劳特利奇符号学指南》，周劲松、赵毅衡译，南京：南京大学出版社，第147页。

[2] 胡壮麟：《社会符号学研究中的多模态化》，《语言教学与研究》，2007年第1期，第1—10页。

[3] Gunther Kress & Robert Hodge, *Multimodality: Exploring Contemporary Methods of Communication*. London & New York: Routledge, 2010.

[4] T. van Leeuwen, *Introducing Social Semiotics*. London & New York: Routledge, 2005.

因此，从话语到多模态，以英-澳学派为代表的，以多模态话语分析为研究手段的社会符号学，应当被视为当代话语分析的最新研究方向，是当代符号学发展的重要方向。新媒介技术手段飞速发展，多样且融合的多媒体技术是社会符号再现与交流的最主要方式。因此，话语分析要进一步推进，不得不依靠社会符号学乃至广义符号学提供的诸如多模态社会话语分析、符号学资源分析等以非语言符号为对象的新模式与新方法。与此同时，话语分析作为当代符号学的一个重要分支，对符号表意实践与社群关系和社群意识形态的关注，也将为符号学在当代的发展开拓新的展面。

三、从话语到多模态分析：梵·勒文

如前文所述，英-澳学派在当代的新发展从话语研究拓展到以非语言为中心的多模态研究。而引领这一潮流的则是梵·勒文与克雷斯。二者于1996年出版专著《读图：视觉设计的语法》（Reading Images: The Grammar of Visual Design），最早开始有关视觉传播的符号学研究。该书提出"框架"（framing）这一核心概念，探索视觉文本中模态、框架与意义构成之间的相互关系。此研究后来被视为"视觉符号学"（visual semiotics）的基础，也是之后二人建构"多模态符号学"的理论基础。

在视觉符号学之后，二者开始着手建构多模态符号学理论，并在20世纪初出版《多模态话语：当今传播中的模态与媒介》（Multimodal Discourse: The Modes and Media of Contemporary Communication，2001）[①]，着手从单一的视觉模态研究转向包含多种模态文本的研究，同时探讨各种模态意义建构与承载媒介之间的相互关系。随后，梵·勒文出版《社会符号学引论》[②]（Introducing Social Semiotics，2005），克雷斯出版《多模态：当今传播的社会符号学》[③]（Multimodality: A Social Semiotic Approach to Contemporary Communication，2010）等专著，对模态间的衔接与意义建构、模态与多媒介

---

① Gunther Kress and T. Van Leeuwen, *Multimodal Discourse: The Modes and Media of Contemporary Communication*, London: Arnold, 2001.
② T. Van Leeuwen, *Introducing Social Semiotics*, London & New York: Routledge, 2005.
③ Gunther Kress, *Multimodality: A Social Semiotic Approach to Contemporary Communication*, London & New York: Routledge, 2010.

文本表意等关键问题进行深入分析，进一步奠定了该学派在多模态研究方面的理论与方法论体系。

关于多模态转向的原因，克雷斯与梵·勒文也曾做过较为清楚的说明。多模态的转向与当代文化特别是与数字化时代的发展紧密相关。在数字化时代之前，社会文化以"单模态"（monomodality）为主，无论是文学、艺术还是其他领域均呈现出这一特征。比如小说、工作报告、学术论述经常以纯文字形式展开，而不带图表等其他模态形式；而在艺术领域，比如交响音乐会中，演奏者们服装统一，舞台呈现也是以音乐为主，没有视频、灯光等其他形式。

社会文化的单模态化，使得有关这些领域的学术研究也呈现单模态或曰单学科化特征："用一种语言去讨论语言（语言学），用另一种语言去讨论艺术（艺术史），再用另一种语言去谈论音乐（音乐学）。"① 由此，一个学科只能采用自己的方法、自己的假设、自己的术语，当然也有自身的优势和盲点。这与单模态符号文本的特征一样：我们在此前的研究，只会关注一个符号文本中的主导模态，而忽视其他模态，同时对文本的意义生成产生重要影响。而这也就是多模态研究的出发点所在。

现如今数字媒介时代，则是多模态文本主导的时代。不同模态完全可以自由地汇聚在同一个符号文本之中或同一个界面之中。这是数字媒介时代的符号表意常态。因此，即便不在新媒介平台之中，而如纸质媒介之中（例如小说、新闻报道、学术论文）、艺术文本之中（例如装置艺术、舞台艺术、音乐艺术）也都具有这种多模态化特征：越来越多的图例、图像、漫画出现在文本之中，舞台演出越来越离不开多媒体因素，越来越多的艺术跨界与文本跨界现象，等等。不难发现，多模态是当今社会符号表意的主要形态。

与此同时，两位学者敏锐地指出，20世纪末的符号学运动也表现出与"多模态文本"类似的趋势。各个符号学派都试图发展出一套广义的理论框架，以包含所有类型的符号模态，从传统服饰到诗歌，从交通标志到古典音乐，从时尚到戏剧，等等。但这些学派也如他们自己早期的"视觉符号学"一样，仅

---

① Gunther Kress & T. Van Leeuwen, *Multimodal Discourse: The Modes and Media of Contemporary Communication*, London: Arnold, 2001, p. 1.

仅是"某一个领域的专家(比如图像),并立足于某个单模态的学科之上"[①]。

在上述基础上,克雷斯与梵·勒文认为多模态社会符号学要探索多模态符号交流背后所蕴含的共同表意规则。传统论者认为,多模态文本中的不同模态具有严格的界限,并行使不同的表意功能。比如在电影中,图像提供行为,同期声提供现场感,音乐营造情绪。它们各司其职,互不影响。而多模态符号学则认为,存有共同符号规则在模态之中,它可以协同多种不同的模态,来共同建构一个符号文本的意义。所以,电影中,音乐也可以表达行为,图像也可以提出现场感。模态间的关键并不是等级关系、主次关系,而是合作、协同与统一调配。

多模态符号学的任务就是建立这种合一的理论,来包容所有的模态。这是因为在既定的社会文化领域,不同的符号模态可以表达同一个意义;或者说,同一个符号文本里的多种模态,均在协同表达同一个意义。

(一)多模态与符号资源

所谓"模态"(mode),在克雷斯等人看来,就是那些可以在话语以及不同类型的符号活动中同时实现(realization)的"符号资源"(semiotic resources)。而符号资源作为多模态分析的核心概念,是从韩礼德《作为社会符号学的语言:从社会角度诠释语言与意义》中有关"语法"(Grammar of a Language)的讨论中得到灵感的。韩礼德认为"语法不是符码,也不是一套可以创造正确句子的规则,而是一种'可以产生诸种意义'的资源"。

基于这一理论,多模态学者们把语法概念拓展到更为广泛的符号模态中来,并且将符号资源定义为"一切可供我们交流的行动或者物品"。因此,符号资源并不局限于语言、写作或者绘画这些明显的符号表现形式,事实上"几乎所有自然存在的,或者人类自身创造的事物,也即一切能够用来表达社会与文化意义的事物"都可以被视作符号资源。但是,符号资源仅仅作为符号表意的潜势(Semiotic potential)而存在。也就是说,符号资源如果没有被人们感知、解释,那么它只具有表意的潜能,并不能直接表意。

"符号资源"其实是一个复数概念,它包括了在某个具体语境中可能被转

---

① Gunther Kress & T. Van Leeuwen, *Multimodal Discourse: The Modes and Media of Contemporary Communication*, London: Arnold, 2001, p. 2.

换为意义的物质与感知的总和。把符号当作"资源"来理解，也就更加确定了符号使用者对符号使用的能动力，因为他必须要在一次符号活动（semiosis）中，懂得如何调度与整合符号资源，才能够很好地将其意图意义传递给符号接收者，反之亦然。因此，符号资源要表意，则必须进入社会交际的视野；通过符号传递双方挑选、甄别有用的符号资源进行交流、融合与沟通等活动，符号资源才能够被当作携带意义的符号而存在，相应地，意义表达行为才能够顺利进行。

"符号资源"带给我们的启示在于，社会交际是一种由各式各样的符号资源（单个模态）通过不同方式组成的多模态语篇，而不同资源在交际行为中的不同排列，会产生迥然不同的交际效果。因此，多模态符号学分析的关键，就是要讨论在多模态符号文本中，这些潜在的符号资源是如何被调度进而被有效衔接起来，用于社会表意的。

具体来说，社会符号学就是探究符号资源是通过什么方式被符号交际双方使用到具体的语境中，在此语境中得到怎么样的变异与互动，并且获得什么样的交际效果。在上述意义上，符号活动可以重新定义为：符号传达过程的双方，为使符号意义在特定语境中得以顺利传达，而进行的双向的符号资源的调度与整合活动。由此，符号传播便突破文本的维度，进入具体的社会语境中，成为能够促进该段交际顺利进行的策略与手段。

（二）多模态符号传播中的意义生成

如同任何一个符号学说一样，多模态研究的核心是符号传播中的生成过程。不过，社会符号学在意义这一核心问题上与传统符号学，特别是与结构主义符号学有着不同的立场。他们认为，传统符号学者主要认为意义是在一个有机的系统或文本中一次生成的，因此他们所分析的意义是较为静态的。[①]

社会符号学则把意义视为社会表意实践中符号传统双方对符号资源的调度与使用，因此符号意义会动态地生成于社会表意实践的各个模态、各个层面以及各种过程之中。唯有从多个维度来考察符号资源也即模态在社会语境中的使用方式，才能够更加准确地描述出意义的生成过程。为此，克雷斯等人提出，

[①] Gunther Kress & T. Van Leeuwen, *Multimodal Discourse: The Modes and Media of Contemporary Communication*, London: Arnold, 2001, p. 5.

应当从如下四个层面（strata）考察意义，即话语（discourse）、计划（design）、生成（production）与传播（distribution）。需要指出的是，这四个层面是符号意义生成的场域；它们是并列关系，而非自上而下的等级关系。

第一，话语。它是"某方面的实在（reality）被社会化地建构（socially constructed）出来的知识"①。所谓"社会化建构"，是指这些知识的形成需要依靠特定的、与社会行为者兴趣相关的社会语境。这种语境可以很广泛（例如"西欧"），也可以很集中（例如特定的家庭）；可以是体制化的语境（例如报纸），当然也可以是非常私人或日常的语境（例如餐桌边的闲谈）。这些具体的社会活动，都可以是话语生成所依赖的语境。

这些话语的范围也非常广泛，可以是构成实在之事件的知识，例如谁参与、发生在何时何地等，也可以是有关该事件的评论、目的、解释与合法化。与此同时，人们对同一个具体的社会实在，也会产生不同的话语。他们总是采用最有利于社会交际的那种话语方式。换言之，尽管相对来说话语不太依赖于风格、模态以及设计，但是它必须在符号模态中才能产生，符号模态为其提供了具体的实现方式。

第二，计划。设计存在于内容与表达之间。它是表达的概念层面，也是概念的表达层面。② 简言之，计划就是对符号资源的使用，而符号资源则是社会语境中所有的符号模态以及模态的组合。具体来说，在社会符号交流中，有三个方面的事物需要被计划：（1）话语如何被组织或被调配；（2）话语如何在具体的社会互动之中实现；（3）符号模态如何被具体使用。因此，计划的目的就是在具体社会交际语境中，使用符号模态来建构社会话语。与此同时，计划的达成也可能从社会行动层面改变既定的社会话语。

第三，生成。它是指符号产品（semiotic product）或者符号事件在物理形式上的衔接过程（articulation）。③ 因此，多模态符号文本可以在原型（prototype）基础上衔接，也可以在原型符号基础上被再度编码，转换成其他

---

① Gunther Kress & T. Van Leeuwen, *Multimodal Discourse: The Modes and Media of Contemporary Communication*, London: Arnold, 2001, p. 5.

② Gunther Kress & T. Van Leeuwen, *Multimodal Discourse: The Modes and Media of Contemporary Communication*, London: Arnold, 2001, p. 19.

③ Gunther Kress & T. Van Leeuwen, *Multimodal Discourse: The Modes and Media of Contemporary Communication*, London: Arnold, 2001, p. 20.

更容易传播的物理形式。例如，一个社会实践在原型层面通过多模态衔接成为一个35分钟的影视片段；这个影视片段也可以被制作成DVD在市场上传播。

与模态计划环节一样，多模态语篇的生成使得计划转换成可感知的意义形成，但也在某种程度上增加或改变了符号意义。例如，同样一个符号文本，通过口头转述，或通过视频呈现，再通过DVD形式呈现，每次呈现过程因媒介不同，其物理形态也不尽相同，由此传达出的符号意义也会发生相应改变。

第四，传播。这是指符号使用者在技术层面对符号产品或符号事件的"再编码"（re-coding）[1]，例如，我们对电视电影的录制，以及在电视台或网络平台对该视频的传播。克雷斯等人认为，这种传播手段是一种意义再生成（re-production）手段。因此，它们在传播过程中会获得自身的符号潜势（semiotic potential），共同参与到符号表意活动之中。即便电影在播放过程中出现花屏、跳帧等通常被视为"噪音"的现象，这些现象也可以被视为多模态文本的一部分，共同参与到符号意义的建构过程之中。

因此，社会符号学的多模态分析立足于具体的社会语境，仔细分析文本中的各个模态在上述四个环节中的组合、衔接及其具体的表意作用，为探讨符号意义在当今社会与文化中的生成与传播过程，提供了一套有效的方法论工具。

第三节　马克思主义符号学的欧洲学派

作为西方哲学及文艺学流派的一大支流，马克思主义批评理论与符号学理论有着密切的互动。这主要体现为马克思主义批评理论对符号学的批判和借鉴。两者在20世纪的相互借鉴和融合，逐渐形成了全新理论形态的"马克思主义符号学"（Marxism semiotics）。概括来说，所谓"马克思主义符号学"，是马克思主义批评理论对符号学进行反思、批评与借鉴的产物，同时也包括基于马克思主义基本原理对符号学学科所进行的思考与探索。它的理论框架在相当程度上起始于结构主义符号学关于语言/言语、历时性/共时性二元区隔的批判。

---

[1] Gunther Kress & T. Van Leeuwen, *Multimodal Discourse: The Modes and Media of Contemporary Communication*, London: Arnold, 2001, p. 20.

随着该学派的继续发展，马克思主义符号学理论在当代逐渐超越结构主义符号学，以更加开放的姿态吸收当代符号学的新成果。而从研究路径来说，马克思主义符号学在当代集中讨论文化问题，把意识形态"宰制权"视为社会本质性和主导性的基本面，使其成为一种社会与文化批判理论；而这与当代西方马克思主义的"文化转向"有着莫大的关联。相对的，文化与社会、艺术与文学便成为马克思主义符号学在当代的主要用武之地。

作为社会符号学在当代的一种发展路径，马克思主义符号学的欧洲学派（The European School of Marxist-Semiotics）已形成，以波兰符号学家亚当·沙夫（Adam Schaff）、奥地利符号学家伯纳德（Jeff Bernard）、意大利符号学家罗西－兰迪（Ferruccio Rossi-Landi）和庞齐奥（Augusto Ponzio）的研究成果最为著名。他们对于开拓马克思主义符号学理论及其在社会、文化及艺术领域的应用做出了积极的贡献。正如同样是这一学派核心成员、意大利当代著名符号学家佩特丽莉所述："这一学派并没有领袖，但学者通过分享他们的观点、视野、计划、项目和目的，形成了共同的网络，并在将来也会如此。"① 换言之，共同的学术兴趣，即将符号学分析方法应用于马克思主义批评理论，将几位学者连接在了一起，进而成为一个独特的马克思主义符号学派。

一、符号拜物教：沙夫

亚当·沙夫（Adam Schaff，1913－2006）是波兰马克思主义哲学家，更是欧洲马克思主义思潮的引领者。他集中研究语义学、意识形态理论、语言与现实关系、形式逻辑以及辩证法诸问题，但又强烈关注关于人类个体问题的伦理学和人文主义与马克思主义之间的关系问题。沙夫出版于1962年的名著《语义学导论》，是欧洲马克思主义符号学经过两次大战的震动后重新兴起的证明。② 这是他的一批符号学著作中的代表作。这批著作包括1946年的《概念和词语》、1964年的《语言和知识》，以及1967年的《语言哲学基础》，等等。这一批著作标志着东欧马克思主义学术界的"语言转向"。

---

① 转引自张碧、唐小林编：《欧洲马克思主义符号学派》，成都：四川大学出版社，2016年，第1页。

② 赵毅衡，陆正兰：《亚当·沙夫对欧洲马克思主义符号学运动的引领》，《中国文学研究》，2019年第3期，第55－60页。

(一) 符号拜物教与刻板解释

沙夫的马克思主义符号学建构在其普通语义学之上。沙夫认为,语言理论必须建立在对人性和人际关系的解释基础上。在此基础之上,沙夫比照马克思"商品拜物教"(fetishism of goods)这一概念,提出"符号拜物教"(fetishism of signs)理论。他指出,在20世纪的资本主义社会,符号崇拜主要体现在人们物化了符号与符号之间的关系、能指与所指之间的关系。其后果是我们在谈论符号在文化中的具体作用与功能时,往往架空了符号使用者以及所处的社会语境。对此,沙夫批判道,符号关系必定是符号和符号类型与人类个体和社会关系相关,应当是使用和生产符号的人之间的特定社会条件关系①,而不是符号与意义之间的锁合关系。

要摆脱"符号拜物教"的文化格局,就必须把社会交流过程当作符号意义关系的起点,所有的分析都应该从"个体的社会条件"开始,即从作为社会产物的个体开始。②如此一来,我们对语言与符号的分析,便脱离了唯心主义和机械唯物主义,进而获得辩证唯物主义的立场;同时,符号意义成为"一个开放的,随人的社会活动而变异的过程"③。

如上,沙夫把符号学与马克思主义相结合,使得符号意义分析落入社会分析的范畴。他指出,语言不仅是一种遗传现象,更是社会事实和社会产物。语言不仅构成思想和意识的社会背景,也能够在人类实践之中发挥作用。因此,个人能够按照先于自身存在的历史社会情境行事,从一开始就通过语言进行自我调整。所谓"主体",也绝非纯然抽象化或绝对自主的个体,而是周旋于具体的社会语境中的个人。

在上述基础上,沙夫进一步提出了对"刻板解释"(stereotypes)的社会符号学批判④,推进"符号拜物教"的研究,更从方法论层面说明,"把马克

---

① 转引自庞齐奥:《卡尔·马克思的符号学》,任伟译,载胡易容、陈文斌编:《当代马克思主义符号学思潮》,成都:四川大学出版社,2016年,第38页。
② 转引自庞齐奥:《卡尔·马克思的符号学》,任伟译,载胡易容、陈文斌编:《当代马克思主义符号学思潮》,成都:四川大学出版社,2016年,第38页。
③ 赵毅衡,陆正兰:《亚当·沙夫对欧洲马克思主义符号学运动的引领》,《中国文学研究》,2019年第3期,第55—60页。
④ Adam Schaff, The Pragmatic Function of Stereotype, *International Journal of Sociology and Language*, 1984 (45), pp. 89—100.

思主义、语言学分析和社会学联系起来，有助于认识思维的社会特征，从而把握思维的社会意识形态本质"①。意义并不在语言符号之外存在，也不独立于语言符号存在。但是，语词符号的意义解释，涉及信念、业已确立的观点以及各种有意被固化的群体和阶级利益，等等。所以，刻板解释是对特定语言符号对应的现实的固定反应，因为解释本身涉及情感、意愿、评价、目的等因素，刻板解释不仅在文化认知过程中，而且在社会权力实践中，扮演特殊的角色。沙夫进一步划分了刻板解释的四种社会功能：

首先，社会整合功能。刻板解释的根源是人们对言词的理解受到具体社会条件的制约；同时，刻板解释也可以反过来发挥塑造和调整这种制约的社会功能。沙夫举例道，不同语言的"我们的人"（our people）与"外乡人"（alien）② 这个对立词组，确保了"我们的人"这一群体的凝聚力。也如我们在童年时期对母语的习得过程。我们从小在具体的社会语境中学习母语，进而将社会的价值体系、礼仪习惯、行为约束内化于心。对于一个词语的解释，总是包含这个社会对的价值与伦理判断标准，因此人对语言的学习，实质是对一套刻板解释体系的习得。通过习得这套体系，进而获得所处社群的社会角色和价值认同，这便是刻板解释的整合功能。

其次，防御功能。当人在理解或思考某些不符合自己实际生活经验的意见或态度时，刻板解释的防御机制便会开启。即便人们理性地接受了这些意见，也会在情感上排斥它，这导致这类意见很快就从自己的潜意识中消失。③ 沙夫指出，防御功能其实是整合功能的进一步延伸，人们有意识地排除与社群价值不符的思想或概念，本质上是维护社群自身的信念和价值观点。但他认为有必要对刻板解释的两个功能进行细分，因为前者可以帮我们理解它在意识形态建构方面的作用，而后者可以说明它在政治活动中起到何种作用。

再者，意识形态的建构与维护。沙夫指出，在资本主义社会，刻板解释为建构并维护意识形态机制起到了重要作用。意识形态与刻板解释的作用是相辅

---

① 转引自庞齐奥：《卡尔·马克思的符号学》，任伟译，载胡易容、陈文斌编：《当代马克思主义符号学思潮》，成都：四川大学出版社，2016年，第39页。

② Adam Schaff, The Pragmatic Function of Stereotype, *International Journal of Sociology and Language*, 1984（45），p. 92.

③ Adam Schaff, The Pragmatic Function of Stereotype, *International Journal of Sociology and Language*, 1984（45），p. 94.

相成的：一方面，思想会受到刻板解释的影响，能够强化意识形态的防御机制；另一方面，意识形态影响下也有助于刻板解释的形成与定型。这使得资本主义中的刻板解释非常具有稳定性，"这导致人的思维封闭（closed mind），使其对反对者的意见充耳不闻。如此，这种意识形态便占据了他的整个意识"①。

最后，政治服务。沙夫进一步尖锐地指出，通过分析资本主义社会的政治语言，我们会发现刻板解释如何被这些社会中的政治人物利用，进而达到自己的政治目的。他们往往使用专有名词和宣传话语，且使其在大众传媒之中得到广泛传播，并把刻板解释的讨论巧妙地暗含在其中，让民众熟悉。这导致这些话语的刻板解释成为拥护者的特殊纽带，政客们便如此利用民众的情感，封闭他们的思想，使其无法接受来自反对者的意见。沙夫认为，资本主义的这种话语宣传手段，既不优雅，也不迷人，但我们必须非常清醒地认识到这一切。唯有如此，才能具备一点基本的应对和防御能力，警惕受到这些宣传的影响。

沙夫指出，刻板解释的上述四种功能的核心目的非常一致，便是用语言或符号来遮蔽社会事实。② 人对某个词语持特定解释，也就意味着他同时回避了该词语的其他意思。而这种遮蔽则为资本主义的意识形态建构起到了相当重要的作用。这表明，资本主义的意识形态无法脱离刻板解释而存在。

沙夫对刻板解释的社会功能分析进一步细化并强调了"符号拜物教"的危害程度。当我们忽视符号表意中的社会语境与人际交流维度，就等于把符号意义"刻板化"。这种刻板的符号意义解释模式，则恰恰是资本主义社会意识形态建构的主要方法之一。

（二）对后期资本主义社会的批判

以沙夫为代表的新阶段马克思主义符号学者，还把研究焦点放在后期资本主义所突显的新问题上。例如，信息技术对社会生产结构的影响，大众传媒的盛行给符号生产和符号消费所带来的深刻影响等。

---

① Adam Schaff, The Pragmatic Function of Stereotype, *International Journal of Sociology and Language*, 1984 (45), p. 95.

② Adam Schaff, The Pragmatic Function of Stereotype, *International Journal of Sociology and Language*, 1984 (45), pp. 97-98.

沙夫对上述问题也展开了深刻批判。在《我的二十世纪：写给自己的信》[①]一书中，沙夫预言了后期资本主义社会将所面临的四大危机：第一是核战争的危险；第二是生态灾难的威胁；第三是人口爆炸；第四则是结构性失业。其中，对21世纪的资本社会最具有预见性的恐怕是"结构性失业的危机"。

沙夫这种结构性危机的根源是自动化技术削弱了人类劳动力，进而产生人力的过剩和系统性的失业。随着机器自动化，特别是人工智能技术的快速发展，在工业生产中需要人操作的地方越来越少。这导致"所有'多余的人'需要服从新的工作形式，'过剩'……为他们找到相对的'就业'机遇，被社会组织终结"[②]。用自动化替代体力劳动，暴露出今天的资本主义生产比以往任何时候都渴望追求利润的最大化；利润最大化始终是资本主义的根本动机。为了资本主义的发展，工人的利益由于公司的固定资本而被牺牲，从业者因机器的升级而逐渐被取代。

沙夫进一步指出，这种由机器自动化以及进一步的人工智能化导致的矛盾，实际是资本主义社会发展到新阶段产生的一种新的根本性矛盾：

> 今天的社会状况急切期盼一场全世界范围的大变革。实际上，我们正在经历一场新的工业革命。由于自动化和机器人化，工作（在这个词的传统意义上）将会终结，进一步的后果是，不仅工人阶级会消失，资本家也会消失。[③]

上述论断意味着，资本和技术的发展可以摆脱商品化劳动或者异化劳动。但这并不意味一定要像当今全球资本主义社会生产关系所做的那样，即把失业这种消极形式当作唯一解决之道。沙夫的这一论断，虽然是在20世纪末提出的，却对我们解释当今资本主义社会的社会再生产形式有着莫大的启示意义。

[①] 原版为西班牙文：Adam Schaff, *Mi siglo veinte*［My Twentieth Centenary：Letters to Myself］, Vienna：Europa Verlog. 此处中译转引自佩特里利，庞齐奥：《亚当·沙夫的语义学和政治经济学批判》，周劲松译，载于张碧、唐小林编：《欧洲马克思主义符号学派》，成都：四川大学出版社，2016年，第28页。

[②] 转引自佩特里利，庞齐奥：《亚当·沙夫的语义学和政治经济学批判》，周劲松译，载张碧、唐小林编：《欧洲马克思主义符号学派》，成都：四川大学出版社，2016年，第29页。

[③] 佩特里利，庞齐奥：《亚当·沙夫的语义学和政治经济学批判》，周劲松译，载张碧、唐小林编：《欧洲马克思主义符号学派》，成都：四川大学出版社，2016年，第30页。

当今社会人工智能技术已经非常成熟，这势必导致更加尖锐的结构性失业矛盾，当务之急是建构一种新的社会关系形式和新的职业形式。

二、符号再生产：罗西－兰迪

费普齐奥·罗西－兰迪（Ferruccio Rossi-Landi，1921－1985），意大利符号学家，语言哲学符号学派的创建人。他的马克思主义符号学理论，主要关注社会再生产符号过程中所体现的"人化""语言与非语言生产过程""社会规划"和"意识形态"等问题。[①] 具体来说，他主要从符号过程、社会再生产与主体这三者的关系出发，去探究人类社会发展过程中的两个极端趋势，即"人类化"与"非人类化过程"。这对我们探究当今科学技术发展对人类社会特别是人的主体性的影响，具有重要的启示意义。

首先是所谓"人化"过程，他考虑的是人类逐渐出现于历史舞台时生物材料的历史、社会和文化的演变。换言之，人类之所以为社会人，离不开人类劳动与符号生产之间的相互关系。而在人类文化进化与符号关系方面，罗西－兰迪则主要吸收了马克思主义的历程，着重从劳动（特别是语言劳动或曰符号劳动）关系方面进行论述。

罗西－兰迪指出，在人化的最早时期，符号出现于某些高级灵长类动物开始劳动和生产物品之时。劳动在人与人之间以及人与外部世界之间的关系中起到中介作用，具有两种不同但相关的类型：语言劳动和非语言劳动。在人类世界里，若没有语言劳动，非语言劳动是不可想象的。反之亦然——语言劳动除非与非语言劳动联系在一起，否则也无法产生。

劳动总是与符号系统相联系，这些符号系统依据某一社会规划而运行。劳动具有目的，并产生产品；同时，产品预设劳动。劳动没有产品的输出，因此它留下的仅仅是痕迹。劳动决定了预设着意向性、社会规划和意愿的变革，这种意愿调整着劳动的供应关系，尽管劳动者本人或许没有意识到这一点。因此，人类、社会现实和劳动（包括语言劳动和非语言劳动）同时出现，互相交织。

[①] 费普齐奥·罗西－兰迪：《符号系统与社会再生产》，周劲松译，载张碧、唐小林编：《欧洲马克思主义符号学派》，成都：四川大学出版社，2016年，第92页。

罗西-兰迪认为，正是劳动从一开始创造了社会维度，且立刻成为劳动与产品的混合物，以各种交换形式出现。随着生产网络的扩展，劳动分工和交换——罗西-兰迪赋予其人类起源价值——变得更为复杂和清晰。一旦有了制定的各种预设着劳动规范的交换秩序，人类便开始出现了。人们已经识别出三种交换秩序：信息的交换、商品与劳务的交换以及人类学意义上女人的交换，后两种也涉及信息的交换。罗西-兰迪说，人类个体就是这样通过劳动规范，通过渐趋机构化的交换的发展而逐渐形成的。因此，通过语言劳动和非语言劳动的结合，通过社会再生产过程中言语和非言语阐释性工作，人类获得了社会和历史的规定。

其次是他关于"非人化"过程的深刻阐释。所谓"非人化"，也即人之主体的"异化"过程。而这首先是从语言-意识形态异化（因而是主体异化）视角考察的[①]。劳动者也是语言劳动者，"完全沉浸于一个自然世界，过量生产的产品已经将这个世界转化为市场；在这里，操控大量的符号系统已经将他们从人类转变为消费者"[②]。人类原本是积极参与社会再生产过程中言语和非言语符号生产的主体，却转变为被自己生产的产品压垮和榨干的消费者。人类劳动忘却了自己的作品，忘却了劳动本身的意义。这便导致意识与实践的分离，其结果是社会和语言异化的情形，这涉及"他性的牺牲"，这是资本和市场逻辑的核心特征。

罗西-兰迪把这一主体"异化"的观点应用到大众传媒技术的符号学批判之上。[③] 他根据当今大众传媒的强势地位以及全球信息统一化发展的现状，把资本主义的统治阶级重新定义为对一个既定群体的文字、非文字符号之散播和流通具有控制权的阶级。[④] 这意味着，在信息全球化的今天，资本主义的意识形态问题以一种更加隐蔽的方式呈现出来，这导致人们享受所谓信息交流畅

[①] 费普齐奥·罗西-兰迪：《符号系统与社会再生产》，周劲松译，载于张碧、唐小林编：《欧洲马克思主义符号学派》，成都：四川大学出版社，2016年，第100—103页。

[②] Ferrucio Rossi-Landi, *Marxism and Ideology*, translated by Roger Griffn, Oxford: Clarendon Press, 1990, p. 238.

[③] 苏珊·佩特里利：《罗西-兰迪的大众传媒与意识形态理论》，王永祥译，载张碧、唐小林编：《欧洲马克思主义符号学派》，成都：四川大学出版社，2016年，第81—91页。

[④] 苏珊·彼得里利、奥古斯托·蓬齐奥：《打开边界的符号学：穿越符号开放网络的解释路径》，王永祥等译，南京：译林出版社，2015年，第485页。

通、真相可以在第一时间被网络传播的这种拟像,进而忘掉自己始终处在被统治、被异化的主体地位之中。

随着媒介技术高速发展,罗西-兰迪指出的后期资本主义的问题只会变得更为突出。当今全球传播再生产体系的一个显著特征,便是媒介或传播渠道主导了信息。媒介本身成为重要的信息与意义来源。这使受众在享受"信息冲浪"的同时,忘记了这些信息本是在现实社会经验中产生,并在社会交际活动中分享。罗西-兰迪指出,根本问题是异常发达的全球传播系统使世界和政治密不可分,成为一个投射。这意味着,这种单一的政治价值和意识形态,经由传播体系居然可以成为一种有关世界的总体性看法,控制着媒介的使用者。

罗西-兰迪的上述看法非常尖锐,却直戳要点。关于上述问题的解决,他建议强化符号学的主体性批评传统,恢复人类劳动与其产品之间的关系。他的研究方法中包含了许多关于发展批判性哲学的建议,这种批判性哲学基于包含他性的人文主义中的马克思主义思想。他在阐释资本和市场逻辑的努力中建构了自己的理论,使意识"去异化",恢复主体作为真正的人类主体的特征。

三、符号工作:伯纳德

杰夫·伯纳德(Jeff Bernard,1943—2010),奥地利社会符号学家,维也纳社会符号学学院主任,奥地利社会符号学研究所所长,奥地利符号学协会秘书长,《南欧符号学研究》(S-European Journal of Semiotic Studies)主编,《符号学报告》(Semiotische Berichte)杂志联合主编。根据庞齐奥和佩特丽莉的自述,二者与杰夫·伯纳德的友好关系很大程度上在于对费鲁其奥·罗西-兰迪的理论存在着共同的兴趣。①

从欧洲马克思主义符号学派的内部发展史来看,伯纳德对该学派马克思主义社会符号学模式的形成与发展,起到了重要的整合作用。伯纳德指出,"社会符号学"并不局限于将符号学方法运用在社会问题分析中,它既关心表意过程,也关注交流过程,认为二者相互补充。"社会符号学"是现代符号学的主要潮流之一,具有很大潜力,有望在21世纪获得充分发展。

---

① 苏珊·佩特里利,奥古斯托·庞其奥:《杰夫·伯纳德与费鲁其奥·罗西-兰迪:一份基于研究视野相互欣赏的友谊》,周劲松译,载张碧、唐小林编:《欧洲马克思主义符号学派》,成都:四川大学出版社,2016年,第135页。

伯纳德认为，该学派的这一社会符号学模式建立在罗西-兰迪的理论之上。在伯纳德看来，罗西-兰迪提供了社会符号学迄今所能获得的最完整最精密的方法：

> 罗西-兰迪的社会符号学以塑造"共同话语"（parlare comune）概念为出发点（1961），通过对语言工作和符号工作进行概念梳理，发展出了关于材料和语言生产——或者，专门地说，关于符号生产——的"类同模式"（homology model），而最终，所有这一切都被嵌入集约的社会再生产之中，也就是说，成了分配层面的一个核心方面（符号交换＝交流活动）。[①]

他补充说道，这种共同话语实际上是建构在一种不可或缺的人类学原则上：将整个自然转化成文化，这种转变过程的基础是劳动，而劳动需要材料、工具、工人、操作、目的以及产品。实际上，通过操作将材料制作为产品，这个转化过程在无尽的工作循环链中进行。而且，对罗西-兰迪提出的语言与工作之间的同源性问题，社会符号过程概念问题，符号（语言符号与非语言符号）与工作、社会、意识形态、传播之间的关系问题，伯纳德也做了详细论述。[②]

伯纳德认为社会符号学应当着重强调"本体和对象的强物质性"（伯纳德，1983，p. 176）。这一路径显然是沿着罗西-兰迪的理论，即自我进化的社会性的转换：自然依赖劳动转换为文化，劳动具备材料、设备、劳动者、操作、目标和产品各生产要素。材料经过无限循环劳动，转换成产品，尽管所有材料都相互依赖，马克思/恩格斯主义者依然在其中发现了"自由王国"。

因此，符号可以被描述成材料（能指和所指），又通过符号操作联合成产品。符号操作引起了社会存在物（所指物）的转换，所指物通过一个材料对立物（指符），转换成一个社会产物，即符号本身。而这就是符号自身生成和符号繁殖（符号使用）以不同方式运行的整体规律。部分符号（再）生产发生在

[①] 杰夫·伯纳德：《从工作方面探讨感知的十个论点：一种罗西-兰迪式/维特根斯坦式观点》，周劲松译，载张碧、唐小林编：《欧洲马克思主义符号学派》，成都：四川大学出版社，2016年，第152—153页。

[②] 杰夫·伯纳德：《内部/外部，意识形态和文化》，周劲松译，载张碧、唐小林编：《欧洲马克思主义符号学派》，成都：四川大学出版社，2016年，第164—174页。

个体内部，另一部分则在外部。思维（意识形态）和交流是（符号操作）这块金牌的正反面，而社会正是建立在大量人工制品、普通材料、符号、语言和非语言之上的。

在上述理论基础上，伯纳德建构出以"感知"（perception）为中心的"符号工作模式"，探索符号意义在生成过程中，其内外部意识形态的建构模式。他认为任何一种生产或工作行为都可以从总体上归结为"符号工作"，而符号工作由内、外两个部分构成：

所谓外部符号工作，主要包含六个不可省略的重要组成部分：（1）"符号工作者"（sign worker），即符号使用者。（2）"工具"（instruments），即符码、程序、细则，以及使用和选择适当符号传递者的所有知识和方式。（3）社会环境中符号运用的"功能"（functions），也即符号工作依据某种特定的目的，选择上述工具，需要了解这些工具要发挥的符号功能。例如，符号活动、交流活动以及最终的社会实践中的社会交换等。（4）"材料"（materials），即（外部）符号表征和符号所指的总和；符号工作者利用工具对这些材料进行加工。（5）"符号工作加工"（sign work operations），就是符号工作所进行的专门的加工工作。（6）"产品"（product），就是加工之后所得的、能用于交流的外部符号。

而所谓"内部符号工作"以及意识形态工作，或"脑力工作"，同时也由六个部分组成：（1）意识形态工作者（the ideology worker）（脑力工作者）已经着手操作（2）"工具"（instruments），还是符码、程序、细则，但与外部符号工作的工具有所区别，还包括整个生命活力配置；他有着特定目的，也就是已经知道（3）内部符号运用，或者思想的"功能"（functions），即内部的和外部的符号活动，加上内部化和外部化，以及最终的交流活动；他把自己拥有的工具运用于（4）"材料"（materials），即（内部）符号表征和符号所指的总和；并且，他不仅是工作，还是进行专门的工作，即（5）"意识形态工作加工"（ideology work operations），来提供（6）"产品"（product），即内部符号，就是他思考所需，最终也是产生和交流外部符号所需要的东西。[①]

[①] 杰夫·伯纳德：《从工作方面探讨感知的十个论点：一种罗西-兰迪式/维特根斯坦式观点》，周劲松译，载张碧、唐小林编：《欧洲马克思主义符号学派》，成都：四川大学出版社，2016年，第155—157页。

伯纳德认为，在上述元素基础上，便可以建构所谓的符号工作的"感知工作"（perception work）模式：作为感知工作者的"工作者"使用"工具"，即整个的心理－生理和认识配置，还包括文化方面规定了的感知原则；他的"目的"是对特定的向外对象（由此，他处在"接收者"的位置），最终，它们（最广泛意义上的）"感知"合成，做出认同加内化；他加工"材料"，即符号，之后是元符号表征（proto-signantia）和元符号所指（proto-signata），以及最终的符号；他"加工"符号要素是要产生"产品"，第一个是包括（对象）初始的、未加以明确的印记在内的意识状况，第二个是感知之物，或者明确了的印记（维特根斯坦所谓的"无名概念"），第三个是它在符号游戏中所包含的东西，即作为感知最后行为，使之成为一个符号。①

在上述工作过程中，第一个工作循环的"产品"（意识状态，尤其是带有未加以明确的印记的意识状态）作为"材料"（将成为元符号表征和/或元符号所指的符号残余）进入第二个工作循环的"加工"，又一次地，第二个工作循环的"产品"（感知之物）作为"材料"（元符号表征和/元符号所指将成为符号表征和/或符号所指，这将把符号表征变成它们必定嵌入符号系统之中的辩证综合）进入第三个工作循环。社会的意识形态就在符号工作过程之中被编织进去了。

四、建设性的马克思主义符号学：庞齐奥

庞齐奥（Augusto Ponzio，1942－　），意大利符号学家，马克思主义学者，当今意大利马克思主义符号学潮流中的领袖人物，也是与罗西－兰迪思想继承关系最紧密的学者。他在谈及符号学与马克思主义的关系时清楚地指出："符号学研究代表了马克思主义的建构性方面，是历史唯物主义建构过程中无法绕开的关键一环。"② 从这一方面说，符号学研究在马克思主义研究中占据着重要地位。

在庞齐奥看来，马克思主义之所以能和符号学紧密结合，是因为前者的核

---

① 奥古斯托·庞齐奥：《关于符号学与马克思主义的笔记》，载周劲松译，张碧、唐小林编：《欧洲马克思主义符号学派》，成都：四川大学出版社，2016年，第162页。

② 奥古斯托·庞齐奥：《关于符号学与马克思主义的笔记》，载周劲松译，张碧、唐小林编：《欧洲马克思主义符号学派》，成都：四川大学出版社，2016年，第223页。

心在于解码"商品语言"(language of commodities),在于解释作为信息的此类商品发挥作用的整个过程。马克思主义政治经济批判通过分析交流的社会结构,跨越了把商品作为自然之物的这种拜物教视野,同时,关于商品之间的关系,人们以为是物与物之间的关系这种非真实形式,而不像现实中那样,是真实存在的人与人之间的一种特定的社会关系。

正因为如此,庞齐奥认为"马克思主义批判本身就是一种符号学的分析,是与有关作为信息的物品这种思考不可分割的,它并不仅仅在交换层面上进行研究,而且在生产和消费层面上进行研究"①。更重要的是,意识形态以及"上层建筑"作为马克思主义理论的核心概念,同样对符号学分析具有重要的启发意义。意识形态研究与符号系统研究不可分割,是因为马克思主义与符号学理论都关注符号表意中的层级划分。因此,上层建筑这一概念本身,先于文本、语言等概念出现,是社会现实中的已有之物。换言之,对上层建筑的分析是要求相关理论通过对符号系统的研究,说明它与"社会结构"(social structure)之间的关系,正是符号系统形成了从物质基础到最高层次意识形态的社会方面。这是马克思主义与符号学在理论上的根本契合之处。

与此同时,庞齐奥也深入地指出了符号学研究为何以及如何导向马克思主义:

首先,马克思主义理论在符号学的社会解释与批评路径建设方面,具有重要的启示意义。特别是,它可以引导符号学,从符号信息交流这一表面层次,向符号生产的历史-社会结构分析发展。

其次,社会符号生产的过程和生产意识形态的过程一样。这意味着对人类社会使用符号的解释与批判,必然也同属于意识形态的批判理论之一。符号研究如同马克思主义一样,具有一定的意识形态立场。因此符号学应当把自身定义为"文化符码批判",并通过历史-社会阐释分析并批判特定的符号表意模式在社会系统中的作用及其弊端,进而提出建设性的方案。

再者,符号学也可以通过马克思的历史-辩证唯物主义找到有效的理论工具与分析视角,对所谓"自然性"(naturalness)和"自发性"(spontaneity)的

---

① 奥古斯托·庞齐奥:《关于符号学与马克思主义的笔记》,载周劲松译,张碧、唐小林编:《欧洲马克思主义符号学派》,成都:四川大学出版社,2016年,第223页。

社会文化现象进行批评分析；辨识出确切程式、规则和社会安排的存在，对于这些东西，行为主体甚至从未有所怀疑。因此，正是在看上去除有意的、自愿的交流活动之外什么都没有的地方，它能够发现种种形式的无意识、意识缺乏和错误意识。

最后，马克思主义交往论也可以通过符号学理论进行深入发展。马克思曾在《德意志意识形态》中指出："语言是一种实践的，既为别人存在并仅因此也为我自己存在的、现实的意识。语言也和意识一样，只是由于需要，由于和他人交往的迫切需要才产生的。"① 符号学反对把符号简化为单纯的交流方式，把交流本身简化为信息过程、意义传递和信息的交换。和所谓交流符号学所主张的相反，符号的存在并不是以一种知晓的、自愿的方式，带着确切意图，去问询某人、表达某事。即便是个人化的事件，没有符号的参与，没有符号社会性的组织运作，是无法想象的。因此，符号交流从一开始就是综合汇集的。交流不是简单的发送者和接收者之间的过程，它也是以发送者和接收者这种存在作为基础的过程，不仅涉及信息的实际交换，而且涉及其作为个体主体的区别。在上述基础上，庞齐奥和苏珊·佩特丽莉发展出了一套基于他者对话的"符号伦理学模式"。该模式在当今符号学界影响甚大，已逐渐成为一个新的学术潮流，笔者将在下节进行介绍。

综上，如科布利所述，马克思主义是社会符号学的重要理论支柱。② 原因不难发现：马克思主义与符号学具有一个共同的研究目的，即对社会与文化的批评。"与符号学结合的最顺理成章的是马克思主义：符号学本质上是批判性的，它把符号意义，看成文化编织话语权力网的结果，与马克思主义的意识形态批判，精神上至为契合。"③

---

① 马克思，恩格斯：《马克思恩格斯全集》（第三卷），北京：人民出版社，1960 年，第 34 页。
② 保罗·科布利：《社会符号学》，载保罗·科布利编：《劳特利奇符号学指南》，周劲松、赵毅衡译，南京：南京大学出版社，2013 年，第 138 页。
③ 赵毅衡：《符号学：原理与推演》（修订版），南京：南京大学出版社，2016 年，第 8 页。

第四节 符号伦理学派

一、符号伦理学的兴起

"符号伦理学"(semioethics)作为一种流派,中心在意大利,主要是因为代表人物为两位意大利知名符号学家,同为意大利巴里大学教授的苏珊·佩特丽莉(Susan Petrilli)和奥古斯特·庞齐奥(Augusto Ponzio)。后者为前者的导师,佩特丽莉则继承其导师的主要思想,在推进符号伦理学理论建构方面起到重要作用。二者还于20世纪90年代起,与美国符号学家约翰·迪利(John Deely)一起,重构了"符号学动物"(semiotic animal)这一概念,奠定了符号伦理学的概念基础。因此,符号伦理学源于意大利,但其影响力已遍及整个符号学,逐渐成为全球符号学者普遍认同的一种符号价值取向和研究范式。

佩特丽莉与庞齐奥所合著的近600页的巨著《打开边界的符号学:穿越符号学开放网络的解释路径》[①] 以及专为中国学者编辑的译著《符号疆界:从总体符号学到伦理符号学》[②],可以算作该学派的代表作。双语刊物《符号与传媒》(Signs & Media)第9辑[③]曾推出"符号伦理学"双语专辑,中国学者祝东、美国学者弗兰克·尼塞尔(Frank Nuessel)以及新加坡学者蔡曙铭都在本专辑发文,由此说明该学派学说的广泛影响力。

符号伦理学(semioethics)作为一种学说在21世纪流行,得益于西比奥克所开创的以对符号生命的全局式研究为主导的总体符号学路径。总体符号学作为一种总体性的、去整体化的符号学研究方法,要求对他者敞开,要求倾听他者这种极端的能力。[④] 所以,它预设了与他者之间对话性的相互关联这种能力。相应地,现代符号学方法更多地强调了"去整体化"(detotalization)而不

---

① Susan Petrilli & A. Ponzio, *Semiotics Unbounded: Interpretive Routes through the Open Network of Signs*. Toronto: University of Toronto Press, 2005.
② 苏珊·佩特丽莉:《符号疆界:从总体符号学到伦理符号学》,周劲松译,成都:四川大学出版社,2014年。
③ 参见"符号伦理学专辑",《符号与传媒》,2014年第9期,第68—114页。
④ 苏珊·佩特丽莉:《符号疆界:从总体符号学到伦理符号学》,周劲松译,成都:四川大学出版社,2014年,第5页。

是"整体化"(totalization)这一倾向。他者性使得总体性向无限性(infinity)或"无限的符号活动"(infinite semiosis)开放,并引领我们超越认知层面进入伦理层面。这暗示着我们对他者之间的无限关联,并对他者具有伦理责任。

从学术史的角度来看,符号伦理学试图恢复符号学的历史传统。符号学一开始被称为"症状学",作为古代医学的一个分支,它关注各个症状。[1] 因此该学派认为应当用"符号伦理学"来恢复和重构古代这一符号学职业,它原本的宗旨就是"关爱生命"。随着当今生物学、生命科学与之相关的生命符号学以及总体符号学的发展,这一学科的建构变得尤为迫切:当我们在关注作为符号动物的人的符号交流与传播能力的同时,往往忽略了这种符号能力给整个符号域、符号生态所带来的伤害。

从学科基础来看,符号伦理学的建立,得益于生物伦理学与生物符号学在新世纪的发展。[2] 首先是生物伦理学,该学科与医学和药物学的发展相关,特别是与之相关的动物实验、人体试验与药物试验的开展,为伦理问题提供了统一的评判性视角,生物或医学伦理学也就此成为专门的学科。其次是生物符号或总体符号学,包含整个生命体符号活动的符号域,是总体符号学的研究对象。因此,亟须一门学科关注与反思符号活动及与整个符号域的相互影响。这表明:

> 如果符号学要履行"符号活动的健康"(health of semiosis)这个承诺,就要培养理解整个符号宇宙的能力,就必须不断地提炼自身的倾听能力和批评功能,也就需要倾听和批判的能力。[3]

基于上述意义,符号伦理学更多的是一种世界观和研究价值取向,其主要目的是说明作为"符号学动物"(semiotic animal)的人,应当对整个地球上所有符号生命负有伦理责任。正如该学派代表人物佩特丽莉在谈及符号理论学的地位及功用时所提及的那样:

---

[1] Susan Petrilli & A. Ponzio, *Semiotics Unbounded: Interpretive Routes through the Open Network of Signs*. Toronto: University of Toronto Press, 2005, p. 535.
[2] Susan Petrilli & A. Ponzio. *Semiotics Unbounded: Interpretive Routes through the Open Network of Signs*. Toronto: University of Toronto Press, 2005, pp. 535-536.
[3] Susan Petrilli & A. Ponzio. *Semiotics Unbounded: Interpretive Routes through the Open Network of Signs*. Toronto: University of Toronto Press, 2005, pp. 540.

符号学不仅作为一门科学,也作为一种态度,是在人类符号活动的范围中兴起并得到发展的。换言之,符号学是独一无二地和人类的主体世界、和人类特有的建模能力相关联的,而不是和其他动物的主体世界相关联的。①

尽管人与其他动物或生命体一样,都属于这个世界的一部分,但人是可使用元符号(meta-sign)的动物,其符号生产能力要远远大于其他生命体。相应地,符号及其符号行为的无节制发展甚至泛滥,必然会影响在符号域中其他生命体的符号活动资源。依照符号伦理学的观点,"符号学动物"是一个负责任的行为者,不仅具有符号能力,而且具有和整个星球上的符号活动都相关的调适、反应、意识等能力。

二、符号学动物:迪利

如前文所述,符号伦理学的立论基础是"符号学动物"这一概念。这一概念缘起于西比奥克,而后被该学派其他学者拓展。而对这一概念进行详细阐述的是美国符号学家迪利,他指出虽然所有的生命体都具有符号活动的能力,但唯有人类能够意识到她/他在有目的地使用符号,所以人是唯一的符号学动物。②

具体来说,人类及其所拥有的符号能力使得他在想象符号及其所指之对象时,能够避免像动物那样把该符号简单还原成其周围世界之中的事物。后者仅仅把符号感知为"可取的""不可取的物体"或"可以忽略的"的事物③,人却能意识到符号不同于构成个体的任何一种特定物质(包括符号载体的物质结构),也比它们高级,符号能够更有效地将个人与其周围世界区别开来。④ 为此,迪利指出:

---

① Susan Petrilli & A. Ponzio, *Semiotics Unbounded: Interpretive Routes through the Open Network of Signs*. Toronto: University of Toronto Press, 2005, pp. 548.

② Augusto Ponzio, Susan Petrilli & John Deely, *The Semiotic Animal*, Ottawa: Legas, 2006.

③ John Deely, From Semiosis to Semioethics, in Peter Trifonas (ed.), *International Handbook of Semiotics*, London & New York: Springer, 2015, p. 782.

④ John Deely, Defining the Semiotic Animal: A Postmodern Definition of Human Being Superseding the Modern Definition "Res Cogitans", *American Catholic Philosophical Quarterly*, 2005, 79 (3), pp. 461–481.

将人类定义为动物中唯一的符号学动物,即是说人类是唯一能够意识到符号存在的动物(不同于他们的实践认识和使用),并能够在不可避免的动物实在世界以及人类的经验增长,特别是人的理解力的增长中,相应地形成一种符号在其中起到最根本作用的符号学意识。由于在文化中符号处处可见,我们将自己放置于符号通往自然的各条道路上,包括那些人类从未涉足的领域。①

迪利的"符号学动物"这一概念不仅指出人类有能力"在客观现实中区分各种事物,也可以进一步在事物内部探索它们自己"②,还说明人具有其他动物所不具有的调适能力,即人为了生存,可从元符号学的立场在人类对各种符号活动的依靠方面做出必要调适。各种符号活动将人类这种动物在符号层与各种生命形式和符号活动联系起来,由此,整个生物圈和自然环境通过符号活动构成一个统一系统。③ 这种调适活动是伦理活动的基础,意味着人具有反思自身行为的能力。

进一步说,这种反思的能力,即迪利所谓的"元符号活动"(metasemiosis)的能力。这意味着"人具有这样一种意识,即我们知道符号可以揭示:我们采取何种符号行为时必须考虑到该行为所带来的后果。这正如古人说'做好事'(这是道德生活的最基本要求)。这是伦理学的开端"④。在传统意义上,伦理用于指导个体如何对自己的行为负责,这导致其符号学特征和根源一直被隐藏起来。现如今,科学与技术正在成为人类文化的中心,使得我们逐渐发现传统意义上的伦理不仅对符号学动物这类物种,而且对其他动物种类来说,都是不充分的。这主要是因为,我们逐渐发现符号学动物与其他动物并无不同,他们

---

① John Deely, Defining the Semiotic Animal: A Postmodern Definition of Human Being Superseding the Modern Definition "Res Cogitans", *American Catholic Philosophical Quarterly*, 2005, 79 (3), pp. 461—481.

② John Deely, Defining the Semiotic Animal: A Postmodern Definition of Human Being Superseding the Modern Definition "Res Cogitans", *American Catholic Philosophical Quarterly*, 2005, 79 (3), pp. 461—481.

③ John Deely, Defining the Semiotic Animal: A Postmodern Definition of Human Being Superseding the Modern Definition "Res Cogitans", *American Catholic Philosophical Quarterly*, 2005, 79 (3), pp. 461—481.

④ John Deely, From Semiosis to Semioethics, in Peter Trifonas (ed.), *International Handbook of Semiotics*, London & New York: Springer, 2015, p. 782.

都依赖其自然环境中的周遭条件生存或繁衍。

因此，符号伦理学的关键就在于人类的自我意识在符号活动环境中对其他生命体构成了一种绝对的强制力（人类的自我意识在符号活动环境中促使其他生命体也不得不加入符号活动），因此人类不仅要关照自身，也有义务关照所有的生命体。人类动物的个体伦理意识使人以有利于个体利益的方式行事。这正是因为个体作为社群的一员，会随着社群的扩张意识到人类社群既是一种生物现实，也是一种文化现实。并且，人类社群也与其他生物社群一样，会依靠某些具体的条件生存与发展。但这些条件不仅存在于人类世界之中，更存在于物理环境之中。这意味着人类的文化世界与其他动物的周围世界共存，他们与世界上所有物种共享生存环境、符号环境以及文化环境。

因此，符号学动物变成了"符号伦理学动物"（semioethical animal），而伦理学则成为符号伦理学。这是因为伦理学所谓的"责任"在生物与生命活动方面获得了更本质的含义：无论个体行为还是集体行为，都不仅为人类文化，更为整个生物域的进化与发展负责。而人作为唯一能够意识到符号活动能引起如此后果的物种，必将肩负起这一伦理责任。

三、与"他者"对话：佩特丽莉

符号伦理学强调人作为符号学动物需要对整个生命界负担起责任，这种责任既是对自己，更是对"他者"（otherness），这是符号伦理学的核心。该理念更直接受到了西比奥克的总体符号学模式的影响：

> 所有的生命体，从最小的范围到最大的范围，包括那些存在千万年的物种，形成一个单一共生的被称为盖娅的生态主体。沿着这个思路，要是调节生物圈的观念盛行，实际上就意味着所有信息发出者/信息源和信息终端/阐释者会被视作一个巨大的符号网的参与者。[①]

所谓的自我关怀要从关怀他者开始，而这个他者实际上是指整个符号域。正是在这个意义上，符号伦理学不仅仅描绘了人类有限的责任，更是描绘了一个无限大的责任，要对整个星球生态系统中的所有生命负责，因为人类无法从

---

① Thomas A. Sebeok, *Global Semiotics*, Bloomington: Indiana University Press, 2001, pp. 29-30.

这个生态系统中脱离出来。① 符号伦理学者强调，他者性是任何符号所固有的特征，同时是符号具有超越自身能力的前提：

> 符号，或更准确地说，表意路径是在符号活动或是符号域的大网络中因符号间的各种关系而产生的。它从确定性与不确定性的张力中显现出来；它产生于符号的特定结构和符号的不断位移，转化和延异至他者。这个他者既迫近符号又外在于符号，既超越又受制于符号过程的每一个阶段……符号整体的开放性或去整体性是质疑和批判的前提，也是可能评价心智或是符号活动运行的前提，无论好坏。②

因此他者性完全内在于符号。这就意味着人类意志至少是个调节性的中介，被迫与周围环境妥协，这类似于皮尔斯意义上的"第三性"。符号伦理学的核心是将他者性理论化，其中的关键是符号与符号活动如何指向他者。这里就不得不谈论符号的对话本体性问题。任何符号从结构特征方面来看都具有对话特性，即一个符号与另一个符号关联。以语言符号为例，一个词是对对方言语的响应、回复或者提问。因此，对话既是外部话语也是一种内在结构，"其中他者的话语会干涉（interfere）我们自己的话语"③。所谓"干涉"，是指我们的言语无法脱离他人的活动关系而存在。这也是对话特性的根本特征。

符号伦理关注符号活动的对话特征，可以从巴赫金与皮尔斯的符号理论中找到更多的理论依据，因为二者所提及的符号活动模式正是对话性的。符号并非一个孤立的部件，符号意义也并非预先设定在符号之中；符号也不是一个"物"，而是一个表意过程，表意关系也就是社会关系。这种关系非常接近巴赫金的文本理论。符号如文本一样，唯有在更为宏观的语境中才能被理解和被解释；而这种语境就是由文本之对话性关系组成的互文性语境。因此，一个文本的意义通过它与其他文本的互动得到发展。"作为言语的文本被包含在一个特定空间的言语社群（文本链）之中。单独的文本自身可以反映这个空间中所有

---

① Paul Cobley, Semiotics, Voluntarism and Anti-Humanism, *New Formations*, 2007, 62, pp. 44—60.
② Susan Petrilli & Augusto Ponzio, *Semiotics Unbounded: Interpretive Routes through the Open Network of Signs*, Toronto, University of Toronto Press, 2005, pp. 39—40.
③ Susan Petrilli & Augusto Ponzio, *Semiotics Unbounded: Interpretive Routes through the Open Network of Signs*, Toronto: University of Toronto Press, 2005, p. 22.

的文本（及其邻接关系）。因此，所有思想是相互连接的，因为它们都体现在各种言语对话之中。文本内外的对话关系是其本质特征。"①

佩特丽莉进一步指出，人类符号之所以是对话性的，是因为符号思维从本质上是"试推的"②（abductive），而非一般逻辑学意义上的推理。试推这一术语来自皮尔斯，他指出解释符号意义最普遍的方式是试推。逻辑学中的归纳法从各种符号文本从发，以取得一个整体的解释，归纳的结果是"实际"（actually be）是何者；推理法则是从一般规律出发说明具体问题，推理的结构是"应当"是何者。皮尔斯认为这两种方式都是单向科学的思维，我们对符号的解释无法采取这种方式。符号解释是一种假定的试验，试推法的结果是"或许"（might be）是何者。显然，试推是一种双向思维方式，目的是提高我们"猜对"的可能性，即给出一种有效的意义解读，而无法做到肯定猜对。

因此，相对于上述两种传统的逻辑推理方式，试推法的对话性程度最高，这意味着论证具有最高的创造性。正如皮尔斯自己所说："试推法是一个建构解释性假说的过程。它是唯一能引发新思想的逻辑性操作过程，因为归纳只能决定价值，推理只能推出纯粹假说的必然结果。"（CP 5.172）正是在这个意义上，符号伦理学者一直强调解释项的重要性，他们甚至认为符号伦理学换个术语便是"解释符号学"（interpretation semiotics）③。这意味着，一个符号的意义需要靠解释项所确定，而这个解释项又可以发展成其他更为发展的符号，这表明符号的解释过程一直包含着对他者的对话逻辑。

符号伦理学不是玄学，它观照社会现实，并且对当今的社会文化问题采取批判取向。

首先，无论是西比奥克所谓的"总体符号学"还是佩特丽莉等人所谓的"总体传播学"，"global"这一词都是双关语："总体"与"全球化"。前者意味着总体符号学学术价值取向，即采取一致整体性的视角来考察所有符号活

---

① Mikhail M. Bakhtin, *Speech Genres & Other Late Essay*, V. W. McGee (trans.), Austin: Austin University of Texas Press, 1986, pp. 104−105.

② Susan Petrilli & Augusto Ponzio, *Semiotics Unbounded: Interpretive Routes Through the Open Network of Signs*, Toronto: University of Toronto Press, 2005, p. 25.

③ Susan Petrilli & Augusto Ponzio, *Semiotics Unbounded: Interpretive Routes Through the Open Network of Signs*, Toronto: University of Toronto Press, 2005, p. xix.

动,而非带有一种人本论的眼光,只关注人类符号活动。进一步说,当我们采取总体符号学方法时,便已获得符号伦理学的视角,因为我们承认除人类符号活动以外还有其他物种的符号活动,人的符号行为会对整个符号域产生影响。

其次,对人类社会领域来说,"global"一词还意味着全球化,这是迄今全球社会发展最突出的特征。全球化不仅是经济的一体化,同时也是信息与符号意义传播的一体化。全球化给人类社会发展带来便利的同时,也把相应的风险、矛盾与冲突隐藏其中。这也是符号伦理学派及其关联的马克思主义符号学者大声疾呼的问题。例如,符号交流的全球化,同时意味着可能把有关某符号的解释刻板化。由此,某种单一的价值观(特别是西方资本主义的价值观)成为衡量符号意义的"标准",而忽视特定地区社会文化的差异性。这便是符号伦理学者们所强调的,当今的符号表意与社会再生产活动中所忽视的"他者"维度。

因此,符号伦理学的发展还需要第三种语境,即社会经济语境,而这种语境又以全球化的经济文化传播-生产为核心。① 总体符号学若不考虑世界传播与交流之总体本质的传播模式,那就是不充分的。并且,要想充分理解全球交流与传播,就同时要理解当今交流所包含的风险,以及交流可能结束的风险。而这也是符号伦理学可以开掘的空间。

再者,符号活动的健康意味着符号主体间的对话顺畅,符号主体对身份特别是"同一性"与"他者性"这一对立统一关系要有清晰的认识。"作为一个发展中的符号,主体是一个对话关系体,是一个在和其他符号、其他主体的内我与人际关中逐渐浮现的开放主体。"② 然而,世界朝向整体化或一体化发展的今天,人与人之间的冲突特别是身份冲突,依然是影响当今全球交流的一个主要问题,这就需要符号伦理学结合主体符号学、存在符号学,对当今全球化社会所凸显的符号身份和主体问题进行反思。

综上,符号伦理学作为 21 世纪符号学的一个重要价值取向,为作为符号学动物的人类提供了一个有史以来可能最为宽广的视角,使之成为在宇宙或符

---

① Susan Petrilli & Augusto Ponzio, *Semiotics Unbounded: Interpretive Routes Through the Open Network of Signs*, Toronto: University of Toronto Press, 2005, p. 536.

② Susan Petrilli & Augusto Ponzio, *Semiotics Unbounded: Interpretive Routes Through the Open Network of Signs*, Toronto: University of Toronto Press, 2005, p. 540.

号域意义上负责任的符号行为者。而这与21世纪符号学主流派的生命转向一致。人作为符号学动物，与符号域中所有生命体一样，存在着健康的（healthy）符号交流责任。因此，符号伦理学也为当代符号学转向生命符号学或总体符号学的过程提供了一种批判性的视角。

结　论

符号学进入新的发展阶段已有四十余年的历史，西方符号学运动正在朝向多元发展。流派与流派、理论与理论之间互动与融合，正在形成一种新的符号学潮流。其发展特点归结于如下六个方面：

第一，在符号学基础理论方面，皮尔斯三元符号学模式因其开放性与包容性已取代索绪尔二元模式，成为当今符号学诸流派的理论基础。从本书对六大主流范式的分析可以看到，欧美符号学各新流派的理论模式可以归纳为"皮尔斯+"模式，即把皮尔斯理论与其他符号学学说或者学科理论相融合，进而成为这些学派的基本出发点。这种整合已成为一种新的运动。这一路径从本质上表明：对符号阐释、交流与互动的过程分析，取代了符号文本的结构分析，成为当今符号学研究的主要潮流。

第二，新阶段的符号学致力超越人类中心主义的视域，力求将整个生命界都纳入研究范围，让生命体内外部、人类与自然环境之间的有机融合，在广阔而细微的双重层面建立一种批判式的方法论体系。而在其中，西比奥克提出的总体符号学模式作为当今符号学最主要的潮流，起到了重要的推动作用。于是我们可以看到，位于新塔尔图－布鲁明顿－哥本哈根学术带的学者们在生物符号学、生态符号学、自然符号学方向的努力，也可以看到相关学者从符号伦理学路径反思人类作为"符号学动物"，对作为"他者"的其他符号生命所肩负起的责任。

第三，超越人类中心主义之目的，并非解构而是重构人的主体性，这是新符号学运动的另一个发展中心。这种对人类主体性的探究，一方面如北欧－北美认知符号学派学者一样，主张回到人类身体，融合符号现象学与认知科学，从微观角度探究人在符号意义生成中的认知过程及其主要特性；另一方面又如巴黎学派学者那样，从文学文化与艺术的角度，探讨主体的情感与存在焦虑问题，试图建构新的"存在符号学"理论框架。

第四，在符号表意系统及其机制这一关键问题上，当代符号学一方面继续拓展开放动态表意这一核心观点，另一方面又结合马克思主义、社会学与传播学等理论，把符号表意轨迹从解构主义消极的"能指游戏"立场转向对表意方式历史性与社群性的探析。意义在永恒运动与社群中的相对稳定之间形成对立统一。因此，新符号学运动主张恢复符号学的批判传统，如社会符号学英-澳学派、马克思主义欧洲学派以及英国文化研究学派等，都在通过扎实的社会分析来解释当今社会文化中的社群意义冲突。

第五，符号学正在逐渐成为当今传媒社会与文化分析的利器之一。这取决于媒介技术的发展，人类迅速进入后物质时代，整个社会文化被浸泡在各种符号之中，人生意义消减。因此，当今传播符号学的北美学派与欧洲学派以及都灵学派等，纷纷把研究中心放在新媒介语境下的符号传播问题上，反思新媒介技术给我们日常生活与文化所带来的利弊。我们有理由相信，正是因为媒介与符号在当今社会起到越来越重要的作用，传媒符号学范式将逐渐发展成更加广义的一般符号学模式，成为解决社会文化问题的基础理论。

第六，在范式建构方面，新阶段的符号学提倡在解构之后重构符号学体系。这种重构是符号学彻底打开边界之后所展开的跨学科、跨学派整合。生物学、生态学、神经认知科学、社会学、传播学等，通过"符号"这一核心枢纽被关联整合起来。新阶段的符号学发展至今，还未提出更加新颖的理论，"整合"却成为一种新的运动。而所谓跨学派整合，学者们已超越地域和理论范式的限制，以共同学术理论和学术理论传统为纽带，建构出跨地域的学术连续带。通过本书可以发现，在生物符号学、认知符号学以及传媒和文化符号学研究中，这种跨学派的学术连续带成为当今符号学运动的又一大特色。

还应当特别指出的是，中国符号学也在新符号学运动中迅速崛起，呈现出与欧美符号学共同的发展趋势，现已成为当今符号学运动中的一支重要力量。在语言符号学路径上，中国学者近年来进一步融合中西方符号学理论，向翻译符号学、认知符号学等前沿领域迈进。在文化与传播符号学路径，相关学者一方面吸收融合中国传统特别是古代符号学资源，建构中国特色的符号学理论体系；另一方面聚焦文化传媒与消费产业的具体领域，试图为当代消费社会的符号生产机制提供符号学式建构策略。这也是本书的最终目的，即为中国符号学研究在开拓新范式和新方法方面提供进一步的理论文献参考。

参考文献

埃柯. 符号学理论 [M]. 卢德平,译. 北京:中国人民大学出版社,1990.
埃诺. 符号学问题 [M]. 怀宇,译. 北京:中国人民大学出版社,2018.
奥斯汀. 如何以言行事 [M]. 杨玉成,赵京超,译. 北京:商务印书馆,2013.
巴尔特. 符号学原理 [M]. 李幼蒸,译. 北京:中国人民大学出版社,2008.
巴特. 神话修辞术/批评与真实 [M]. 屠友祥,温晋仪,等译. 上海:上海人民出版社,2009.
鲍德里亚. 生产之镜 [M]. 仰海峰,译. 北京:中央编译出版社,2005.
鲍德里亚. 消费社会 [M]. 刘成富,全志钢,译. 南京:南京大学出版社,2001.
比格奈尔. 传媒符号学 [M]. 白冰,黄立,译. 成都:四川教育出版社,2012.
彼得里利,蓬齐奥. 打开边界的符号学:穿越符号开放网络的解释路径 [M]. 王永祥,等译. 南京:译林出版社,2015.
德尼西. 马歇尔·麦克卢汉:无意而成的符号学家 [M]. 南京:南京师范大学出版社,2018.
迪利. 符号学对哲学的冲击 [M]. 周劲松,译. 成都:四川教育出版社,2011.
迪利. 符号学基础:第六版 [M]. 张祖建,译. 北京:中国人民大学出版社,2012.
丁尔苏. 符号与意义 [M]. 南京:南京大学出版社,2012.
梵·迪克. 网络社会:新媒体的社会层面 [M]. 蔡静,译. 北京:清华大学出版社,2014.

梵·迪克. 作为话语的新闻［M］. 曾庆香，译. 北京：华夏出版社，2003.

菲斯克. 电视文化［M］. 祁阿红，张鲲，译. 北京：商务印书馆，2005.

菲斯克. 解读大众文化［M］. 杨全强，译. 南京：南京大学出版社，2001.

费斯克. 传播研究导论：过程与符号［M］. 许静，译. 北京：北京大学出版社，2008.

格雷马斯. 符号学与社会科学［M］. 徐伟民，译. 天津：百花文艺出版社，2009.

格雷马斯. 论意义［M］. 吴泓缈，冯学俊，译. 天津：百花文艺出版社，2011.

龚鹏程. 文化符号学［M］. 台北：学生书局，2001.

哈特. 传播学批判研究：美国的传播、历史和理论［M］. 何道宽，译. 北京：北京大学出版社，2008.

和磊. 伯明翰学派：文化研究的源流与方法［M］. 北京：北京大学出版社，2017.

赫伯迪格. 亚文化：风格的意义［M］. 陆道夫，胡疆锋，等译. 北京：北京大学出版社，2009.

胡易容，赵毅衡. 符号学－传媒学词典［M］. 南京：南京大学出版社. 2012.

霍尔. 表征：文化表象与意指实践［M］. 徐亮，陆兴华，译. 北京：商务印书馆，2003.

霍奇，冈瑟. 社会符号学［M］. 周劲松，张碧，译. 成都：四川教育出版社，2012.

科布利. 劳特利奇符号学指南［M］. 周劲松，赵毅衡，译. 南京：南京大学出版社，2013.

库尔，马格纳斯. 生命符号学：塔尔图的进路［C］. 彭佳，汤黎，等译. 成都：四川大学出版社，2014.

莱昂内. 论无意味：后物质时代的意义消减［M］. 陆正兰，李俊欣，黄蓝，译. 成都：四川大学出版社，2019.

李幼蒸. 理论符号学导论：第3版［M］. 北京：中国人民大学出版社，2007.

罗钢，刘象愚. 文化研究读本［C］. 北京：中国社会科学出版社，2000.

罗杰斯. 传播学史：一种传记式的方法［M］. 殷晓蓉，译. 上海：上海译文出版社，2014.

麦克卢汉. 理解媒介：论人的延伸［M］. 何道宽, 译. 南京：译林出版社, 2011.

诺特, 毕莎娜. 媒介的自我指涉［M］. 周劲松, 译. 北京：社会科学文献出版社, 2019.

佩特丽莉. 符号疆界：从总体符号学到伦理符号学［M］. 周劲松, 译. 成都：四川大学出版社, 2014.

佩特丽莉. 维尔比夫人与表意学：符号学的形成［M］. 宋文, 薛晨, 译. 成都：四川大学出版社, 2019.

皮尔斯. 皮尔斯：论符号［M］. 赵星植, 编译. 成都：四川大学出版社, 2014.

施皮格伯格. 现象学运动［M］. 王炳文, 张金言, 译. 北京：商务印书馆, 2011.

索内松, 2019. 认知符号学：自然、文化与意义的现象学路径［M］. 胡易容, 梅林, 董明来, 译. 北京：社会科学文献出版社, 2019.

索绪尔. 普通语言学教程［M］. 高名凯, 译. 北京：商务印书馆, 2014.

塔拉斯蒂. 存在符号学［M］. 魏全凤, 颜小芳, 译. 成都：四川教育出版社, 2012.

塔拉斯蒂. 音乐符号［M］. 陆正兰, 译. 南京：译林出版社, 2015.

唐小林, 祝东. 符号学诸领域［C］. 成都：四川大学出版社, 2012.

涂纪亮. 皮尔斯文选［M］. 涂纪亮, 周兆平, 译. 北京：社会科学文献出版社, 2006.

涂纪亮. 莫里斯文选［M］. 涂纪亮, 等译. 北京：社会科学文献出版社, 2009.

威利. 符号自我［M］. 文一茗, 译. 成都：四川教育出版社, 2011.

威廉斯. 文化与社会［M］. 吴松江, 张文定, 译. 北京：北京大学出版社, 1991.

西比奥克, 德尼西. 意义的形式：建模系统理论与符号学分析［M］. 余红兵, 译. 成都：四川大学出版社, 2016.

西比奥克, 拉姆. 符号学与认知科学［J］. 哲学译丛, 1991 (2)：16-24.

延森. 媒介融合: 网络传播、大众传播和人际传播的三重维度 [M]. 刘君, 译. 上海: 复旦大学出版社, 2012.

张碧, 唐小林. 欧洲马克思主义符号学派 [C]. 周劲松, 等译. 成都: 四川大学出版社, 2016.

张亮. 英国新左派思想家 [M]. 南京: 江苏人民出版社, 2010.

张智庭. 巴黎符号学学派的产生与发展 [J]. 符号与传媒, 2015 (2): 180-188.

张智庭. 法国符号学论集 [M]. 天津: 南开大学出版社, 2018.

赵星植. 皮尔斯与传播符号学 [M]. 成都: 四川大学出版社, 2017.

赵毅衡, 陆正兰. 亚当·沙夫对欧洲马克思主义符号学运动的引领 [J]. 中国文学研究, 2019 (3): 55-60.

赵毅衡. 符号学: 原理与推演: 修订版 [M]. 南京: 南京大学出版社, 2016.

赵毅衡. 符号学文学论文集 [C]. 天津: 百花文艺出版社, 2004.

赵毅衡. 广义叙述学 [M]. 成都: 四川大学出版社, 2013.

赵毅衡. 哲学符号学: 意义世界的形成 [M]. 成都: 四川大学出版社, 2017.

Arneson, Pat. *Perspectives on Philosophy of Communication* [M]. West Lafayette: Purdue University Press, 2007.

Barbieri, Marcello. A Short History of Biosemiotics [J]. *Biosemiotics*, 2 (2): 221-245, 2009.

Barbieri, Marcello. *Biosemiotics: Information, Codes and Signs in Living Systems* [M]. New York: Nova Science Publishers, 2013.

Barthes, Roland. *Elements of Semiology* [M]. London: Cape, 1968.

Barthes, Roland. *A Lover's Discourse: Fragments* [M]. London: Penguin, 1978.

Bateson, Gregory. *Steps to an Ecology of Mind* [M]. London: Granada, 1972.

Baudrillard, Jean. *The Implosion of Meaning in the Media* [M]. New York: Semiotexte Press, 1973.

Baudrillard, Jean. *Toward a Critique of the Political Economy of the Sign* [M]. St. Louis: Telos Press, 1978.

Baudrillard, Jean. *The Consumer Society* [M]. London: Sage Publications, 1998.

Baudrillard, Jean. *The Mirror of Production* [M]. St Louis: Telos Press, 1988.

Beadle, G. & Beadle, M. *The Language of Life. An Introduction to the Science of Genetics* [M]. New York: Doubleday and Co., 1966.

Beasley, Ron & Danesi, Marcel. *Persuasive Signs: The Semiotics of Advertising* [M]. Berlin & New York: Mouton de Gruyter, 2002.

Berger, Arthur Asa. *Signs in Contemporary Culture: An Introduction to Semiotics* [M]. Sheffield: Sheffield Pub Co., 1998.

Berger, Arthur Asa. *The Objects of Affection: Semiotics and Consumer Culture* [M]. New York: Palgrave Macmillan, 2010.

Bergman, Mats. *Peirce's Philosophy of Communication: The Rhetorical Underpinnings of the Theory of Signs* [M]. London & New York: Continuum, 2009.

Bernard, Jeff. Inside/Outside, Ideology and Culture [J]. *Semiotica*, 1994, 148 (1/4): 47-68.

Bernard, Jeff. Semiotics as a Theory of (Sub) Culture(s) and its Material Core [C] //*Proceedings of IVth International Congress of IASS*, Berlin & New York: Mouton de Gruyter, 1992: 1635-1648.

Bernard, Jeff. Sign, System and Function [J]. *Semiotishe Berichte*, 1985, 9 (1/2): 138-163.

Bernard, Jeff. The Social Philosophy and Socio-semiotics of Ferruccio Rossi-Landi [C] //*Reading Ferruccio Rossi-Landi*, Naples: Edizioni Scientifiche Italian, 1994: 69-94.

Bezemer, Jeff & Guther Kress. *Multimodality, Learning and Communication: A Social Semiotic Frame* [M]. London: Routledge, 2015.

Bouissac, Paul. *Semiotics in Canada* [M]. New York: Springer, 1986.

Bouissac, Paul. *Semiotics at the Circus* [M]. Berlin: De Gruyter Mouton, 2011.

Brandt, Per Aage. *Spaces, Domains, and Meanings: Essays in Cognitive Semiotics* [M]. Bern: Peter Lang, 2004.

Brandt, Per Aage. *Cognitive Semiotics: Signs, Mind and Meaning* [M]. London: Bloomsbury Academic, 2020.

Brentari, Carlo. *Jakob von Uexküll: The Discovery of the Umwelt between Biosemiotics and Theoretical Biology* [M]. New York: Springer, 2015.

Brier, Søren. Biosemiotics [C] //*Encyclopedia of Language and Linguistics* (2nd Ed.), Vol. 2, 2006: 31—40.

Bier, Søren. Cybersemiotics: A New Foundation for Transdisciplinary Theory of Information, Cognition, Meaningful Communication and the Interaction between Nature and Culture [J]. *Integral Review*, 2013, 9 (2): 220—263.

Brier, Søren. Cybersemiotics: Suggestion for a Transdisciplinary Framework Encompassing Natural, Life, and Social Sciences as well as Phenomenology and Humanities, International Journal of Body [J]. *Mind and Culture*, 2014, 1 (1): 3—53.

Brier, Søren. *Cybersemiotics: Why Information Is Not Enough* [M]. Toronto: University of Toronto Press, 2008.

Bruner, Jerome. *Acts of Meaning. Four Lectures on Mind and Culture* [M]. Cambridge: Harvard University Press, 1990.

Buckland, Warren. *The Cognitive Semiotics of Film* [M]. Cambridge: Cambridge University Press, 2007.

Butke, Kenneth. *Language as Symbolic Action: Essays on Life Literature and Method* [M]. Berkeley & Los Angeles: University of California Press, 1996.

Chang, Briankle G. & Garnet C. Butchart. *Philosophy of Communication* [M]. Cambridge: The MIT Press, 2012.

Cobley, Paul. *Semiotics Continues to Astonish: Thomas A. Sebeok and the Doctrine of Signs* [C]. Berlin: Mouton de Gruyter, 2011.

Cobley, Paul. *The Communication Theory Reader* [C]. London: Routledge, 1996.

Cobley, Paul. The Deaths of Semiology and Mythoclasm: Barthes and Media

Studies [J]. *Signs & Media*, 2015, 2: 1—25.

Cobley, Paul & Randviir, Anti. What Is Sociosemiotics? [J]. *Semiotica*, 2009, 173 (1—2): 1—39.

Cobley, Paul & Stjernfelt, Frederik. Scaffolding Development and the Human Condition [J]. *Biosemiotics*, 2015, 8 (2): 291—304.

Daddesio, Thomas. *On Minds and Symbols: The Relevance of Cognitive Science for Semiotics* [M]. Berlin: De Gruyter Mouton, 1995.

Danesi, Marcel. *The Body in the Sign: Thomas A. Sebeok and Semiotics* [M]. Ottawa: Legas, 1998.

Danesi, Marcel. *The Invention of Global Semiotics: A Collection of Essays on the Life and Work of Thomas A. Sebeok* [M]. Ottawa: Legas, 2001.

Danesi, Marcel. *Encyclopedic Dictionary of Semiotics, Media, and Communication* [C]. Toronto: University of Toronto Press, 2000.

Danesi, Marcel. *Cool: The Signs and Meanings of Adolescence* [M]. Toronto: University of Toronto Press, 1994.

Danesi, Marcel. *Of Cigarettes, High Heels, and Other Interesting Things: An Introduction to Semiotics* [M]. New York: Palgrave Macmillan, 2008.

Danesi, Marcel. *The Semiotics of Emoji: The Rise of Visual Language in the Age of the Internet* [M]. London: Bloomsbury Academic, 2016.

Danesi, Marcel. *Understanding Media Semiotics* [M]. London: Arnold, 2002.

Deacon, Terrance. *The Symbolic Species: The Co-evalution of Language and the Brain* [M]. New York: Norton, 1997.

Deacon, Terrance, 2012. Beyond the Symbolic Species [C] // *The symbolic species evolved*, Berlin: Springer, 2012: 9—38.

Deeky, John. *Thomas A. Sebeok: Bibliography 1942 — 1995* [C]. Bloomington: Eurolingua, 2005.

Deely, John. From Semiotics to Semioethics [J]. *Semiotics*, 2014, 36 (2): 242—261.

Deely, John. Semiotics "Today": The Twentieth-Century Founding and Twenty-First-Century Prospects [C] // *International Handbook of Semiotics*, London & New York: Springer, 2015: 29—114.

Donald, Merlin. *Origins of the Modern Mind: Three Stages in the Evolution of culture and Cognition* [M]. Cambridge: Harvard University Press, 1991.

During, Simo. *The Cultural Studies Reader* [C]. London: Routledge, 1993.

Durst-Andersen, Per. *Linguistic Supertypes: A Cognitive-Semiotic Theory of Human Communication* [M]. Berlin: De Gruyter Mouton, 2001.

Eco, Umberto. *A Theory of Semiotics* [M]. Bloomington: Indiana University Press, 1976.

Eco, Umberto. *The Limits of Interpretation* [M]. Bloomington: Indianna University Press, 1994.

Ehrat, Johannes. *Cinema and Semiotic: Peirce and Film Aesthetics, Narration, and Representation* [M]. Toronto: University of Toronto Press, 2005.

Emmeche, Claus & Hoffmeyer, Jesper. From Language to Nature: the Semiotic Metaphor in Biology [J]. *Semiotica*, 1991, 84 (1/2): 1—42.

Emmeche, Claus. Modeling life: A Note on the Semiotics of Emergence and Computation in Artificial and Natural Living Systems [C] // *Biosemiotics: The Semiotic Web 1991*, Berlin: Mouton de Gruyter, 1992: 77—99.

Emmeche, Clause et al. *Reading Hoffmeyer* [C]. Tartu: Tartu University Press, 2002.

Fauconnier, Gilles & Turner, Mark. *The Way We Think: Conceptual Blending and the Mind's Hidden Complexities* [M]. New York: Basic Books, 2002.

Fiske, John. *Introduction to Communication Studies* (2nd Edition) [M]. London & New York: Routledge, 1990.

Fiske, John. *Understanding Popular Culture* [M]. New York: Routledge,

2010.

Fonranille, Jacues & Zilberberg, Claude. *Tension et Signification* [M]. Bruxelle: Mardaga, 1998.

Frawley, Ashley. *Semiotics of Happiness: Rhetorical Beginnings of a Public Problem* [M]. London: Bloomsbury Academic, 2015.

Gallagher, Shaun. *How Body Shape the Mind* [M]. London: Clarendon Press, 2006.

Geimas, A. J. & Fontanille, Jacques. *The Semiotics of Passion: From State of Affairs to State of Feelings* [M]. trans. Paul Perron, Frank Colins, Minneapolis: University of Minnesota Press, 1993.

Gelderand, Ken & Thornton, Sarah. *The Subcultures Reader* [C]. London & New York: Roultedge, 1997.

Gray, Ann et al. (eds.). *CCCS Selected Working Paper* [C]. London: Routledge, 2007.

Greimas, A. J. & Fontanille, Jacues. *Sémiotique des passions* [M]. Paris: Seuil, 1991.

Hall, Stuart & Paul Du Gay (eds). *Questions of Cultural Identity* [C]. London: Sage, 1996.

Hall, Stuart & Tony Jefferson. *Resistance Through Rituals: Youth Subcultures in Post-war Britain* [C]. Lodon: Hutchinson, 1976.

Hall, Stuart et al. *Culture, Media, Language* [C]. London: Hutchinson, 1980.

Hall, Stuart. Cultural Studies and Its Theoretical Legacies [C] // *Cultural Studies*, New York: Routledge, 1992: 277–294.

Hall, Stuart. Culture, Community, Nation [J]. *Cultural Studies*, 1993, 7 (3): 349–363.

Hall, Stuart. Culture, the Media and the "Ideological Effect" [C] // *Mass Communication and Society*, London: Edward Arnold, 1997: 315–48.

Hall, Stuart, Encoding/Decoding [C] //*Culture, Media, Language*, London: Hutchinson, 1980: 128–138.

Hall, Stuart. *Representation: Cultural Representations and Signifying Practices* [M]. London: Sage, 1997.

Hall, Stuart. The Emergence of Cultural Studies and the Crisis of the Humanities [J]. *October*, 1990, 53: 11—23.

Halliday, M. A. K. *Explorations in the Functions of Language* [M]. London: Arnold, 1973.

Halliday, M. A. K. *Learning How to Mean* [M]. London: Arnold, 1975.

Halliday, M. A. K. *Language as Social Semiotics: The Social Interpretation of Language and Meaning* [M]. Washington DC: Maryland University Press, 1978.

Halliday, M. A. K. *An Introduction to Functional Grammar* [M]. London: Arnold, 1985.

Harris, Zillig. Discourse Analysis [J]. *Language*, 1952, 28: 1—30.

Hebdige, Dich. *Cut'n' Mix: Culture, Identity and Caribbean Music* [M]. London: Comedia, 1987.

Hebdige, Dich. *Subculture: The Meaning of Style* [M]. London: Methuen, 1979.

Henault, Anne. *Le pouvoir comme Passion* [M]. Paris: Seuil, 1994.

Hodge, Robert & Kress, Gunther. *Social Semiotics* [M]. New York: Cornell University Press, 1988.

Hoffmeyer, Jesper & Emmeche, Claus. Code-Duality and the Semiotics of Nature [C] //*On Semiotic Modeling*, Berlin & New York: Mouton de Gruyter, 1991: 117—166.

Hoffmeyer, Jesper & Kull, Kalevi. Theories of Signs and Meaning: Views from Copenhagen and Tartu [C] //*Towards A Semiotic Biology: Life is the Action of Signs*, London: Imperial College Press, 2011: 263—286.

Hoffmeyer, Jesper, Biosemiotics and Ethics [C] //*Culture and Environment: Interdisciplinary Approaches*, Oslo: University of Oslo, 1993: 152—175.

Hoffmeyer, Jesper. *Biosemiotics: An Examination into the Signs of Life* and the Life of Signs [M]. Pennsylvania: University of Scranton Press, 2009.

Hoffmeyer, Jesper. Biosemiotics: Towards a New Synthesis in Biology [J]. *European Journal for Semiotic Studies*, 1997, 9 (2): 355−376.

Hoffmeyer, Jesper. *Signs of Meaning in the Universe* [M]. Bloomington: Indiana University Press, 1996.

Hoffmeyer, Jesper, The Constraints of Nature on Free Will [C] //*Free Will and Determinism: Papers from an Interdisciplinary Research Conference*, Ârhus: Ârhus University Press, 1987: 188−200.

Hoffmeyer, Jesper. The Swarming Cyberspace of the Body [J]. *Cybernetics and Human Knowing*, 1996, 3 (1): 16−25.

Hoggart, Richard. Schools of English and Contemporary Society [J]. *The American Scholar*, 1964, 33 (2): 237−255.

Hoggart, Richard. *The Uses of Literacy* [M]. London: Penguin, 1958.

Jakobson, Roman. *Selected Writings: II Word and Language* [M]. The Hague: Mouton, 1971.

Jakobson, Roman. Linguistics and Poetics: Closing Statement [C] //*Style in language*, Cambridge: MIT Press, 1960: 350−377.

Jakobson, Roman. *Six Lectures on Sound and Meaning* [M]. Hassocks: Harvester, 1976.

Jensen, Klaus Bruhn & Craig, R. T. *The International Encyclopedia of Communication Theory and Philosophy* [C]. Chichester: Wiley − Blackwell, 2016.

Jensen, Klaus Bruhn & Helles, Rasmus. Speaking into the System: Social Media and Many-to-one Communication [J]. *European Journal of Communication*, 2016, 32 (1): 16−25.

Jensen, Klaus Bruhn. *A Handbook of Media and Communication Research: Qualitative and Quantitative Methodologies* [C]. London & New York: Routledge, 2012.

Jensen, Klaus Bruhn. How to do Things with Data: Meta-data, Meta-media, and Meta-communication [J/OL]. *First Monday*, 2013, 18 (19). [2020-10-15]. http://firstmonday. org/ojs/index. php/fm/issue/view/404.

Jensen, Klaus Bruhn. *Intermediality* [M]. Hoboken: John Wiley & Sons, Inc. , 2016.

Jensen, Klaus Bruhn. Meta-media and Meta-communication: Revisiting the Concept of Genre in the Digital Media Environment [J]. *MedieKultur*, 2011, 27 (51): 8-21.

Jensen, Klaus Bruhn. *The Social Semiotics of Mass Communication* [M]. London: Sage, 1995.

Kress, Gunther & Hodge, Robert. *Multimodality: Exploring Contemporary Methods of Communication* [M]. London & New York: Routledge, 2010.

Kress, Gunther. *Multimodality: A Social Semiotic Approach to Contemporary Communication* [M]. London & New York: Routledge, 2009.

Kress, Guther & Van Leeuwen, T. *Multimodal Discourse: The Modes and Media of Contemporary Communication* [M]. London: Arnold, 2001.

Kull, Kalevi & Maran, Timo. Journals of Semiotics in the World [J]. *Sign Systems Studies*, 41 (1): 140-145.

Kull, Kalevi & Torop, Peeter. Biotranslation: Translation Between Umwelten [C] //*Tra Segni*. Roma: Meltemi editore, 2003: 33-43.

Kull, Kalevi. Biosemiotics in the Twentieth Century: a view from Biology [J]. *Semiotica*, 1999, 127 (1/4): 385-414.

Kull, Kalevi. Advancements in Biosemiotics: Where We Are now in Discovering the Basic Machanisms of Meaning-making [C] // *Gathering in Biosemiotics*. Tartu: University of Tartu Press, 2012: 11-24.

Kull, Kalevi. Jakob von Uexkull: An introduction [J]. *Semiotica*, 2001, 134 (1/4): 1-59.

Kull, Kalevi. Semiotic Ecology: Different Natures in the Semiosphere [J]. *Sign System Studies*, 1998, 26: 344-371.

Kull, Kalevi, Salupere, Silvi & Torop, Peeter. The Institution of Semiotics in Estonia [J]. *Sign System Studies*, 2011, 39 (2/4): 314−342.

Lanigan, Richard. Communicology [C] //*International Encyclopedia of Communication*. Oxford and Malden: Wiley-Blackwell Publishing Co., 2008: 3595−3359.

Leeds-Hurwitz, Wendy. *Semiotics and Communication: Signs, Codes, Cultures* [M]. Hillsdale: Laurence Erlbaum Associates, 1993.

Lévi-Strauss, Claude. *The Savage Mind* [M]. London: Weidenfeld and Nicholson, 1962.

Lévi-Strauss, Claude. *Structural Anthropology* [M]. Harmondsworth: Penguin, 1963.

Lindstom, Kati, Kull, Kalevi & Palang, Hanners. Semiotic Study of Landscape: An Overview from Semiology to Ecosemiotics [J]. *Sign System Studies*, 2011, 39 (2/4): 12−36.

Lotman, Juri. *Culture and Explosion* [M]. Trans. by Wilma Clark. Berlin: Mouton de Gruyter, 2009.

Lotman, Juri, *Universe of the Mind: A Semiotic Theory of Culture* [M]. Bloomington and Indianapolis: Indiana University Press, 1991.

Lotman, Mihail. On the Semiosphere [J]. *Sign Systems Studies*, 2005, 33 (1): 205−208.

Locke, John, *An Essay Concerning Human Understanding* [M]. London: Dent, 1972.

Maran, Timo & Kull, Kalevi. Ecosemiotics: Main Principles and Current Developments [J]. *Geografiska Annaler*, 2014, 96 (1): 41−50.

Maren, Timo. Biosemiotic Criticism [C] //*Oxford Handbook of Ecocriticism*. Oxford: Oxford University Press, 2014: 260−275.

McLuhan, Marshall. *The Gutenberg galaxy* [M]. Toronto: University of Toronto Press, 1962.

McLuhan, Marshall. *Understanding media* [M]. London: Routledge & Kegan Paul, 1964.

Merrell, Floyd. *Signs Grow: Semiosis and Life Processes* [M]. Toronto:

University of Toronto Press, 1996.

Nöth, Winfried. Ecosemiotics [J]. *Sign Systems Studies*, 1998, 26: 332-343.

Oakley, Todd. *From Attention to Meaning: Explorations in Semiotics, Linguistics, and Rhetoric* [M]. London: Peter Lang, 2009.

Ogden, C. K & I. A. Richards. *The Meaning of Meaning* [M]. New York: Harcourt, Grace Janovich, 1898.

Oswald, Laura. *Marketing Semiotics: Signs, Strategies, and Brand Value* [M]. New York: Oxford University Press, 2012.

Owen, Sue. *Richard Hoggart and Cultural Studies* [M]. New York: Palgrave McMillan, 2008.

Pattee, Howard. Laws and Constraints, Symbols and languages [C] // *Towards a Theoretical Biology*. Vol. 4, Edinburgh: Edinburgh University Press, 1972: 248-258.

Peirce, Charles & Welby, Vicotia. *Semiotics and Significs: The Correspondence between C. S. Peirce and Victoria Lady Welby* [C]. Bloomington and Indianapolis: Indiana University Press, 1977.

Peirce, Charles. *Collected Papers of Charles Sanders Peirce* [C]. Vol. 1-8. Cambridge: Harvard University Press, 1931-1935; 1958.

Peirce, Charles. *Peirce on Sings: Writings on Semiotics by Charles Sanders Peirce* [C]. Chapel Hill: The University of North Carolina Press, 1991.

Peirce, Charles. *The Essential Peirce: Selected Philosophical Writings* [C]. Vol. 1-2. Bloomington & Indianapolis: Indiana University Press, 1992; 1998.

Peirce, Charles. *Writing of Charles S. Peirce: A Chronological Edition* [C]. Vol. 1-8. Bloomington & Indianapolis: Indiana University Press, 1982, 1984, 1986, 1989, 1993, 2000, 2010.

Petrilli, Susan & Ponzio, Augusto. *Semiotics Unbounded: Interpretive Routes through the Open Network of Signs* [M]. Toronto: University of Toronto Press, 2005.

Petrilli, Susan. Globalization from the Perspective of Global Semiotics and Semioethics [J]. *Chinese Semiotic Studies*, 2009, 1 (1): 115—150.

Petrilli, Susan. Modeling, Dialogue, and Globality: Biosemiotics and Semiotics of Self and Semioethics [J]. *Sign Systems Studie*, 2003, 31 (1): 23—394.

Petrilli, Susan. Semioethics and Translation as Communication in and across Genres [J]. *Semiotica*, 2013, 3: 97—118.

Petrilli, Susan. *Sign Studies and Semioethics* [M]. Berlin: Mouton de Gruyter, 2014.

Petrilli, Susan. *Signifying and Understanding: Reading the Works of Victoria Welby and the Signific Movement* [M]. Berlin: Mouton de Gruyter, 2009.

Petrilli, Susan. *Signifying and Understanding: Reading the Works of Victoria Welby and the Signific Movement* [M]. Berlin: Mouton de Gruyter, 2009.

Petrilli, Susan. *The Self as a Sign, the Word and the Other* [M]. New Brunswick and London: Translation Publisher, 2013.

Ponzio, Augusto. *Man as a Sign* [M]. Trans. by Susan Petrilli, Berlin & New York: Mouton de Guyter, 1990.

Ponzio, Augusto. *The Dialogic Nature of Sign* [M]. Ottawa: Legas, 2006.

Ponzion, Augusto & Petrilli, Susan. Semioethics [C] // *The Routledge Companion to Semiotics*, London: Routledge, 2010: 150—162.

Zlatev, Jordan et al. *The Shared Mind: Perspectives on Intersubjectivity* [C]. Amsterdam: John Benjamins Publishing Co., 2008.

Richerson, Peter J. *Not by Genes Alone: How Culture Transformed Human Evolution* [M]. Chicago: University of Chicago Press, 2005.

Riggins, Stephen. *The Socialness of Things: Essays on the Socio-Semiotics of Objects* [M]. Berlin: Mouton de Gruyter, 1994.

Romanini, Vinicius & Fernandez, Eliseo. *Peirce and Biosemiotics: A Guess* at the Riddle of Life [C]. New York: Springer, 2014.

Rossi-Landi, Ferruccio. *Language as Work and Trade* [M]. Trans. M. Adam et al. MA: Bergin and Garvey, 1983.

Rossi-Landi, Ferruccio. *Linguistics and Economics* [C] //*Current Trends in Linguistics*. Vol. 7. The Hague: Mouton, 1974.

Rossi-Landi, Ferruccio. *Marxism and Ideology* [M]. Trans. Roger Griffin, Oxford: Clarendon Press, 1990.

Saussure, Ferdinand de. *Course in General Linguistics* [M]. New York: McGraw-Hill, 1969.

Schaff, Adam. General Semantics: A Marxist Philosopher's View [J]. *ETC: A Review of General Semiotics*, 1965, 4: 401−408.

Schaff, Adam *History and Truth* [M]. Oxford: Pergamon Press, 1970.

Schaff, Adam. *Introduction to Semantics* [M]. London: Pergamon Press, 1960.

Schaff, Adam. The Pragmatic Function of Stereotypes [J]. *International Journal of Sociology and Language*, 1984, 45: 89−100.

Sebeok, Thomas A. *Think I Am a Verb: More Contributions to the Doctrine of Signs* [M]. New york: Springer, 1986.

Sebeok, Thomas A. *Biosemiotics: The Semiotic Web* 1991 [C]. Boston & Berlin: Mouton de Gruyter, 1992.

Sebeok, Thomas A. *An Introduction to Semiotics* [M]. Toronto: University of Tronto Press, 1999.

Sebeok, Thomas A. Biosemiotics: Its Roots, Proliferation, and Prospects [J]. *Semiotica*, 2001, 134 (1): 18.

Sebeok, Thomas A. *Contributions to the Doctrine of Signs* [M]. Millburn: University Press of America, 1985.

Sebeok, Thomas A. *Essays in Zoosemiotics* [M]. Toronto: Toronto Semiotic Circle, 1990.

Sebeok, Thomas A. *Semiotics in the USA* [M]. Bloomington: Indiana University Press, 1991.

Sebeok, Thomas A. *Global Semiotics* [M]. Bloomington: Indiana University Press, 2001.

Sebeok, Thomas A. *The Play of Musement* [M]. Bloomington: Indiana University Press, 1981.

Sebeok, Thomas A. *The Sign and Its Masters* [M]. Millburn: University Press of America, 1989.

Sebeok, Thomas A. & Danesi, Marcel. *The Forms of Meaning: Modeling Systems Theory and Semiotic Analysis* [M]. Berlin: Mouton de Gruyter, 2000.

Sebeok, Thomas A. Communication among Social Bees; Porpoises and Sonar; Man and Dolphin [J]. *Language*, 1963, 39: 448−466.

Semino, Elena & Culpepper, Jonathan. *Cognitive Stylistics: Language and Cognition in Text Analysis* [M]. London: John Benjamins Publishing Co., 2002.

Short, Thomas. *Peirce's Theory of Signs* [M]. Cambridge: Cambridge University Press, 2009.

Smith, Andrew, Catt, Essac & Klykanov, Igor. *Communicology for the Human Science: Lanigan and philosophy of communication* [C]. New York: Peter Lang, 2007.

Sonesson, Göran. Bats out of the Belfry: The Nature of Metaphor, with Special Attention to Pictorial Metaphors [J]. *Signs & Media*, 2015, 2: 74−104.

Sonesson, Göran. *Pictorial Concepts: Inquiry into the Semiotic Heritage and Its Relevance for the Analysis of the Visual World* [M]. Lund: Lund University Press, 1989.

Sonesson, Göran. The Mind in the Picture and the Picture in the Mind: A Phenomenological Approach to Cognitive Semiotics [J]. *Lexia*, 2011, 07/08: 167−182.

Sonesson, Göran. 2009. The view from Husserl's Lectern: Considerations on the Role of Phenomenology in Cognitive Semiotics [J]. *Cybernetics and*

Human Knowing, 2009, 16 (3-4): 107-148.

Stjernfelt, Fredrick. *Diagrammatology: An Investigation on the Borderlines of Phenomenology, Ontology and Semiotics* [M]. Dordrecht: Springer, 2007.

Tarasti, Eero. *Existential Semiotics* [M]. Bloomington: Indiana University Press, 2001.

Tarasti, Eero. *Sein Und Schein: Explorations in Existential Semiotics* [M]. Berlin: Walter de Gruyter, 2015.

Thellefesn, Torkild. *Charles Sanders Peirce in His Own Words: 100 Years of Semiotics, Communication and Cognition* [C]. Berlin: Mouton de Gruyter, 2014.

Thibault, Paul. *Brain, Mind and the Signifying Body: An Ecosocial Semiotic Theory* [M]. London: Bloomsbury Academic, 2004.

Thompson, Evan. *Mind in Life: Biology, Phenomenology and the Sciences of Mind* [M]. London: Belkarp Press, 2007.

Thompson, Evan. *The Meaning of the English Working Class* [M]. Harmondsworth: Peguin, 1963.

Thwaites, Tony & Davies, Lloyd. *Introducing Cultural and Media Studies: A Semiotic Approach* [M]. London: Palgrave, 2002.

Tomasello, Michael. *Cultural Origins of Human Cognition* [M]. Cambridge: Harvard University Press, 1999.

Tomasello, Michael. *Origins of Human Communication* [M]. Cambridge: MIT Press, 2008.

Torop, Peeter. Semiosphere and/as the Research Object of Semiotics of Culture [J]. *Signs System Studies*, 2005, 33 (1): 157-173.

Torop, Peeter. Translation as Translating as Culture [J]. *Sign Systems Studies*, 2002, 30 (2): 593-605.

Tsur, Reuven. *Toward a Theory of Cognitive Poetics* [M]. Sussex: Sussex Academic Press, 1983.

Turner, Grame. *British Cultural Studies: An Introduction* [M]. New

York: Routledge, 1996.

Tylén, K et al. Language as a Tool for Interacting Minds [J]. *Mind & Language*, 2010, 25 (1): 3—29.

Van Dijk, T. A. *News as Discourse* [M]. Hillsdale: Erlbaum, 1988.

Van Dijk, T. A. *Discourse and Context. A Sociocognitive Approach* [M]. Cambridge: Cambridge University Press, 2008.

Van Dijk, T. A. *Society and Discourse: How Social Contexts Influence Text and Talk* [M]. Cambridge: Cambridge University Press, 2009.

Van Leeuwen, Theo & Kress, Gunther. *Reading Images* [M]. Geelong: Deakin University Press, 1990.

Van Leeuwen, Theo. *Discourse and Practice: New Tools for Critical Discourse Analysis* [M]. New York: Oxford University Press, 2008.

Van Leeuwen, Theo. *Introducing Social Semiotics: An Introductory Textbook* [M]. London & New York: Routledge, 2004.

Van Leeuwen, Theo. *Reading Images: The Grammar of Visual Design* [M]. Abingdon: Routledge, 2006.

Van Leeuwen, Theo. *The Language of Color: An Introduction* [M]. London & New York: Routledge, 2011.

Violi, Patrizia. How Our Bodies Become Us: Embodiment, Semiosis and Intersubjectivity [J]. *Journal of Cognitive Semiotics*, 2012, 4 (1): 57—75.

Williams, Raymond. *Culture and Society* 1780—1950 [M]. London: Penguin, 1958.

Williams, Raymond. *Marxism and Literature* [M]. London: Oxford University Press, 1977.

Williams, Raymond. *Television: Technology and Cultural Form* [M]. London: Fontana/Collins, 1974.

Williams, Raymond. *The Long Revolution* [M]. London: Penguin, 1961.

Williams, Raymond. *The Politics of Modernism: Against the New Conformists* [M]. London: Verso, 1989.

Zhao, Xingzhi. Peircean Semiotics in China Today [C] //*The Bloomsbury Companion to Contemporary Peircean Semiotics*. London: Bloomsbury Academic, 2019: 73—100.

Zlatev, Jordan & Andrén, Mats. Stages and Transitions in Children's Semiotic Development [C] // *Studies in Language and Cognition*. Cambridge: Cambridge Scholars Publishing, 2009: 380—401.

Zlatev, Jordan. Phenomenology and Cognitive Linguistics [C] //*Handbook on Phenomenology and Cognitive Science*, Dordrecht: Springer, 2010: 415—446.

Zlatev, Jordan. The Co-evolution of Intersubjectivity and Bodily Mimesis [C] //*The Shared Mind: Perspectives on Intersubjectivity*, Amsterdam: Benjamins, 2008: 215—244.

Zlatev, Jordan. The Mimesis Hierarchy of Semiotic Development: Five Stages of Intersubjectivity in Children [J]. *Public Journal of Semiotics*, 2013, 4 (2): 47—70.

Zlatev, Jordan. The Semiotic Hierarchy: Life, Consciousness, Signs and Language [J]. *Cognitive Semiotics*, 2009, 4: 169—200.

Zlatev, Jordan. Cognitive Semiotics [C] //*International Handbook of Semiotics*, London & New York: Springer, 2015: 1043—1068.

后　记

在疫情期间，终于完成了这本小书的写作，真是一段特别的经历。本书旨在总结全球符号学运动在最近四十年间的发展趋势，这是笔者一直以来关注的课题。若有读者认为该书实际讨论的是皮尔斯符号学引导下的新符号学运动，或"后皮尔斯符号学诸流派"，恐怕是正确的。结构主义之后的符号学运动，从二元走向三元，从文本走向语境，从封闭走向开放，这与皮尔斯所倡导的动态开放符号学模式不谋而合。

今天的符号学运动发展迅速，成果丰硕，一本小书难囊括其全貌。因此，书中所列的学派学者，只能尽量做到完整和具有代表性；还有不少学者，只能一笔带过，实属遗憾。本书的写作也充满挑战：原始文献千头万绪，只好从头整理与研读；跨学科研究之多，考验笔者文科生背景，只好认真"补课"。许多对诸流派知识体系理解欠缺的地方，还请读者诸君见谅，更欢迎诸位"挑刺儿"，督促我学习改进。

本书写作从2015年年末到2021年年初，历时近五年时间。它是笔者在四川大学中国语言文学博士后流动站的工作总结，在此特别感谢合作导师曹顺庆教授的辛苦指导。赵毅衡教授亦对本书的框架与写作提出一系列专业意见，令我受益颇多。二位老师一直是笔者学习的楷模。感谢四川大学符号学－传媒学研究所全体同仁，你们是我成长路上的良师益友。感谢四川大学出版社陈蓉编辑的辛苦工作。也要感谢四川大学外国语学院的领导和同事，你们的包容与支持，让我可以专注科研工作。

最后，我想感谢家人，特别是吾妻薛晨：每本书都是献给你的礼物。
愿老天保佑勤奋而诚实的人。

赵星植

2021 年 2 月于望江河畔